Thomas Ötinger

Sie sind mir vielleicht eine Marke

So positionieren Sie sich als freier und gebundener Versicherungsvermittler zur lokalen Marke

Bibliografische Information der Deutschen Nationalbibliothek

Die Deutsche Nationalbibliothek verzeichnet diese Publikation in der Deutschen Nationalbibliografie, detaillierte bibliografische Daten sind im Internet über http://dnb.dnb.de abrufbar.

Alle Beispiele, Informationen, Anregungen und Tipps basieren auf den Erkenntnissen sowie der Gesetzeslage zum Zeitpunkt des Schreibens und wurden mit der größtmöglichen Sorgfalt zusammengestellt. Dabei wurde darauf geachtet, dass die gewählten Beispiele allgemein sind. Trotz aller Sorgfalt sind Fehler jedoch nicht ganz auszuschließen. Weil sich in Einzelfällen und durch Änderungen von Gesetzen und Vorschriften eventuell andere Umstände ergeben können, ist eine Haftung von Verlag und Autor für Schäden aus der Anwendung der hier erteilten Ratschläge ausgeschlossen. Auch können Autor und Verlag weder eine Garantie noch irgendeine Haftung für Personen und Sachschäden, die auf fehlerhafte Angaben in diesem Buch zurückzuführen sind, übernehmen.

Die UrheberInnen der in diesem Buch enthaltenen Sprüche, Zitate und Aphorismen sind genannt. Fehlen sie, dann waren sie nicht eindeutig feststellbar. Das gilt auch für Spruchweisheiten aus dem Volksmund und für Neuformulierungen alter oder zu langer Sprüche.

Die Wiedergabe von Gebrauchsnamen, Handelsnamen, Warenbezeichnungen usw. in diesem Buch berechtigt auch ohne besondere Kennzeichnung nicht zu der Annahme, dass solche Namen im Sinne der Warenzeichen- und Markenschutz-Gesetzgebung als frei zu betrachten wären und daher von jedermann benutzt werden dürfen.

Aus Gründen der besseren Lesbarkeit verwende ich in diesem Buch ausschließlich den Begriff Versicherungsberater. Gemeint sind damit auch gebundene Versicherungsvermittler, freie Makler sowie Honorarberater, die im engeren Sinne nach §34e GewO als Versicherungsberater definiert sind.

ISBN-Nr. 978-3-00-046707-3
1. Auflage 2015

© Verlag: Wissen zur lokalen Markenführung
Anschrift: Bahnhofstr. 4, 96106 Ebern
Internet: www.thomas-oetinger.de;
E-Mail: buch@thomas-oetinger.de

Danksagung

Ich möchte mich im Besonderen bei meiner Frau Kerstin und unseren Kindern Josua, Jana und Finn in jeder Hinsicht bedanken. Im Besonderen, dass sie mich auf meinem beruflichen Weg nach besten Kräften unterstützen und mir die erforderlichen Freiräume lassen, die für eine erfolgreiche Unternehmensführung so extrem wichtig sind.

Darüber hinaus bedanke ich mich bei meinem Geschäftspartner, Marc-Stephan Vogt, für seine fachliche Mithilfe, bei den Mitarbeitern der marcapo GmbH für ihre moralische wie tatkräftige Unterstützung. Mein besonderer Dank gilt Sebastian Bauer, Melanie Mühle und Karsten Holland sowie meinen Geschäftspartnern für ihre werbliche Unterstützung und für die mir zur Verfügung gestellten Bilder.

Inhaltsverzeichnis

Vorwort

„Das Große geschieht so schlicht wie das Wachsen des Getreides, das Fließen der Luft, ein Stern in der Nacht. "

Adalbert Stifter (1805-1868)
Österreichischer Schriftsteller

Die mediale Welt suggeriert uns täglich, dass Versicherungs- wie Finanzprodukte über die digitalen Medien billiger, schneller und effizienter zu haben sind. Für sie hat die Versicherungsagentur ausgedient und der lokale Versicherungsberater[1] an Bedeutung verloren.

Wie man sich doch täuschen kann.

Eine falsche Feststellung wird nicht zur Wahrheit, indem man sie ständig wiederholt. Schon in Goethes „Faust" ist zu lesen:

„…und ziehe schon so manches Jahr, tagein, tagaus und quer und krumm meine Schüler an der Nase rum. Und sehe, dass wir nichts wissen können. "

So verhält es sich mit vielen Meldungen, die uns mehr an der Nase herumführen als neutral zu informieren. Das Internet bietet doch nur dem die passgenaue Lösung, der genau weiß, wonach er sucht. Zwei gleiche Produkte miteinander zu vergleichen, um sich dann für das preisgünstigere zu entscheiden, ist leicht. Nicht so, wenn es um den richtigen Versicherungsschutz geht. Welcher Bundesbürger weiß denn schon genau, wie der richtige Schutz gegen Altersarmut, Unfälle, Krankheiten und viele andere Unwägbarkeiten, die das Leben mit

---

[1] Aus Gründen der besseren Lesbarkeit verwende ich in diesem Buch ausschließlich den Begriff Versicherungsberater. Gemeint sind damit auch gebundene Versicherungsvermittler, freie Makler sowie Honorarberater, die im engeren Sinne nach §34e GewO als Versicherungsberater definiert sind.

sich bringt, aussieht. Mit dem Online-Ergebnis ihrer Recherchen zu diesen Themen, die ihnen die Suchmaschinen en masse liefern, sind die ratsuchenden Versicherungskunden schlichtweg überfordert. Weil es hier häufig nicht nur um große Beträge geht, sondern auch um die Absicherung der Existenz, können falsche Entscheidungen schwerwiegende Nachteile nach sich ziehen.

Schließlich begleitet eine Lebensversicherung den Menschen in aller Regel über einen Zeitraum von mehr als drei Jahrzehnten und eine Baufinanzierung von mehr als zwei Jahrzehnten. Die Entscheidungen zum Abschluss dieser Verträge verlangen vom ratsuchenden Kunden somit große Weitsicht. Fehlt es daran, braucht es den Versicherungsberater, der aufgrund seiner Fachkompetenz allumfassend und vorausschauend beraten kann. Eine Beratung, die in dieser Form das Internet nicht leisten kann.

Darüber hinaus lässt sich eine lebenslange und auf die Bedürfnisse der Kunden zugeschnittene Betreuung nicht wirklich professionell allein über das Internet darstellen. Und doch erklärten 60 Prozent der Bundesbürger in einer Studie[1], dass das Internet künftig der wichtigste Kanal bei einer Interaktion mit einer Versicherung sei. Dies gelte für den gesamten Lebenszyklus des Versicherten bis hin zur Meldung eines Schadens. Dieses Ergebnis bedeutet aber nicht, dass die ratsuchenden Versicherungskunden auf persönliche Beratung verzichten wollen. Das Gegenteil ist der Fall, wie die Autoren der Studie herausfanden. Danach reduziert das Vordringen digitaler Plattformen keineswegs das Bedürfnis nach individueller Betreuung. Für

72 Prozent der Befragten ist die persönliche Beratung wichtig

oder sogar sehr wichtig!

Die Autoren der Studie sind sogar davon überzeugt, dass insbesondere die Ausschließlichkeitsorganisationen eine Renaissance erleben werden.

Ferner stellen sie fest:

„Die Symbiose zwischen Versicherern und Agenturen bzw. Maklern besteht im digitalen Zeitalter fort. **Die Vermittler vor Ort bleiben der zentrale Dreh- und Angelpunkt für die Kundenbeziehung.** *"*

Ihrer Meinung nach müssen beide, sowohl Außen- als auch Innendienst, den Kunden wieder in den Mittelpunkt ihres Handelns rücken und dessen Loyalität stärken.

„Je größer die Zufriedenheit im Kundenbestand ist, desto geringer ist die Bedrohung durch wechselwillige Kunden und veränderte Rahmenbedingungen. ",

schreiben die Autoren in ihrer Studie. Damit bestätigt sich auch meine Einschätzung, dass die persönliche Beratung niemals durch eine computergestützte Beratung ersetzt werden kann, allenfalls begleitend. Nur der lokale Versicherungsberater ist in der Lage, Verständnis für die Wünsche, Sorgen, Ängste und Hoffnungen seiner Kunden zu entwickeln. Deshalb ist es ihm möglich, maßgeschneiderte Konzepte zu erstellen, die exakt auf die Bedürfnisse der Ratsuchenden zugeschnitten sind. Auch oder gerade dann, wenn sich die Lebenssituation eines Kunden verändert hat bzw. im Begriff ist, sich zu ändern.

Menschen möchten an den wichtigen Wendepunkten in ihrem Leben, von denen Sie in diesem Buch lesen werden, für ihren Versicherungsschutz mit Menschen in Kontakt treten, nicht mit einer abstrakten Marke oder einem Internetauftritt. Ratsuchende Menschen wollen mit Menschen sprechen, die selbst wie eine Marke Profil haben und zu denen sie Vertrauen fassen können.

Gemäß der hier zitierten Studie verlangen rund zwei Drittel der Versicherungskunden nach einer persönlichen Beratung. Das ist jetzt Ihre große Chance, sich als lokale Versicherungsmarke zu positionieren. Folgen Sie hier meinen wertvollen Empfehlungen und Hinweisen aus diesem Ratgeber, und Sie ersparen sich eine Menge Zeit, Ärger und Kosten. Denn der Vertrauensaufbau zu Ihren Kunden ist ein langwieriger Prozess und nicht aus dem Hüftgelenk zu stemmen. Es braucht ein klares Konzept, damit aus einem, mit Verlaub, „Nobody" eine vertrauenswürdige Marke „in persona" entsteht. Neben dem richtigen Produktangebot für Ihre Zielgruppe und dem Beweis Ihrer Fachkompetenz ist das Marketing in eigener Sache ein Erfolgsfaktor, der häufig unterschätzt, aber immer wichtiger wird. Je eher Sie bereit sind, sich zu einer Marke zu entwickeln, desto eher werden Sie auf lokaler Ebene Spuren hinterlassen. Spuren, die am Ende den ratsuchenden Kunden zu Ihnen führen werden. Davon handelt dieser Ratgeber. Er zeigt Ihnen, wie Sie sich als Marke aufbauen und inszenieren.

Die Damen mögen es mir nachsehen, dass ich in diesem Buch aus Gründen der besseren Lesbarkeit ausschließlich männliche Substantivformen verwendet habe.

Ich wünsche Ihnen viel Erfolg, hoffentlich neue Erkenntnisse und viel Spaß beim Lesen.

Herzlichst
Ihr
Thomas Ötinger

1 Einleitung

„Fast alles ist leichter begonnen
als beendet."

Johann W. Goethe (1749-1832)
Deutscher Schriftsteller

Als Kind der 1970er-Jahre bin ich mit nur drei Fernsehsendern aufgewachsen, welche zudem fast ausschließlich auf Erwachsene zugeschnitten waren. Filme für Kinder waren mehr die Ausnahme denn die Regel. Darunter gab es eine Zeichentrickserie mit dem kleinen Drachen Grisu. Dieser hatte nur einen Wunsch: Er wollte Feuerwehrmann werden, ein Wunsch wider seine Natur. Als feuerspeiender Drache stiftete er denn auch in seinen gut gemeinten Aktionen mehr Schaden als Nutzen. Doch genau das machte ihn so sympathisch. Nicht nur aus diesem Grund ist mir diese Zeichentrickfigur in guter Erinnerung geblieben, sondern auch, weil Grisu nicht von seinem Berufswunsch abließ.

Tatsächlich genießt ein Feuerwehrmann von allen Berufen in Deutschland das höchste Ansehen. In einer alljährlichen Umfrage zu den vertrauensvollsten Berufen durch den international niedergelassenen US-amerikanischen Verlag Reader´s Digest landet dieser Beruf noch vor Ärzten und Krankenschwestern fast immer auf dem ersten Platz. Wohingegen Politiker, Autoverkäufer und Versicherungsberater stetig die letzten Plätze belegen. Andere repräsentative Umfragen kommen zu demselben Ergebnis. Da darf man sich nicht überrascht zeigen, dass fast jeder zweite Bundesbürger sich unter keinen Umständen vorstellen kann, als Versicherungsberater zu arbeiten, wie eine Umfrage[2] ergab. Nur drei Prozent der Bürger würden dem Beruf viel Achtung entgegenbringen. Rund drei Viertel der Befragten, die den Beruf des Versicherungsberaters ablehnen, haben in ihrer

Beschreibung den Begriff „übers Ohr hauen" verwendet. Selbst die, die diesen wichtigen Beruf ausüben, verwenden Begriffe wie „aufquatschen" (48 Prozent) oder „Klinkenputzen" (43 Prozent). Darüber hinaus störe 42 Prozent der existenzielle Erfolgsdruck, der dem Beruf anhaftet.

Letzteres ist aus meiner Sicht kein versicherungsspezifisches Problem, sondern Bestandteil des Verkäuferberufes. Wer diesen Beruf wählt, muss jeden Monat aufs Neue beweisen, dass er den Herausforderungen gewachsen ist. Zugegeben, das ist nicht immer leicht, aber machbar. *„Ebbe und Flut, Kaufmannsgut"*, weiß ein hanseatisches Kaufmannssprichwort. Der Verkaufserfolg ist eben keine Einbahnstraße. Umsatz wie Gewinn lassen sich nur selten wie an einer Perlenkette gezogen realisieren. Rückschläge, Stagnation und Umsatzrückgänge gehören zum Leben eines „Kaufmanns" wie die Milch zum Joghurt. Kein Phänomen unserer Zeit und somit zu allen Zeiten, jeden Tag eine neue, große Herausforderung.

„Unsere Zeit ist durchflutet von Absatzhemmungen, Preisrückgängen, Kreditschwierigkeiten und vielen anderen unangenehmen Erscheinungen mehr", schreibt ein Journalist in der Zeitung „Verkäufer-Praxis". Ein anderer schreibt im selben Magazin: *„Es ist nicht ganz leicht, in der jetzigen Zeit, die weitgehende Kaufzurückhaltung zeigt, zuversichtlich zu sein."* Viele Verkäufer teilen diese Einschätzung. Sie führen ihre schwindenden Einnahmen genau auf diese Probleme zurück. Wenn Sie sich nun die Mühe machen sollten, besagte Zeitung zu erwerben, muss ich Sie leider enttäuschen. Dieses Zitat entnahm ich einer Ausgabe aus dem Jahr 1952!

Vor über 60 Jahren war die Situation offensichtlich keine andere als heute, und doch leben Verkäufer bis in die heutige Zeit gut von ihren Erfolgen, insbesondere die extrem erfolgreichen, die, allen Krisen zum Trotz, sechsstellig verdienen. Womit die Frage im Raum steht, wie sie das schaffen, wovon nicht wenige ihrer Berufskollegen tagein, tagaus träumen. Haben sie etwa ein Verkäufer-Gen in sich oder verfügen sie über eine bessere Ausbildung? Werden sie von ihren Kollegen besonders wertgeschätzt, weshalb ihnen mehr Unterstützung zuteil wird? Sind sie mit dem Verkaufsleiter per du, sodass er ihnen „lukrativere Optionen" einräumt, die das Verkaufen erleichtern? Mag sein, dass es in dem einen oder anderen Fall solche oder ähnliche Zugeständnisse gibt, doch sie alle für sich oder gar zusammengenommen begründen nicht ansatzweise den Erfolg „erfolgreicher Verkäufer".

Von ihrer Persönlichkeit einmal abgesehen gibt es ihn, den alles entscheidenden Unterschied zu den weniger erfolgreichen Verkäufern. Bevor ich darauf näher eingehe, habe ich eine Frage an Sie: Wenn Sie einen Blick auf die folgende Grafik werfen, wie viele schwarze Punkte zählen Sie?

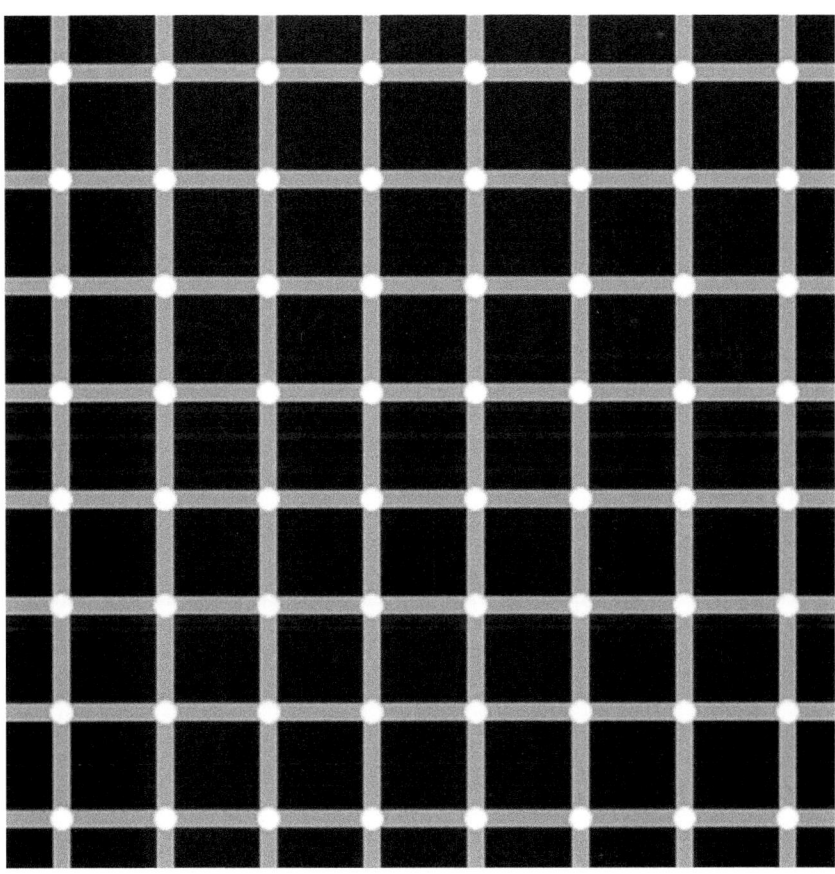

Bitte zählen Sie nicht weiter. Das Ergebnis ist immer falsch, egal wie sehr Sie sich bemühen. Dieses sogenannte Hermann-Gitter[3] aus dem Jahre 1870 führt Sie in die Irre. In diesem Gitter gibt es nur weiße Punkte, die durch eine „falsche" Wahrnehmung unseres Gehirns teilweise schwarz erscheinen. Somit sind wir Opfer einer Täuschung, ohne uns dagegen wehren zu können.

Wenn mir der Vergleich gestattet ist, dann möchte ich an dieser Stelle auf die vorherige Umfrage zurückkommen, nach der viele Versicherungsberater sich als „Klinkenputzer" sehen. Eine völlig falsche Sicht der Dinge – die Versicherungsberater, die so von sich und ihrem Berufsstand denken, obliegen einer Täuschung. Für mich sind Versicherungsberater extrem wichtig für unsere Gesellschaft. Ihre Arbeit ist so wichtig. Sie sind unsere „Sicherheitsberater". Ein Fehler, und ihre Kunden bleiben im Schadensfall auf Millionen Euro Kosten sitzen. Versicherungsberater sorgen mit ihrem exzellenten Knowhow dafür, dass ihre Kunden zu allen Zeiten richtig versichert sind. Nur so kann ihnen im Schadensfall schnell geholfen werden. Einmal von der Ausbildung abgesehen, stehen für mich Versicherungsberater mit Ärzten, Feuerwehrmännern und Krankenschwestern auf einer Stufe.

Eine Studie des Rostocker Max-Planck-Instituts für demografische Forschung[4] fand heraus, dass Menschen, die im Alter mit weniger Geld auskommen müssen, früher sterben. Das Institut hatte die anonymisierten Rentenversicherungsdaten von 5,2 Millionen Männern über 65 Jahren ausgewertet. Diese enthalten über die Entgeltpunkte Hinweise auf die Einkommenssituation. Die Forscher verglichen diese Daten mit der Sterblichkeit und der Art der Krankenversicherung. Demnach stieg die Lebenserwartung der männlichen Rentner kontinuierlich an, je mehr Entgeltpunkte (= höherer Rentenanspruch) sie bei der Rentenversicherung gesammelt hatten. Von durchschnittlich 14 Jahren Restlebenserwartung bei den 65-jährigen Versicherten mit wenigen Entgeltpunkten auf bis zu 19 Jahre bei den Versicherten mit den meisten Entgeltpunkten. Die Restlebenserwartung ist laut dieser Studie mit 17,8 Jahren bei Angestellten höher als bei Arbeitern (15,5 Jahre). Privatversicherte 65-Jährige haben noch 19 Jahre zu leben, pflichtversicherte nur 16 Jahre. Womit sich einmal mehr Goethes überdurchschnittliche Weisheit bestätigt. Auch ohne empirische Erhebung wusste er: *„Ein gesunder Mensch ohne Geld ist halb krank.“* Somit kann die richtige Versicherung zum einen dafür sorgen, dass die versicherte Person im Schadensfall finanziell abgesichert ist. Zum anderen sorgt sie dafür, dass im Alter genügend Geld zum Leben vorhanden ist.

Somit sage ich:

> *Die richtige Versicherung schützt Leib, Leben und Vermögen! Der „richtige“ Versicherungsberater ist der Anwalt der ratsuchenden Versicherungskunden, die um ihr Hab und Gut besorgt sind.*

Nicht nur der Verlag Reader´s Digest fragt alljährlich nach, wie es um das Vertrauen der Deutschen in einzelne Berufe bestellt ist. Auch der deutsche GfK-Verein erstellt zu dieser Thematik eine eigene Umfrage[5]. Auffällig ist, dass auch hier besonders die Berufe am besten abschneiden, auf die wir Menschen im Notfall angewiesen sind. Sie erhalten teilweise Werte von mehr als 90 Prozent. Mit ähnlich hohen Werten warten Berufe auf, denen wir uns anvertrauen müssen, wenn es darauf ankommt. Wir müssen dem Piloten eines Flugzeuges genauso vertrauen wie dem Lok-, Bus-, U-Bahn- und Straßenbahnführer. Dass wir sicher über Brücken gehen können und Bauten nicht einstürzen, ist nicht zuletzt auch der Arbeit von Ingenieuren zu verdanken. Deshalb liegen die „Sympathiewerte“ in diesen Berufsgruppen ebenfalls im oberen Bereich, also zwischen 80 und 90 Prozent.

Vertrauen in Berufsgruppen (2014):

Beruf	Vertrauen voll und ganz/überwiegend
Feuerwehrleute	96,6 %
Sanitäter	95,8 %
Krankenschwestern/-pfleger	94,6 %
Piloten	90,7 %
Ärzte	88,0 %
Apotheker	87,5 %
Lok-, Bus-, U-Bahn-, Straßenbahnführer	87,1 %
Polizisten	81,4 %
Landwirte, Bauern	80,5 %
Ingenieure, Techniker	80,3 %
…	
Versicherungsvertreter	19,4 %
Politiker	15,1 %

(Quelle: GfK Verein, GfK Trust in Professions 2014)

Leider kommen auch in der GfK-Studie Politiker und Versicherungsvertreter schlecht weg. Dabei schneiden die Politiker mit rund 15 Prozent am schlechtesten ab. Keine Regel ohne Ausnahme. Es gibt einen Politikertypus, dem 55 Prozent aller Befragten vertrauen: ihrem Bürgermeister. Dafür hat der Geschäftsführer des GfK-Vereins, Raimund Wildner, eine simple wie einleuchtende Erklärung[6]:

> *„Die Bürger lesen über den Bürgermeister in der lokalen Presse, treffen ihn persönlich vor Ort auf Veranstaltungen und wissen möglicherweise auch das ein oder andere Persönliche. Deshalb sind Bürgermeister näher an den Bürgern dran."*

Die Einlassung des GfK-Vereins bringt eindrucksvoll zum Ausdruck, warum einige Versicherungsberater unter denselben lokalen Bedingungen deutlich bessere Ergebnisse einfahren als ihre ortsansässigen Kollegen. Sie verhalten sich wie ein örtlicher Bürgermeister

– natürlich nur im übertragenen Sinne. So präsent wie der Bürgermeister sich täglich zeigt, so zeigen erfolgreiche Versicherungsberater jeden Tag „Flagge". Ihre Bühne ist die Öffentlichkeit, in der sie sich darstellen und so dafür sorgen, in aller Munde zu sein.

Das ist deshalb so wichtig, weil es einen zentralen Unterschied gibt zwischen den Berufen mit Spitzenbewertung und einem Beruf mit einem weniger guten Image. Wird in der größten Not die Feuerwehr oder die Polizei zur Hilfe gerufen, fallen für die Betroffenen für gewöhnlich keine Kosten an, die aus eigener Tasche zu bezahlen wären. Diese Einsätze bezahlt der Staat. Ein wenig anders verhält es sich bei gesundheitlichen Problemen. Die Kosten dafür übernehmen die Krankenkassen. Dafür zahlen wir Pflichtversicherte Beiträge, die, je nach Einkommen, häufig direkt vom Gehalt abgezogen und vom Arbeitgeber an die entsprechenden Institutionen weitergeleitet werden. Diesen Teil eines Gehaltes bekommen die Leistungsempfänger gar nicht zu sehen bzw. ausgezahlt. Sie haben sich auf den Nettobetrag fokussiert und ignorieren den abgezogenen Betrag, weil sie ihn auch nie in ihren Händen halten werden. Mit anderen Worten: Sie haben nicht das Gefühl, dass ihnen etwas fehlt.

Dieses Gefühl kann sich dann einstellen, wenn der Gehaltsempfänger für einige Leistungen eine Transferfunktion übernehmen muss. Der Beitrag zur gesetzlichen Pflegeversicherung wird vom Arbeitgeber einbehalten und direkt an die Krankenkasse überwiesen. Wer hingegen eine private Pflegezusatzversicherung abschließt, zahlt den Versicherungsbeitrag aus dem zuvor überwiesenen Nettogehalt und damit aus Geldern, die er im übertragenen Sinne in seinen Händen hält. Und was man einmal hat, das gibt man selten gerne wieder her. Dabei kann es augenscheinlich egal sein, ob ein Betrag vom Arbeitgeber oder von einem selbst überwiesen wird, gäbe es nicht das Problem der Wahrnehmung. Das Geld, welches wir im Schweiße unseres Angesichts verdient haben, wollen wir bestmöglich einsetzen und ausgeben. Wenn wir es ausgeben, dann wollen wir dafür belohnt werden. Genau das ist ein Problem, weil keine Versicherungsgesellschaft der Welt ihre Kunden mit jeder erhaltenen Prämienzahlung belohnt. Aus Sicht der Prämienzahler kassieren diese Gesellschaften nur ab, zahlen im Schadensfall sowieso nicht und machen sich auf Kosten ihrer Kunden die Taschen voll.

Muss man sich dann noch über das schlechte Image von Versicherungen wundern? Wobei ich an dieser Stelle eine Lanze für die Versicherungsgesellschaften brechen muss. Grundsätzlich haben die Versicherungen ein Interesse daran, zügig zu regulieren. Nicht nur aus Imagegründen, sondern auch, weil sie gesetzlich dazu gezwungen sind. Im Versicherungsvertragsgesetz (VVG), § 14, heißt es dazu: *„Geldleistungen des Versicherers sind fällig mit der Beendigung der zur Feststellung des Versicherungsfalles und des Umfanges der Leistung des Versicherers notwendigen Erhebungen."* Weil die Gesellschaften immer im Interesse der Versichertengemeinschaft handeln, müssen und wollen sie unberechtigte Zahlungen vermeiden. Dass im Zweifelsfall die Prüfung etwas länger als gewöhnlich dauert, liegt auf der Hand.

Hinzu kommt, dass „Vater Staat" seine Leistungen innerhalb der letzten Jahre extrem zurückgefahren hat. Er zwingt somit seine Bürger dazu, verstärkt selbst vorzusorgen. Wer darauf verzichtet, erhält im Fall der Fälle nur noch eine Grundsicherung bzw. -betreuung. Wer etwas Besseres erwartet, muss privat handeln. Somit ist klar, dass jeder Bundesbürger eine Pflegezusatzversicherung, eine Pflegetagegeldversicherung, eine Berufsunfähigkeitsversicherung oder eine Lebensversicherung zur Altersvorsorge benötigt. Dennoch sind nur die wenigsten im Besitz dieser so wichtigen Versicherungen. Es macht eben einen Unterschied, ob mir gerade das Dach über dem Kopf abbrennt und ich die Feuerwehr zu Hilfe rufe, um Schlimmeres zu verhindern, oder aber ob es sein kann, dass irgendwann vielleicht das Dach brennen könnte. Rettet die Feuerwehr Hab und Gut, fühlen wir uns besser. Wohingegen sich bei uns kein gutes Gefühl einstellt, wenn wir präventiv handeln und uns vor Gefahren ab- bzw. versichern. Weil es unser Geld kostet und wir dafür keinen sofort erfahrbaren Nutzen erhalten – und wir nicht, wie bei Feuerwehreinsätzen, in großer Not sind und um das Leben der uns Anvertrauten wie um unser eigenes bangen müssen –, tun wir uns eben schwer mit Versicherungsverträgen und Sparplänen für die Altersvorsorge.

Deshalb sieht der Großteil der Bevölkerung in einem Versicherungsberater auch nicht einen potentiellen „Nothelfer", der Gewehr bei Fuß steht, sondern eher einen „Seuchenvogel", der mit seinen düsteren Prognosen und „Was wäre wenn Szenarien" an unseren Geldbeutel will. Dass Prävention ein nicht unerheblich wichtiger Teil des Lebens ist, vergessen wir nur allzu oft. Und, was soll ich Ihnen sagen? Wir können gar nicht anders. Wir Menschen sind nämlich „Opfer" der sogenannten „optimistischen Verzerrung" (engl. „optimism bias"). Die US-amerikanische Wissenschaftlerin Dr. Tali Sharot fand Folgendes heraus[7]: *„Menschen haben, wenn es um die Vorhersage ihrer Zukunft geht, eine rosarote Brille auf. Sie überschätzen maßlos ihre Chancen und Erfolge, ihre Talente und Fähigkeiten, ihre spätere Jobposition und das Gehalt, die Dauer ihrer Ehe und die ihres Lebens. Gleichzeitig unterschätzen sie massiv ihre Risiken. Arbeitslosigkeit oder eine Firmenpleite, Autounfälle und Krebserkrankungen – all das kommt in Zukunftsfantasien nur ausgesprochen selten vor."*

Selbst wenn sich jemand ernsthaft sorgt und somit „Vorsorge" betreiben möchte, bleibt es meistens beim Wunschdenken. Nicht aus Desinteresse oder Faulheit, sondern schlichtweg, weil der Mensch häufig gar nicht anders kann. „Schuld" daran trägt unser Gehirn, wie der renommierte Hirnforscher Prof. Dr. Gerhard Roth in einem Interview erklärte. Auf die Frage, warum wir das Notwendige trotzdem nicht tun, sagte er[8]:

„Die Beziehung zwischen Einsicht und Handeln ist sehr kompliziert, weil sich der Einsicht immer die Erwartung einer Belohnung ankoppelt. Wir fragen uns bewusst oder unbewusst: Was habe ich davon, dass ich der Einsicht folge? Das sind Dinge, die wir oft nicht genau beschreiben können. Und dann wundern wir uns und finden Ausreden, warum wir es doch nicht getan haben. Viele Gründe, die zur Handlungssteuerung beitragen, erleben wir nicht rational... Sein Verhalten ändert man nur, wenn daraus Belohnungen folgen. Je materieller diese Belohnung ist, desto schneller wirkt sie, aber desto schneller verliert sie auch wieder ihre Wirkung. Und wenn sie ausbleibt, ist die Enttäuschung groß.

Nur die intrinsische Belohnung, die man sich selbst gibt, macht nie satt. Wir werden durch Ausschüttung von körpereigenen Opioiden im Belohnungszentrum des Gehirns belohnt. Diese Orientierung an der Belohnung darf man sich allerdings nicht so vorstellen, als hätten wir da ein rationales Kalkül. Ökonomen denken das oft fälschlicherweise. Aber wir kalkulieren das nicht durch. Ich fühle mich auch belohnt, wenn ich eine Freude daran habe, etwas Neues zu tun. Wir haben da eher so eine Art innerer Heuristik[II]. "

Bleibt die Belohnung aus, schaltet der Mensch auf stur. Das erklärt, warum Versicherungsberater bis heute einen so schweren Stand haben. Sie handeln im Sinne des Kunden präventiv. Der Kunde aber will (sich) präsentieren. Wer sich modisch neu einkleiden möchte und dafür 500 EUR auf die Ladentheke legt, darf sich anerkennender Blicke Außenstehender sicher sein. Gleiches gilt für den, der sich ein überdurchschnittlich teures Auto kauft. Auch er möchte auffallen und sich von der Masse abheben. Anerkennung und Respekt anderer sind ihm wichtig. So wichtig, dass er dafür extrem tief in die Tasche greift. Und damit auch der letzte im Dorf begriffen hat, wer da mit einem Edelschlitten durch die engen Straßen kurvt, braucht es die Vielfalt der Modelle. Ansonsten wären wir ja gar nicht in der Lage, einen Dacia Logan für 7.999 EUR von einem Porsche für 80.000 EUR zu unterscheiden. Beide Autos befördern ihre Fahrer von A nach B. Das allein ist heute nicht mehr wichtig, sondern vielmehr die soziale Anerkennung. Der US-amerikanische Schauspieler Danny Kaye (1913-1987) brachte es trefflich auf den Punkt:

„Manche Leute kaufen sich von dem Geld, das sie nicht haben, Sachen, die sie nicht brauchen, um Leuten zu imponieren, die sie nicht mögen. "

[II] Heuristik (altgriechisch für „ich finde"; auch „auffinden", „entdecken") bezeichnet die Kunst, mit begrenztem Wissen sowie unvollständigen Informationen und wenig Zeit zu guten Lösungen zu kommen (siehe G. Gigerenzer und P. M. Todd mit der ABC Research Group: Simple heuristics that make us smart. Oxford University Press, New York 1999).

Deshalb sind viele Käufer bereit, teure Investitionen zu tätigen, auch wenn es Alternativen gibt. Natürlich vergleiche ich an dieser Stelle Äpfel mit Birnen, weil die komplette Verarbeitung der hier genannten Fahrzeugmodelle unterschiedlicher nicht sein könnte. Allein beim Zuschlagen der Autotür bekommt man einen Eindruck vom verwendeten Material. Gleichwohl gibt es durchaus Fahrzeugmodelle, die in ihrer Ausstattung mit einer Premium-Klasse mithalten können, aber nur die Hälfte kosten.

Eine Struktur in der Mitte des menschlichen Gehirns ist dafür verantwortlich, dass wir so sehr nach dieser – flüchtigen – Anerkennung lechzen. Es ist übrigens derselbe Ort, der für die Sucht von Drogen verantwortlich ist. Dieser Hirnbereich löst ein Gefühl von Glück und Stärke aus, das für den Rausch typisch ist.

> *„Neurobiologische Studien zeigen, dass nichts das Motivationssystem so sehr aktiviert, wie von anderen gesehen und sozial anerkannt zu werden",*

sagt Medizinprofessor Dr. Joachim Bauer, der seit Jahren den Wunsch nach Anerkennung erforscht[9].

Somit liegt es auf der Hand, dass uns niemand Anerkennung zollt, wenn wir eine Versicherung abschließen, um z. B. unsere Altersvorsorge abzusichern. Zum einen, weil selten jemand Kenntnis von dieser Entscheidung hat (es sei denn, Sie hängen Ihre Entscheidung an die sprichwörtliche „große Glocke"), zum anderen, weil Sie mit Ihrer Entscheidung nicht direkt belohnt werden. Sie zahlen während Jahrzehnten, ohne dafür im Augenblick der Überweisung eine Gegenleistung einfordern zu können. Sparen für die Zukunft ist eben etwas anders als Geld ausgeben, um im Hier und Jetzt zu „wirken".

Für diese „Wirkung" sind wir Menschen bereit, immerzu Geld auszugeben, aber nur, wenn wir dabei sparen. Ein Mann, der ein neues iPhone zum Schnäppchenpreis gekauft hat, sieht sich derselben Frage gegenüber wie eine Dame, die eine neue hochwertige Markenhandtasche zum absoluten Tiefstpreis erworben hat: *„Das sieht teuer* *aus. Dafür hast du ja tief in die Tasche greifen müssen. Dass du dir das leisten kannst, finde ich echt toll.*" Beide haben etwas gekauft, für das sie weniger Geld ausgeben mussten als andere. Das erfüllt sie mit Stolz. Sie ernten Anerkennung und fühlen sich sicherer, weil sie im Besitz eines qualitativ hochwertigen Produktes sind, das ihnen einen vermeintlich besseren Lebensstandard zu günstigeren Bedingungen beschert. In diesen Momenten kommt unser „altes Leben" zum Vorschein. In vorchristlicher Zeit waren die Menschen als Jäger und Sammler unterwegs, bevor sie sesshaft wurden und Ackerbau betrieben. Jede erfolgreiche Jagd und jeder Fund garantierte den Menschen einen besseren Lebensstandard. Ein Mammut erlegt zu haben, bedeutete viel Fleisch für die Familie und Kleidung für den Winter. Beeren und Obst sorgten für lebensnotwendige Vitamine.

Wer hingegen eine Versicherung abschließt, wird damit weder satt, noch kann er sich der Anerkennung Außenstehender sicher sein und darauf angesprochen wird er auch nicht. Was bleibt ist die Erkenntnis, fortan jeden Monat einen bestimmten Betrag an die Versicherungsgesellschaft zu überweisen, in der Hoffnung, am Ende eines langen Lebens über eine Summe frei verfügen zu können. Doch liegt diese Situation so weit weg, dass sich der Versicherungsnehmer nicht einmal ansatzweise vorstellen kann, wie ihm geschieht. Aber eines spürt er bereits bei Vertragsabschluss: Es fehlt die Belohnung. Neue Schuhe, neue Kleidung, ein neues Fahrrad, ein neues Auto, all das lässt sich wunderbar darstellen und genießen. Jedermann wird aufmerksam hinschauen. Bei einer gedruckten Police schaut niemand. Sie hat den Charme einer Büroklammer, landet in einem verstaubten Aktenordner und wird jahrelang nicht wieder in die Hand genommen.

Je länger nun die Zahlung geleistet wird, desto öfter stellt sich der Kunde unbewusst die Frage nach dem Sinn seines finanziellen Engagements. Wird er in dieser Situation alleingelassen, trifft er möglicherweise eine Entscheidung mit weitreichenden Folgen. Bei einer Lebensversicherung mit einer Gesamtlaufzeit von nur 12 Jahren kündigen 32 Prozent der Versicherungskunden vorzeitig. Policen mit einer Laufzeit von 20 Jahren werden von mehr als von jedem zweiten Versicherungskunden gekündigt (55 Prozent). Wohingegen sogar 76 Prozent der Versicherungskunden ihre Lebensversicherung mit einer geplanten Laufzeit von 30 Jahren vorzeitig kündigen[10].

Wollen Sie als Versicherungsberater genau das verhindern, müssen Sie sich um Ihren Kunden kümmern – mehr als jeder andere! Nur so erkennen und wissen Sie, wie er sich möglicherweise verhalten wird bzw. vor welchen Wendepunkten er in seinem Leben steht.

Mit der Unterschrift Ihres Kunden unter einen Versicherungsvertrag ist Ihre Arbeit nicht beendet. Sie fängt jetzt erst an! Wer wüsste das nicht besser als der weltbeste, erfolgreichste Autoverkäufer der Welt, der US-Amerikaner Joe Girard, der natürlich einen Platz in der Hall of Fame der Automobilindustrie hat? In einem Interview wurde er nach seinem Erfolgsgeheimnis gefragt. Er antwortete[11]:

> *„… Autos zu verkaufen ist wie eine Ehe: Die eigentliche Arbeit beginnt nach der Hochzeit. Die meisten Männer vergessen, dass man sich dem anderen jeden Tag aufs Neue verkaufen muss, beweisen muss, dass man der Richtige für sie ist. Genauso bestimmt das Verhalten nach dem Verkauf, ob die Leute dich weiterempfehlen."*

Weiter sagte er in einem Interview[12]: *„Wenn Sie ein Auto bei mir kaufen, dann bekommen Sie zwei Dinge: ein wunderschönes Auto und mich! […] Ich heirate Sie, auf immer und ewig. Wenn ich Sie nicht gut behandle, dann werden Sie sich scheiden lassen. Aber das werden Sie nicht, denn ich behandle Sie gut[…]."* Der Starverkäufer sieht den größten Fehler der Verkäufer in ihrer Gier nach Geld. Die meisten, so sagt er, wollen nur das Geld ihrer Kunden. Haben sie es, dann lassen sie sie fallen. Deshalb verkauften seine Kollegen fünf Autos im Monat. Joe Girard verkaufte in seiner aktiven Zeit (als er das Interview gab, war er bereits 81 Jahre alt, er wurde 1928 geboren) sechs Autos am Tag (!), 174 im Monat, 1.425 im Jahr. Auch in unserer Branche gibt es herausragende Beispiele für extreme Erfolge. Einer davon ist der wahrscheinlich erfolgreichste Versicherungsverkäufer der Welt, Joe Gandolfo. Er schloss in einem Jahr einmal für mehr als eine Milliarde US-Dollar

Versicherungen ab. In seinem Buch[13] „Kunden kaufen nur von Siegern" zitiert der Autor Hans Christian Altmann Gandolfo wie folgt:

> *„Jede Karriere eines Verkäufers beginnt mit dem Glauben an sein Produkt. Ich glaube, dass man nichts wirklich effektiv machen kann, wenn man nicht hundertprozentig daran glaubt."*

Ob Autos oder Versicherungen, nun gut, die Produkte können unterschiedlicher nicht sein, dennoch weisen sie viele Gemeinsamkeiten auf – mit Blick auf das Konsumverhalten. Geht es der Wirtschaft schlecht, halten sich die Konsumenten mit ihren Entscheidungen zurück. Da wird dann das „alte" Auto ein Jahr länger gefahren als geplant. Eine Versicherung zur Altersvorsorge wird ebenfalls nicht abgeschlossen. Dennoch gibt es diese Verkäufer vom Schlage Joe Girards, die selbst in Krisenzeiten extrem und weit über Durchschnitt verkaufen. Vielleicht auch deshalb, weil sie eine „Krise" als das verstehen, wofür sie im Ursprung steht. Krise ist ein aus dem Griechischen stammendes Substantiv zum altgriechischen Verb „krinein", welches trennen und unterscheiden bedeutet. Auf das gleiche Verb geht auch das Substantiv „Kritik" zurück. Es bezeichnet „Entscheidung" und auch „entscheidende Wendung" (lt. Duden). Somit ist klar: Eine Krise sagt, dass die Wende eingeleitet ist. Somit ist eine Krise der Wendepunkt und damit der Auftakt für einen Neubeginn.

Krise ist damit kein negativ besetzter Begriff, sondern eine Aufforderung, sich der neuen Entwicklung, die die Wende einleitet, zu stellen. Deshalb geben z. B. erfolgreiche Versicherungsberater nichts auf das, mit Verlaub, dumme Geschwätz in den Medien, wenn über ihren Berufsstand berichtet wird. Für sie ist die Realität eine andere. Sie fühlen sich in der Analogie nicht als Politiker, sondern als Bürgermeister. Sie kümmern sich um die lokalen Herausforderungen und treffen somit den Zeitgeist. Auch Sie haben doch gar keinen Grund, sich hinter schlechten Umfragewerten zu verstecken. Die ratsuchenden Menschen verlangen doch nach Ihnen. Noch einmal möchte ich hier auf das Buch[14] „Kunden kaufen nur von Siegern" eingehen. Dort schreibt der Autor: *„Martin D. Shafiroff, der als Anlage-*

*berater mehrere Millionen Dollar pro Jahr verdient und der mit mehr Vorstän-
den und Geschäftsführern verhandelt als jeder andere Stockbroker in den USA,
beschreibt sein Erfolgsgeheimnis so: „Ich bin felsenfest davon überzeugt, dass
auch sehr erfolgreiche Menschen meine Hilfe brauchen. Ich glaube, dass man eine
sehr starke Überzeugung, ja sogar eine Philosophie entwickeln muss, um seine
Botschaft dem Kunden vermitteln zu können. Alle großen Geschäftsleute sind
überzeugt von dem, was sie tun."*

Bei genauerer Betrachtung ergibt sich bei der Interpretation der negativen Umfragewerte für Versicherungsberater ein völlig anderes
Bild. Denn so schlecht wie Politiker in der Umfrage gegenüber Bür-
germeistern abschneiden (15,1 % zu 55 %), so schlecht schneiden
Versicherungsberater gegenüber den Versicherungsgesellschaften ab
(19,4 % zu 55 %). In einer Studie[15] beurteilten mehr als die Hälfte
der befragten Kunden (55 Prozent) den Ruf ihres Versicherungsanbieters als „ausgezeichnet".

Ruf und Image
Der Ruf meiner Versicherung ist …

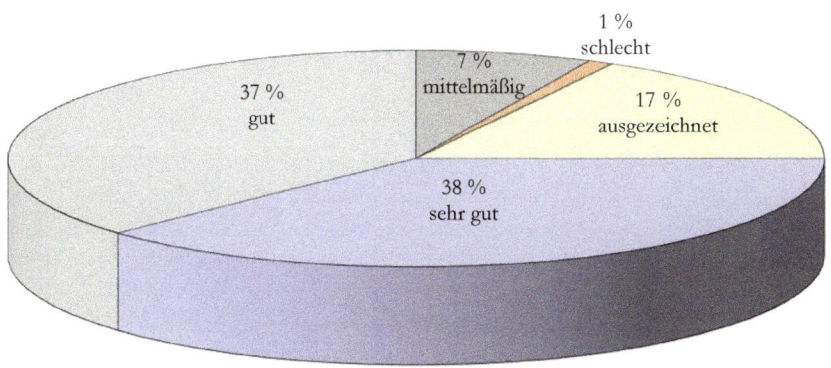

(Quelle: ServiceValue)

Dieser Trend hält an. Seit 2004 ist das Vertrauen der Versicherungskunden in die Versicherungsgesellschaften um zehn Prozent auf insgesamt 79 Prozent gestiegen. Dies geht auch mit einer größeren Ver-

sicherungsausstattung als noch vor 15 Jahren einher. Die „YouGov-Studie" Service-Architektur 2025[16] zeigt ebenfalls, dass der Service- und Beratungswunsch von Versicherungskunden in den vergangenen 20 Jahren deutlich zugenommen hat. Drei Viertel der Versicherungsnehmer möchten

hochwertigen Service und eine gute Beratung.

1994 waren es nur zwei Drittel. Eine weitere Information aus dieser Studie zeigt, dass Sie als Versicherungsberater auf einem guten Weg sind. Dazu sagt der Vorstand und Leiter der Finanzmarktforschung bei YouGov: „*Die Bepreisung nur im Falle eines Versicherungsabschlusses über die Provisionen wird von vielen Kunden als angemessener Preis für die erfolgreiche Dienstleistung angesehen[...].*"

Mit anderen Worten: Je mehr Sie sich als „lokaler Platzhirsch" ausrichten und sich mehr um Ihre Kunden kümmern als der Wettbewerb, desto mehr werden Sie als „der lokale Versicherungsberater" wahrgenommen und verdienen entsprechend. Die Studie[17], die das Managementberatungs- und Marktforschungsunternehmen MSR für die Versicherungsbranche erstellte, bestätigt diese Einschätzung. Dort heißt es:

„*[...] Kunden sind zufriedener, je öfter sie Kontakt zu ihrem Versicherungsvermittler haben. Dabei wiesen die Versicherungsnehmer die höchste Zufriedenheit auf, bei denen die Initiative für den Kontakt nicht von ihnen, sondern von Vermittlerseite ausging.*"

Daher gilt: Nicht warten – starten, und zwar sofort. Lesen Sie im weiteren Verlauf dieses Buches, welche wunderbaren Möglichkeiten sich Ihnen bieten, sich als lokaler Versicherungsberater bestmöglich zu positionieren.

Je besser Ihnen das gelingt, desto mehr Geld werden Sie verdienen. Rein rechnerisch geben die Bundesbürger für Versicherungen 2.219 EUR jährlich pro Kopf aus[18]. Das würden sie meiner Ansicht nach nicht tun, wenn sie schlecht beraten wurden. Es kann doch heute kein Versicherungsberater mehr gegen den Willen eines „aufgeklärten" Versicherungskunden handeln und ihm Produkte aufschwatzen wie zu Zeiten der 1970er-Jahre. Von dieser/meiner Meinung kann mich auch nicht die Studie vom Bund der Versicherten (BdV) abbringen. Er will herausgefunden haben, dass etwa 90 Prozent aller Haushalte falsch versichert sein sollen[19]. Haben wir damit den Beweis, dass den Bundesbürgern falsche Versicherungen aufgequatscht wurden und dadurch das negative Bild des provisionsorientierten und am Bedarf vorbei beratenden Versicherungsberaters genährt wird? Ja und nein! Natürlich ist diese Zahl schlichtweg zu hoch, gleichwohl ist sie mit Vorsicht zu genießen. Die Frage steht im Raum, was unter „falsch versichert" wirklich zu verstehen ist. Sind es unnötige Versicherungen, überflüssige oder doppelt wie dreifach verkaufte Policen an denselben Kunden? Oder hatte der Kunde die Qual der Wahl und sich für das falsche Angebot entschieden? Doch wer weiß schon als Laie was falsch ist?

Wie leicht Menschen Opfer falscher Entscheidungen werden können, bewiesen die Psychologen Veronika Denes-Raj und Seymour Epstein von der University of Massachusetts mit einem interessanten Experiment[20]. Dazu stellten sie zwei Schalen mit roten und weißen Geleebonbons auf. Die Aufgabe ihrer Probanden war es, mit verschlossenen Augen aus einer der beiden Schalen möglichst ein rotes Bonbon zu ziehen. In der kleinen Schale befanden sich zehn Bonbons, darunter ein rotes. Die große Schale enthielt 100 Bonbons, von denen fünf rot waren. Die Probanden wurden darüber informiert, dass ihre Erfolgsquote bei der kleinen Schale zehn Prozent betrug (10:1) und bei der großen Schale nur fünf Prozent. Obwohl die Teilnehmer wussten, dass sie unlogisch handelten, entschied sich die Mehrheit der Spieler für eine Ziehung aus der großen Schale. Die Forscher schließen daraus, dass die Spieler nicht den Anteil der roten Bonbons, sondern deren absolute Zahl sahen. Im ersten Fall sahen sie nur ein Bonbon vor ihrem geistigen Auge, im zweiten fünf. Obwohl sich die Chance, ein rotes Bonbon zu ziehen, erst aus der Anzahl der weißen Kügelchen ergab, wurde diese von den Versuchspersonen ignoriert. Dieses Experiment zeigt, wie schnell sich Menschen täuschen lassen.

Somit möchte ich an dieser Stelle zurückkommen auf die weiter vorne gestellte Frage:

> *Glauben Sie, dass die Deutschen wirklich mit ihrem Versicherungsberater unzufrieden sind?*

Ihre Antwort bringt den entscheidenden Unterschied zum Ausdruck, der den erfolgreichen vom nicht bzw. weniger erfolgreichen Versicherungsberater trennt.

Es ist Ihr Denken, das für den Unterschied steht!

Nichts geschieht zufällig. Alles ist das Ergebnis von Affinität und Resonanz. Unsere Umwelt spiegelt nicht nur unser Denken, sondern bringt die Ereignisse hervor, die wir durch unser Denken erschaffen, und die damit verbundenen Entscheidungen wie Handlungen, die wir damit auf den Weg bringen. Wie sagte es bereits Goethe?: *„Sobald der Geist auf ein Ziel gerichtet ist, kommt ihm vieles entgegen."* Wenn Sie, wie das Gros der Befragten, davon ausgehen, dass Ihr Beruf alles andere als ehrenwert ist, dass Beratung weniger gefragt ist, weil das Verkaufen primär im Vordergrund steht und Sie deshalb nach der <u>A</u>UA-Methode arbeiten müssen (Kunden <u>A</u>nhauen, <u>U</u>mhauen, <u>A</u>bhauen), dann haben Sie Recht. Wenn Sie, so wie ich, davon ausgehen, dass ein guter Versicherungsberater Partner des Kunden ist, der Ihnen, gleichsam wie ein Schutzengel, zu allen Zeiten zur Seite steht, dann stimmt diese Einstellung genauso.

Natürlich will ich die schwarzen Schafe, die es in unserer Branche genauso gibt wie in allen anderen auch, nicht negieren. Sie sind Teil des Systems. Darüber können wir uns aufregen oder es sein lassen. Letzteres ist für unsere Gesundheit zuträglicher. Einzig unsere Einstellung und die damit einhergehende Reaktion entscheiden. So habe ich mir nie die Mühe gemacht herauszufinden, wie viele Tropfen ein Liter Wasser hat. Aber auch so weiß ich, dass es nur einige wenige

Tropfen Öl braucht, um diese zigtausend Tropfen Wasser derart zu verseuchen, dass niemand es mehr trinken würde. Ich habe gehört, dass ein Tropfen Öl 25 Liter Wasser verunreinigt. Dieses krasse Missverhältnis zeigt, wie wenig es braucht, um im übertragenen Sinne eine Situation zu verunreinigen. Bitter, sehr bitter. Doch können wir in diesem Moment daran etwas verändern? Das Öl hat das Wasser verunreinigt. Fakt! Nun haben wir die Wahl, uns auf das verseuchte Wasser zu konzentrieren, oder aber auf das, was es ist: ein unglücklicher Umstand.

Nähren wir nicht durch unser Denken und Verhalten das Schlechte, sondern konzentrieren uns auf das Gute, auf das Machbare, auf die Chancen. Das heißt nicht, die Welt schöner zu reden als sie ist, doch wird sie nicht schöner, indem wir sie schlechter reden!

Erfolgreiche Versicherungsberater sind Lösungsdenker. Sie lassen sich nicht von den Umständen in die Enge treiben. Sie schaffen Umstände, die ihnen die Möglichkeit geben, ihr wahres Potenzial zu entfalten. Wie sagte es Immanuel Kant einst so treffend?: *„Wer sich zum Wurm macht, soll nicht klagen, wenn er getreten wird."* Sie als lokaler Versicherungsberater „machen" einen guten und wichtigen Job. Darauf dürfen Sie mit Fug und Recht stolz sein.

Auch wenn das Internet und damit die Jagd nach günstigen Preisen allgegenwärtig ist, so verlangen Kunden nach Versicherungsberatern, denn der Mensch ist kein Homo oeconomicus, also ein ausschließlich wirtschaftlich denkender Konsument. Der Mensch ist in erster Linie Mensch, so wie es Herbert Grönemeyer in seinem Song „Mensch" bestens besingt: *„Und der Mensch heißt Mensch, weil er vergisst, weil er verdrängt und weil er schwärmt und stählt. Weil er wärmt, wenn er erzählt, und weil er lacht[…]."*

Erfolgreiche Versicherungsberater lachen gemeinsam mit ihren Kunden. Sie haben Geschichten zu erzählen und geben ihren Kunden ein gutes, „wärmendes" Gefühl. Gefühle können Sie weder übers Internet vermitteln noch „türken". Gefühle kommen von Herzen, und genau darüber führt Sie der Weg zum Erfolg. Der heutige Konsument ist kein reiner ZDF-Typ, der sich nur an **Z**ahlen, **D**aten und **F**akten orientiert. Natürlich muss das Preis-Leistungs-Verhältnis stimmen, keine Frage. Doch das Wissen darum schafft keine Vertrauensbasis. Einzig über das Gefühl schaffen Sie es, sich in den Köpfen Ihrer Kunden „festzusetzen".

Das ist für Sie als lokaler Versicherungsberater extrem wichtig, denn viele Entscheidungen trifft der Konsument spontan. Ob im Supermarkt, an der Tankstelle, am Kiosk, im Bekleidungsgeschäft, im Buchhandel – hier wie dort überwiegen die sogenannten Impulskäufe. Da braucht es weder eine aufwendige Beratung noch lange Diskussionen. Gekauft wird, was gesehen wird. Für den Einzelhändler zweifelsohne von Vorteil. Von wenigen Ausnahmen abgesehen haben Sie als Versicherungsberater diesen Vorteil nicht. Kein Konsument „stolpert" planlos in Ihre Agentur, um im Vorbeigehen Versicherungsverträge zu unterschreiben. Deshalb müssen Sie im Kopf von Interessenten und bestehenden Kunden fest verankert sein, noch bevor es hier einen konkreten Bedarf an einer Versicherung gibt. Anders als bei Waren und Dienstleistungen des täglichen Bedarfs brauchen Menschen die Veränderung des Versicherungsschutzes vor allem an den Wendepunkten ihres Lebens. Davor und danach – nun, das ist unser Schicksal als Versicherungsberater – sind wir für unsere Kunden weniger wichtig. Aber wenn es darauf ankommt, ja, dann sind wir noch wichtiger als ein Feuerwehrmann, weil wir dafür sorgen, dass unsere Kunden nicht mittellos dastehen.

Wann machen sich Menschen Gedanken über ihren Versicherungsschutz?

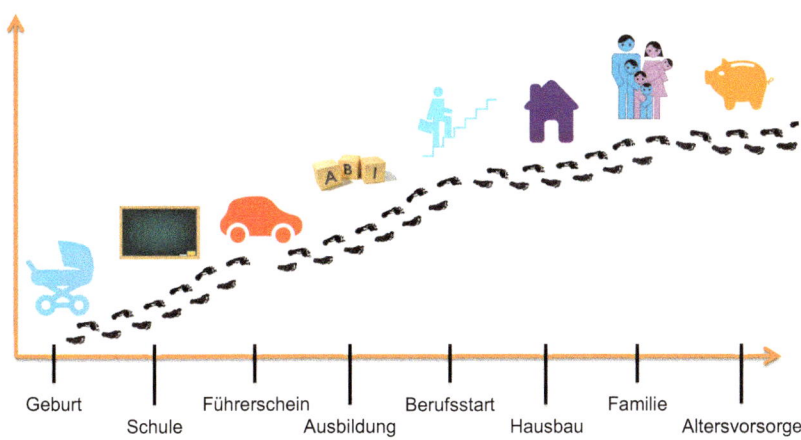

Geburt		Führerschein		Berufsstart		Familie	
	Schule		Ausbildung		Hausbau		Altersvorsorge

(Quelle: marcapo GmbH)

Heirat, die Geburt des eigenen Kindes, berufliche Veränderungen oder die Vorsorge fürs Alter sind solche Stationen im Lebenszyklus von Menschen, die sie dazu zwingen, über passende Versicherungsprodukte nachzudenken. In diesem Moment ist es wichtig, dass man sich an Sie als „Marke" erinnert. Nur dann wird sich der ratsuchende Kunde an Sie wenden, um mit Ihnen über seine veränderte Lebenssituation zu sprechen, damit Sie ihn in Sachen Versicherungen und Finanzen umfänglich beraten.

Je besser es Ihnen gelingt, sich als Marke in den Köpfen Ihrer Kunden und potentiellen Kunden zu verankern, desto größer ist die Chance, dass Menschen, die an einem Wendepunkt in ihrem Leben stehen, auf Sie zukommen.

Dennoch reicht der Markenname allein nicht aus, um sich dauerhaft erfolgreich am Markt zu positionieren, wie folgende „Aufgabe" beweist. Wenn Sie diese Markennamen lesen, fällt es Ihnen nicht schwer, sie zu klassifizieren.

Wer verbirgt sich hinter diesen Markennamen?

Markenname	Was verbirgt sich dahinter?
Penaten®	
Maggi®	
Rama®	
Bärenmarke®	
Mr.Proper®	
Mars®	
Pampers®	

®= eingetragener, geschützter Markenname

Ich möchte keineswegs Ihre Intelligenz beleidigen, gleichwohl wünsche ich mir, dass Sie Ihre Antworten mit meinen abgleichen.

Die „richtigen" Antworten:

Markenname	Was verbirgt sich dahinter?
Penaten®	Creme
Maggi®	Würzsauce
Rama®	Pflanzenmargarine
Bärenmarke®	Milch
Mr.Proper®	Haushaltsreiniger
Mars®	Schokoriegel
Pampers®	Windeln

®= eingetragener, geschützter Markenname

Zugegeben, das war sehr einfach. Wir steigern uns mit der nächsten Doppelfrage. Welche Firmen produzieren diese Konsumartikel und haben sie darüber hinaus weitere Markenartikel im Programm?

Jetzt kann es schon etwas schwieriger sein. Hinter diesen hier genannten Artikeln stehen extrem erfolgreiche Konzerne, die mit einer Armada von Markenprodukten aufwarten (Penaten: Johnson und Johnson; Maggi: Nestlé; Rama: Unilever; Mr.Proper und Pampers: Procter & Gamble; Mars: MarsCompany). So ist Procter & Gamble einer der erfolgreichsten Konzerne der Welt. 90 Prozent des Umsatzes erzielt das Unternehmen mit 50 führenden P&G-Produkten[21]. Davon erzielen 25 Marken der weltweit 300 P&G-Marken einen Umsatz von einer Milliarde US-Dollar. Diese gewaltigen Umsätze wären so kaum möglich, würden sich dieser und die anderen Markenhersteller und -inhaber zu einhundert Prozent nur auf den Markennamen eines Produktes konzentrieren. Sie haben sich im Markt klar positioniert, weil sie sich als Experten auf ihren Fachgebieten einen Namen gemacht haben. Johnson und Johnson steht für Gesundheit, Procter & Gamble für Hygiene und Mars für schokoladehaltige Süßwaren.

In der Analogie zu dieser strategisch wichtigen Ausrichtung bedeutet das, dass Sie „als Marke" nicht nur auf ein Produkt ausgerichtet sein dürfen. Ihre Kernkompetenz muss im Vordergrund stehen. Diese erstreckt sich über mehrere Produkte. Würden Sie sich „nur" als KFZ-Versicherungsberater positionieren, laufen Sie Gefahr, dass keine Anfragen zu einer Wohngebäudeversicherung ins Haus kommen. Drücken Sie mit Ihrem Markennamen aus, dass Sie als Versicherungsberater der lokale Spezialist für (fast) jede Form der Absicherung stehen, bekommen Sie mehr Anfragen. Natürlich keine Regel ohne Ausnahme. Wenn Sie bei einer Agentur arbeiten, die sich z. B. ausschließlich auf die Versicherung von Schiffen konzentriert hat, macht es natürlich wenig Sinn, auch Wohngebäudeversicherungen anbieten zu wollen.

2 Menschen machen Marken

„Schwache Marken machen Kundenwerbung. Für starke Marken machen Kunden Werbung.“

Prof. Dr. Karsten Kilian
Deutscher „Markenexperte“

Nicht wenige Versicherungsberater sind der Meinung, dass die Märkte weitgehend gesättigt sind und dass nur noch der Erfolg hat, der seine Konkurrenten verdrängt. Insbesondere durch das Internet scheinen die angebotenen Leistungen zunehmend austauschbarer. Tatsächlich ist das Internet der wichtigste Kontaktpunkt vor dem Neuabschluss eines Versicherungsproduktes.

Reichweite von Online- und Offline-Touchpoints vor Vertragsabschluss

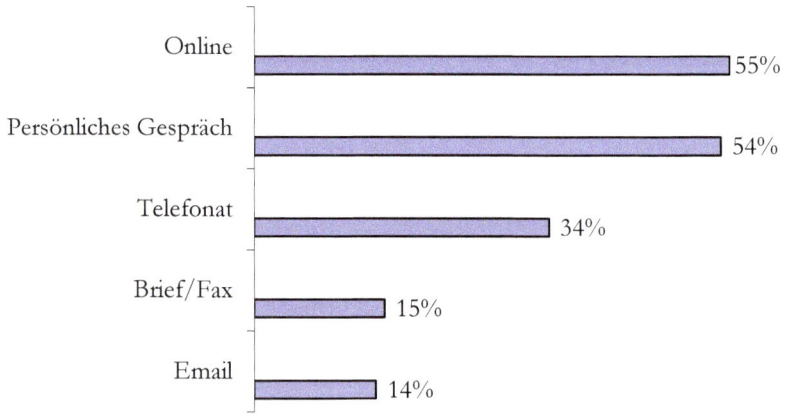

(Quelle: Customer Journey Versicherungsprodukte; Gfk/AXA; Vanessa Bohn; GfK/AXA)

Fast ein Patt zwischen Online wie persönlichem Gespräch. Und nun?

Wie an anderer Stelle erwähnt, entscheidet Ihr Denken über die Zukunft Ihrer Agentur. Wer glaubt, seine Agentur nur durch Verdrängung und Bekämpfung von Konkurrenten über die sprichwörtlichen Runden zu bringen, wird Zeit seines Lebens ein chancenloser Kämpfer bleiben und sich in seiner Haltung bestätigt sehen, dass das Leben als Versicherungsberater kein Zuckerschlecken ist. Wer hingegen erkennt, dass es mitunter weiterer Informationen bedarf, um eine richtige Einschätzung vornehmen zu können, obsiegt.

Anteil Online-Recherche und Online-Abschluss je Ober- und Unterkategorie

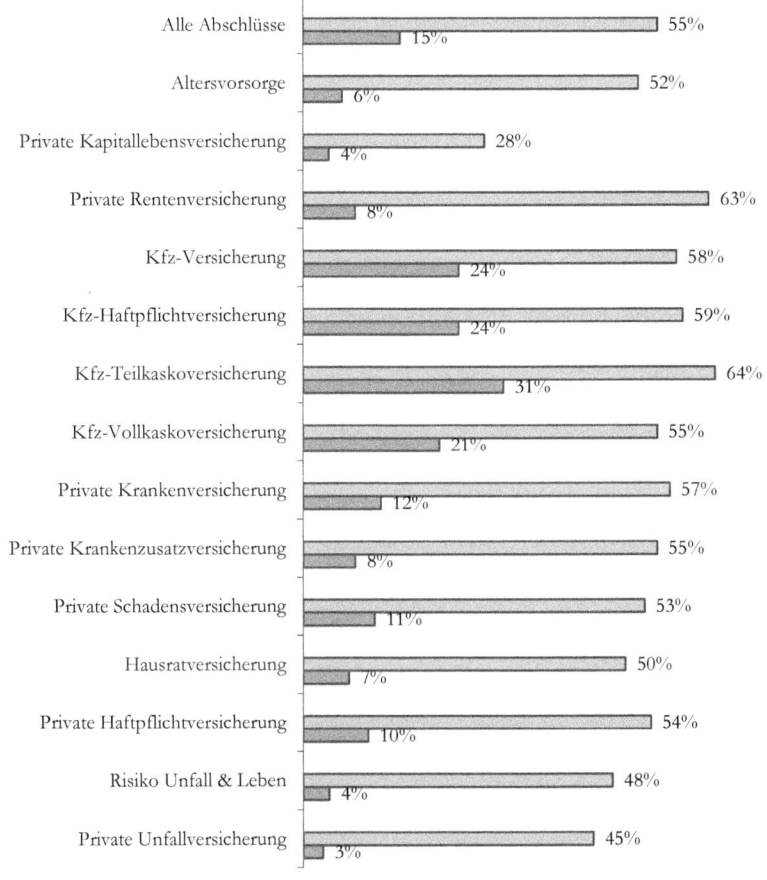

(Quelle: Customer Journey Versicherungsprodukte; Gfk/AXA; Vanessa Bohn; GfK/AXA)

Bezogen auf alle Vertragsabschlüsse haben zwar 55 Prozent der Befragten online recherchiert, aber nur 15 Prozent haben dann auch Online abgeschlossen. Womit einmal mehr bewiesen ist, dass es in unserem Geschäft noch immer auf den Versicherungsberater ankommt. Zu diesem Ergebnis kommt auch eine Studie der Gesellschaft für Konsumforschung (GfK). Sie fragte:

„Über welches Medium ist dieser Kontakt (mit einer Gesellschaft) zustande gekommen?":

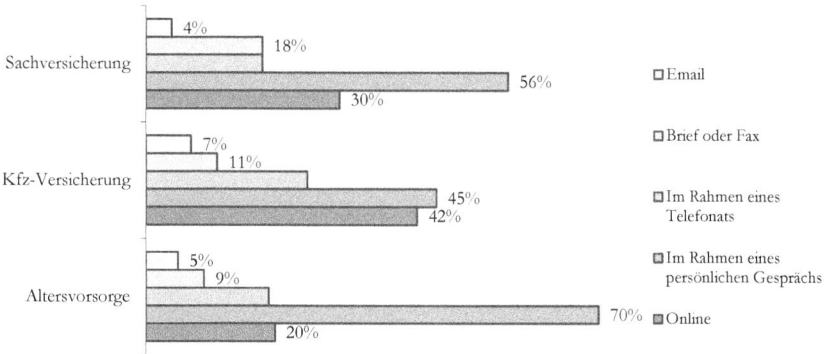

(Quelle: GfK FMP,2013; Basis: 11.988 Neuabschlüsse 2013)

In allen drei Bereichen erfolgte der Kontakt über ein persönliches Gespräch!

Diese Feststellung darf natürlich nicht darüber hinwegtäuschen, dass durch das Internet das Band zwischen Versicherungsnehmern und Versicherungsgesellschaften nicht mehr so stark ist wie in den Jahrzehnten zuvor. Kunden sind heute mehr denn je eher bereit zu wechseln. Manchmal sogar von jetzt auf gleich und ohne jede Vorwarnung. Der Super-Gau für jeden aufrichtigen Versicherungsberater.

Die MSR Consulting fand heraus, dass der Marktwert des zentralen Kundenbindungsindikators seit Jahren konstant rückläufig ist[22]. Während 2010 noch 42 Prozent der Kunden sagten, dass sie sich wieder für ihren Versicherer entscheiden würden, war es 2014 nur noch jeder dritte Kunde. Diese Entwicklung findet sich bei fast allen Versicherungskunden ohne grundlegende Unterschiede zwischen Einkommens- und Altersgruppen. Auch Versicherer, bei denen sich die Kundenzufriedenheit positiv entwickelt hat, verzeichnen eine Negativentwicklung der Bindungsindikatoren. Die permanente Vergleichbarkeit verschiedener Angebote, sowohl online als auch offline, ist in vielen Lebensbereichen gelebte Praxis und damit Teil des Problems.

Wie an anderer Stelle erwähnt, entscheidet Ihr Denken über Ihr Schicksal. Sie können diese Erkenntnis als weitere Bestätigung für die Zunahme von Online-Vertragsabschlüssen sehen, die Sie um Ihre Existenz bringen (könnten), oder aber als Aufforderung verstanden wissen, einmal mehr Ihre Möglichkeiten zu nutzen, die nur ein lokaler Versicherungsberater seinen Kunden bieten kann. Ohne zu belehren, doch wer will, findet immer einen Weg. In diesem Zusammenhang fällt mir Bertold Brecht's Bühnenstück „Mutter Courage" ein. Die Geschichte spielt zu Zeiten des 30-jährigen Krieges. Auf einem Bauernhof vor der Stadt Halle haben Bauern Mutter Courage aufgenommen, die mit ihrer stummen Tochter Kattrin auf der Flucht ist. Mitten in der Nacht jedoch kommen die feindlichen Soldaten auf den Hof. Sie sind auf dem Weg zur Stadt, um sie einzunehmen. Deshalb zwingen sie den Bauernsohn, ihnen und ihren Truppen den besten Weg in die Stadt zu zeigen. Danach ziehen sie weiter. Der Bauer steigt aufs Scheunendach und sieht, dass in der Stadt kein Licht brennt. Auch die Wachtürme der Stadt sind scheinbar unbesetzt. Es ist kein Mensch zu sehen. Dennoch muss die Stadt vor den aufziehenden Feinden gewarnt werden. Die Bäuerin resigniert und jammert: „Wenn wir nur mehr wären... Aber so können wir nix machen. Nix!" Dann dreht sie sich zur stummen Kattrin und sagt: „Bet, armes Tier, bet! Wir können nix machen gegen das Blutvergießen. Wenn du schon nicht reden kannst, kannst doch beten!" Daraufhin knien alle nieder und beten. Plötzlich steht Kattrin auf, schnappt sich etwas und klettert unbemerkt aufs Dach des Bauernhauses. Dann beginnt sie mit aller Kraft eine Trommel zu schlagen. Sie trommelt ohne Unterlass, bis die Menschen unten im Dorf wach werden und die Glocken zum Sturm läuten. Alle verstehen die Warnung, und so rettet Kattrin durch ihren beherzten Eingriff die Stadt vor dem Schlimmsten. Sie verzweifelte nicht wie ihre Mutter, sondern ergriff die Initiative und trommelte um ihr Leben – mit Erfolg.

Auch wenn diese Geschichte an dieser Stelle und in diesem Buch augenscheinlich ein wenig deplatziert sein sollte, so bringt sie doch zum Ausdruck, worum es im Kern geht. Wer verzweifelt und sich aufgibt, weil die Online-Konkurrenz übermächtig zu sein scheint, wird untergehen. Wer sich den Herausforderungen unserer Zeit stellt, wird überleben. So stellen die Verfasser der Studie (MSR Consulting) zwar fest, dass die Kunden „untreuer" geworden sind, gleichwohl erklären sie, dass man dieser Entwicklung nicht hilflos ausgesetzt ist. Dazu schreiben die Verfasser Folgendes[23]:

> *„Vor allem in der kritischen Anfangsphase der Kundenbeziehung lässt sich Bindung mit einem strukturierten Welcome-Prozess steigern. Hier kann ein Ansatzpunkt in der schnellen und systematischen Klärung der kompletten Bedarfslage der Neukunden über den ersten Vertrag hinaus liegen. Auch lassen sich im Rahmen des Welcome-Prozesses durch positive Service-Erlebnisse bei den Kunden Begeisterungsmomente generieren, beispielsweise durch Informationen und Unterstützung bei Präventionsthemen. So kann es Versicherern gelingen, ihre Vorteile jenseits günstiger Prämien nachvollziehbar und glaubhaft in den Markt zu kommunizieren und Kunden langfristig an sich zu binden."*

Ich sehe es genauso! Lasst doch die „untreuen" Kunden andere Wege gehen. Wer immer nur nach einem noch günstigeren Angebot sucht, kann selbst mit der besten Dienstleistung und größtmöglicher Unterstützung nicht gehalten werden. Ich nenne diese Abwanderung untreuer Kunden einen gesunden Auslesungsprozess. Ihr Verhalten trägt dazu bei, dass ein Versicherungsberater mehr Zeit hat, sich um seine treuen Kunden zu kümmern, die seine Arbeit wertschätzen. Je intensiver er sich um diese Kunden kümmert, desto mehr werden sie ihn in ihr Leben integrieren, was wichtig ist, weil er so „Teil ihres Lebens" ist und so über alle Entwicklungen Bescheid weiß. Deshalb gibt es für einen Versicherungsberater auch keine gesättigten Märkte, sondern nur Gelegenheiten – zumindest für den, der sie erkennt.

Was ich darunter verstehe, möchte ich an einer Umfrage[24] in Sachen Berufsunfähigkeitsvorsorge beschreiben. 16-29-Jährige, die noch keine Versicherung gegen den Verlust der eigenen Arbeitskraft abgeschlossen haben, wurden nach den Gründen gefragt, warum sie sich nicht absichern.

Gründe, warum sich junge Menschen nicht gegen das Risiko der Berufsunfähigkeit absichern:

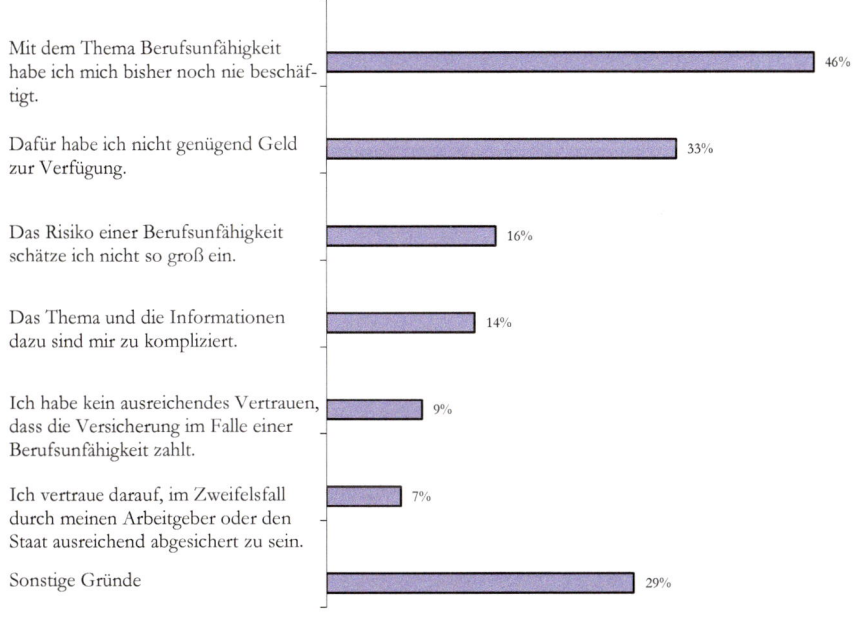

(Swiss Life Deutschland 2014)

Hier zeigt sich doch, dass Sie als Versicherungsberater weder die Konkurrenz bekämpfen müssen noch dass Ihnen die Arbeit und damit die Abschlüsse ausgehen. Denn jeder zweite Befragte hat sich mit dem Thema Berufsunfähigkeit bisher noch nie beschäftigt. Das sind die Chancen, die Sie nutzen können (müssen). Chancen, die Ihnen buchstäblich in den Schoß fallen – ohne großartige Anstrengung, vorausgesetzt, Sie haben sich als Marke positioniert.

Zudem besitzen in Deutschland etwa 70 Prozent[25] der privaten Haushalte eine Lebensversicherung. Die einen sichern damit ihre Familie ab, die anderen sorgen fürs Alter vor, andere wollen einfach nur sparen. Was aber wollen die restlichen 30 Prozent, die keine Lebensversicherung besitzen? Um das herauszufinden, bedarf es keiner Marktforschung, sondern schlichtweg nur des Gespräches mit Ihren Kunden. Je besser Sie als lokaler Versicherungsberater bei Ihren Kunden „eingebunden" sind, desto eher wird er bzw. seine Familie bereit sein, mit Ihnen über Themen zu sprechen, die von der Konkurrenz noch nicht besetzt wurden. Je besser Sie Ihren Kunden kennen, desto leichter fällt es Ihnen, verschiedene Themen anzusprechen.

Sicher ist heute vieles anders. Nicht zuletzt auch wegen der Deregulierung des Versicherungsmarktes, welche die komplette Versicherungslandschaft dramatisch veränderte. Da fällt es leicht, hier einen Schuldigen für den geschäftlichen Niedergang auszumachen. Damit macht man es sich allerdings zu leicht. „*Nichts ist beständiger als der Wandel*", postulierte bereits vor 2.500 Jahren der griechische Philosoph Heraklit. Nach dieser Erkenntnis arbeiten aus meiner Sicht noch viel zu viele Versicherungskonzerne. Sie überbieten sich gegenseitig mit neuen Produkten und einer Vielzahl von Tarifen. Damit stiften sie häufig mehr Verwirrung als Nutzen. Darüber hinaus eifern sie der Automobilindustrie nach, indem sie in immer kürzeren Abständen neue „Modelle" auf den Markt bringen. Die zeitlichen Abstände zwischen Relaunche und Einstellung eines Versicherungsproduktes werden kürzer. Das macht die Arbeit eines Versicherungsberaters trotz modernster Technik nicht einfacher. Somit steht die Frage im Raum, wie sich ein Versicherungsberater langfristig behaupten und sich dauerhaft Wettbewerbsvorteile verschaffen kann.

Durch MARKEting im Sinne von „Mensch als MARKE".

Vielfach herrscht die Meinung vor, Marketing sei nur etwas für große Konzerne, die durch ihre Aktivitäten den lokalen Versicherungsberatern durch vielfältige Aktionen den Weg zum Kunden ebnen. Das ist sicher so falsch nicht, gleichwohl ein Relikt längst vergangener Zeiten. Marketing ist nicht nur ein effektiver Weg zu mehr Umsatz, Gewinn und langfristiger Kundenbindung, sondern ein notwendiger Weg. Ein Versicherungsberater, der sich nur auf die Aktivitäten der Marketingabteilung eines von ihm vertretenen Konzerns verlässt, ist verlassen. Denn die größte Herausforderung unserer Zeit steckt weniger im Markt als in uns selbst. Wer lokales Marketing nicht als den „Vertriebskanal" von heute sieht, steht sich selbst im Weg. Ich gehe in meiner Einschätzung so weit, dass ich behaupte, dass es heute einen Zwang gibt zum „persönlichen Marketing".

Wobei diese Erkenntnis eigentlich nicht wirklich neu ist. Was wäre das Showbiz ohne den Menschen als Marke? Alle Persönlichkeiten des öffentlichen Lebens werden seit jeher als perfekt inszenierte „Marken-Produkte" in Szene gesetzt. Da überzeugt die deutsche Schlagersängerin Helene Fischer nicht nur durch eine einzigartige Stimme, sondern durch eine Showakrobatik auf der Bühne, die die Zuschauer in „atemloses" Erstaunen versetzt. Wer als Fan seiner „Helene" ganz nah sein will, kauft das „Helene Fischer-Parfum" (Douglas), den VW-Golf in der Helene Fischer-Sonderedition sowie die neueste Helene Fischer-Modekollektion von Tchibo. Das alles ist nur möglich, weil es ihr zuvor gelungen ist, sich als Marke zu positionieren. Eine Anstrengung, die sich ausgezahlt hat.

Im Sport erleben wir es sogar noch intensiver. Hier weiß man um die Bereitschaft der Fans, für die „Marken"-Produkte von ihren Idolen mehr auszugeben als für vergleichbare andere. Ein „normales" T-Shirt kostet bei einem Discounter zehn Euro. Kommt selbiges von einem Rennfahrer oder Fußballer, verlangen die Anbieter nicht selten das Zehnfache und mehr. Selbiges gilt für Jacken, Kappen, Mützen, Schals, Kugelschreiber, Outdoor-Artikel, etc. Dass diese Umsätze alles andere als Peanuts sind, zeigt einmal mehr der Fußball-Rekordmeister FC Bayern. Im Geschäftsjahr 2013 erwirtschaftete der Verein über 375 Millionen Euro. Die F.A.Z. schreibt dazu[26]:

> *„Mit den neuen Zahlen, die der F.A.Z. vorliegen, deutet sich die abermals beschleunigte Entwicklung des FC Bayern zu einer Weltmarke des Sports an – mit einem entsprechenden Zuwachs an Einnahmen vor allem im Merchandising, also dem Verkauf von Trikots und anderen Artikeln mit Bayern-Logo. Mit einem Erlös von 57,4 Millionen Euro hatte der Klub auf diesem Geschäftsfeld in der vergangenen Saison schon eine Steigerung von mehr als dreißig Prozent hingelegt… In diesem Jahr laufen die Geschäfte noch besser … Die Einnahmen im Merchandising aus dem gesamten vergangenen Geschäftsjahr hat der Klub in dieser Saison schon zur Saison-Halbzeit übertroffen, mit 57,8 Millionen Euro."*

Haben Sie die zwei existenziellen Wörter dieser Meldung herausgelesen (um die es in diesem Buch geht)?

(Welt)Marke und Merchandising[III]

Wem es gelingt, sich als Marke (in jeder Hinsicht, also als Person, Produkt oder Unternehmen) so zu positionieren, dass Konsumenten bereit sind, für diese so genannten „gelabelten" Produkte Geld auszugeben, der ist auf dem sprichwörtlichen Olymp angekommen. Sie als lokaler Versicherungsberater sind das Produkt und der Merchandiser in eigener Sache. Auch wenn Sie nicht unbedingt in die Fußstapfen von Thomas Gottschalk, Günter Jauch, Loriot oder Heidi Klum treten, so sind Sie „vor Ort" als lokaler Merchandiser unverzichtbar. Hier können Sie genauso Karriere machen wie die „ganz

---

[III] Merchandising, aus dem Englischen für „Vermarktung" (von merchant „Großhändler" und lateinisch mercari „Handel treiben", ist Marketing des Einzelhandels und Ware mit Werbung. Sie werden gemeinhin als Werbeartikel verschenkt, von Konsumenten aber auch gekauft.

Großen", deren Bühne die Welt ist. Ihre Bühne ist Ihre Heimat. Füllen Sie den Platz aus und Sie werden in dieser Ihrer Welt zum Star.

Nicht nur Schauspieler, Musiker, Schlagerstars und Sportler werden das bestätigen können, sondern auch die Damen und Herren aus der Modewelt. Mit ihrem Label verdienen sie zum einen Millionen – was ihnen von ganzem Herzen gegönnt sei. Zum anderen geben sie Tausenden von Menschen eine Arbeit und damit ein Einkommen. Überhaupt sind es die erfolgreichen Persönlichkeiten, die mit ihrem Handeln unendlich vielen Wirtschaftszweigen und -branchen Umsatz und Gewinn garantieren. Produkte müssen hergestellt, beworben und transportiert werden. Zuvor müssen die Rohstoffe erzeugt werden. Dann braucht es Stores, die die kreativen Ideen verkaufen. Es braucht Medien, die darüber berichten. Nur wenn Zeitungen ihre Seiten mit Inhalten füllen, können sie gedruckt werden. Was wiederum für Druckereien, Journalisten, Kioskbesitzer und Zeitungsausträger extrem wichtig ist. Es braucht Hotels, in denen die Vernissagen stattfinden, Caterings, die die geladenen Gäste kulinarisch versorgen. Somit auch die Lebensmittellieferanten, die die Köche beliefern, die in ihrer Küche mit Heerscharen von Angestellten die Speisen zubereiten. Es braucht Flugzeuge, die Bahn und das Taxi. Sie alle sorgen dafür, dass die Gäste pünktlich eintreffen. Somit zeigt sich, dass von einer „Marke" unendlich viele Branchen profitieren und dies die Wirtschaft boomen lässt.

Insofern sprechen wir doch nicht nur über Coco Chanel, Karl Lagerfeld oder Wolfgang Joop. Wir sprechen über Millionen von Menschen, die von dieser Marke direkt wie indirekt profitieren. Schön, dass diesen erfolgreichen Persönlichkeiten zu Lebzeiten neue folgen, wie z. B. Guido Kretschmer (Shopping-Queen) und Harald Glööckner (Pompöös-Label). Ehrlich und authentisch haben sie kontinuierlich an sich als Marke gearbeitet. Der Erfolg gibt ihnen Recht. Heute verdienen sie Millionen mit ihrem „Markennamen". Weil sie „in aller Munde" sind, ist ihnen die Aufmerksamkeit der Medien sicher. Selbst wenn sie in den entlegensten Provinzen auftreten würden, könnten sie sich der Aufmerksamkeit durch die lokale Presse sicher sein. Die Bilder von ihren Auftritten finden sich wenig später im Internet, sodass sie von jedermann gesehen werden. Eine bessere und vor allen Dingen günstigere Werbung gibt es nicht.

Diese „Marken-Persönlichkeiten" zäumen bei genauerer Betrachtung das sprichwörtliche Pferd von hinten auf. Lernen wir aus ihrem Verhalten. Es geht doch nicht darum, genauso erfolgreich zu werden wie sie und damit international zur Nummer 1 aufzusteigen. Es geht darum, dass Sie in Ihrer Heimat die Nr. 1 werden. Die Gesetzmäßigkeiten dafür sind dieselben. „Im Großen wie im Kleinen", die „Naturgesetze" sind unbestechlich. Trennen Sie sich von falschen Vorstellungen. Dazu gehört auch, einer alten „Vertreterweisheit" aus der Versicherungsbranche keine weitere Bedeutung zu schenken:

„Außendienst bringt Geld, Innendienst kostet Geld."

Natürlich wird am „Point of Sales" und häufig im Face to Face-Gespräch das Geschäft gemacht. Was allerdings deutlich schwer fallen würde, stünde dahinter nicht das „Back-Office", das mit seiner Arbeit, und dazu zähle ich im Besonderen auch das lokale Marketing, den Weg zum Kunden ebnet. Wäre es anders, viele Unternehmensgeschichten müssten neu geschrieben werden.

Nur beispielhaft will ich an dieser Stelle ein zugegebenermaßen herausragendes Marketing-Beispiel erwähnen. Der US-amerikanische Computerhersteller Apple beherrscht ein Marketing, das jeden Außenstehenden vor Neid erblassen lässt, mich eingeschlossen. Haben Sie je eine Live-Schaltung zu einer Produktvorstellung eines x-beliebigen Unternehmens im Internet verfolgen können, welches zuvor von allen großen Medien angekündigt wurde? Haben Sie je erlebt, dass die Welt nach Korea schaute, weil dort ein neues Smartphone vorgestellt wurde, oder nach Sindelfingen, weil Mercedes die neue S-Klasse präsentierte? Haben Sie je erlebt, dass ein Nachrichtensender live aus einem BMW-Werk berichtete, um der Präsentation eines neuen Modells „just in time" beizuwohnen? Wenn aber Apple eine Weiterentwicklung seines iPhones oder seines iPads in San Francisco vorstellt, gerät die Welt aus den Fugen. Nicht nur, dass Boulevard-Magazine wie die Bild-Zeitung das Event im Live-

Stream zeigen, es ist sogar in den Nachrichten der öffentlich-rechtlichen Sender ein Thema. Da werden Reporter nach Übersee geschickt, damit sie die Stimmung vor Ort einfangen, die von den Apple-Fans ausgeht. Somit steht doch nur eine Frage im Raum:

Gibt es eine bessere Werbung, die zudem kostenlos über den gesamten Globus verteilt wird?

Dennoch, dieser Erfolg ist nicht zufällig, sondern das Ergebnis klugen und strategischen Handelns, denn:

„Ziel der Markenpositionierung ist die nachhaltige Differenzierung zum Wettbewerb sowie die attraktive und einmalige Gestaltung der Marke, um bei der Kaufentscheidung bevorzugt zu werden[27].“

Das ist leichter gesagt als getan. In diesen informationsüberfluteten Zeiten wird es immer schwieriger, von potentiellen Kunden wahrgenommen zu werden. Alle sind sie einem regelrechten Bombardement an Werbebotschaften ausgesetzt. Über Radio- und Fernsehwerbung, Anzeigen in Tageszeitungen und Magazinen bis hin zu Plakaten an Litfaßsäulen und Werbung an Bus wie Bahn.

Nach Ansicht verschiedener Kommunikationsforscher sollen auf einen Konsumenten durchschnittlich zwischen 2.500 und 10.000 Werbebotschaften einprasseln – täglich!

Die letzte empirische Erhebung, die ich zu diesem Thema gefunden habe, stammt aus dem Jahre 2004. In dieser Studie[28] schreibt das Institut für Marketing und Kommunikation, dass deutsche Konsumenten mehr als 6.000 Werbekontakte pro Tag und Kopf wahrnehmen. Somit hätte sich die Zahl in nur zehn Jahren fast verdoppelt, was angesichts tausender Fernsehkanäle, Internet, Smartphone etc. nicht überrascht.

Noch nie in der Menschheitsgeschichte waren wir solchen Entwicklungen ausgesetzt, denen wir uns nur begrenzt entziehen können.

Selbst wenn wir wollten, wir können gar nicht anders, als diese Dinge zur Kenntnis zu nehmen, weniger bewusst, dafür mehr unbewusst, und genau das ist die Absicht. Hier erweist sich das digitale Zeitalter, das den Nimbus eines Weltverbesserers wegen seiner Freiheit und Informationsvielfalt umgibt, mehr zum Fluch denn Segen für uns. Denn diese Werbebotschaften sind wie Trojaner. Ein negativ besetzter Begriff, der allerdings nur zu gut ausdrückt, was das Ziel eines jeden Versicherungsberaters sein muss: sich als Marken-Trojaner im Kopf potentieller Kunden festzusetzen. Steht dieser Mensch dann an den Wendepunkten seines Lebens, wird der Marken-Trojaner aktiv.

Vereinfacht gesagt gibt es in Sachen Kauf nur bedingt einen freien Willen. Der Mensch glaubt, dass er eine Kaufentscheidung frei und ohne jeden Einfluss trifft, und genau das ist falsch! Denn das Gehirn ist die einzige Konstante in einer immer komplexer werdenden (Marketing-) Welt. Das Gehirn des Menschen im 21. Jahrhundert ist etwa 50.000 Jahre alt. Mit anderen Worten: Es arbeitet noch im Steinzeitmodus. Die Evolution verändert den genetischen Setup des Menschen und damit den Aufbau des Gehirns nicht täglich oder jährlich, sondern über Zeiträume von 50.000 Jahren hinweg[29].

Hinsichtlich der Wahrnehmung nutzt das menschliche Gehirn die zwei verschiedenen Systeme: das implizite und das explizite. Eine indirekte Wirkung auf den Menschen wird unbewusst im „Autopiloten" (= der Bereich des Hirns, der unbewusst Signale verarbeitet) als implizit beschrieben. Das explizite System verarbeitet Informationen im Piloten (= der Bereich im menschlichen Gehirn, der bewusst Signale verarbeitet). Das implizierte System arbeitet hocheffizient. Es nimmt unsere gesamte Umwelt wahr, ohne zu bewerten. In meinem Ebook, welches Sie sich kostenlos unter www.thomasoetinger.de herunterladen können, zitiere ich den Heidelberger Psychologen Prof. Dr. Henning Plessner[30]:

> *„Seit langem ist bekannt, dass unser Bewusstsein nur einen winzigen Tropfen im Meer des geistigen Geschehens ausmacht. Die auf uns einströmenden Reize des Alltags – selbst wenn wir auf*

einer Wiese liegen und in den Himmel schauen – sind mit elf Millionen Sinneseindrücken pro Minute zu überwältigend, um ganz erfasst zu werden. Nur rund 40 davon ist das Bewusstsein imstande gleichzeitig aufzunehmen. Der Rest prallt dennoch nicht an uns ab, sondern wird unterschwellig mitgeführt und als wertvoller Erfahrungsschatz im Unterbewusstsein gehortet. "

Hierzu möchte ich aus einem Artikel, der in dem Nachrichtenmagazin „Der Spiegel"[31] erschien, ergänzen:

> *„Das Bewusstsein kann nur einen winzigen Ausschnitt des geistigen Geschehens beherrschen. Das folgt schon aus einer ganz schlichten Überlegung: Selbst auf jemanden, der nur dösend im Sessel sitzt, prasseln pro Sekunde elf Millionen Sinneseindrücke ein, die von ebenso vielen Sinneszellen im Körper ans Gehirn gesendet werden. Dazu gehört der Druck des Sessels auf Rücken und Gesäß genauso wie das leise Ticken der Uhr oder der Nachgeschmack des Salamibrötchens, der noch eine halbe Stunde nach Verzehr auf der Zunge liegt. "*

Während also das implizite System über eine unvorstellbare Kapazität verfügt, ist das explizite System beschränkt auf bis zu 40 Bits. Es ist mehr auf sprachliche Signale fokussiert. Das lässt folgenden Schluss zu:

> *„Bei der Vorprägung des Konsumenten muss das implizite System angesprochen werden, weil hier eine höhere Anzahl an Informationen über alle Sinne aufgenommen und verarbeitet wird. "*

Mit einem „Marken-Trojaner" ist genau das möglich, wie verschiedene Untersuchungen am menschlichen Gehirn beweisen. Für eine Studie schoben Wissenschaftler der Universität Münster[32] Probanden in einen Kernspintomografen, der Livebilder von ihren Gehirnaktivitäten zeigte. Den Teilnehmern dieser Studie, die in der Röhre lagen, wurden verschiedene Bilder mehrerer Paare von Kaffeepackungen gezeigt. Für je eine davon sollten sie sich gedanklich entscheiden. Dieser Entscheidungsmoment wurde vom Tomografen aufgezeichnet, der den Wissenschaftlern dadurch erstaunliche Einblicke in menschliche Gehirnaktivitäten lieferte. Mit dem Ergebnis hatten die Hirnforscher allerdings nicht gerechnet. Je bekannter die Marke, desto mehr schaltete der Verstand ab. Vor allem waren nun Bereiche aktiv, die für emotionale, instinkthafte Steuerung verantwortlich sind. Die Probanden hingegen glaubten, sie hätten wohlüberlegt gehandelt. Wahrscheinlich ein Selbstbetrug. Das bedeutet, dass Menschen, die ihre Lieblingsmarke sehen, diejenigen Hirnareale reduzieren, die zum Nachdenken anregen, während die Hirnareale aktiviert werden, die die intuitive Entscheidung regulieren. Mit Blick auf das Thema unseres Buches sage ich:

Hier findet der Vorverkauf statt!

Vorausgesetzt, Sie sind als Marke einzigartig und keine, mit Verlaub, billige Kopie anderer. Das von der Marke ausgehende Image steht für eine klare Zuordnung der Person (gemäß Thema dieses Buches, ansonsten Produkt bzw. Dienstleistung) hinter der Marke, die sich durch ihr eigenes Profil von der Masse abgrenzt und deren Leistung als herausragend bewertet wird.

> *In den seltensten Fällen werden (Kauf)-Entscheidungen bewusst getroffen. Der Weg zur Vertragsunterschrift führt über das Unbewusste und die Emotion!*

Somit steht zunächst die Schaffung einer eigenständigen Persönlichkeit im Zentrum der lokalen Markenführung. Die Grundlage dafür haben Sie bereits bei der Geburt erhalten: Ihren Namen. Er ist das erste Wort im Leben jedes Menschen. Ein Wort, das ihm eine Identität verleiht, die ihn Zeit seines Lebens nicht mehr verlassen wird. Darüber hinaus macht es ihn ansprechbar. Ohne Namen wären wir nur eine Nummer ohne eigene Identität. Wie grausam das sein kann, hat ein Kapitel in der dunkelsten Geschichte Deutschlands auf beschämende Art gezeigt. Unter der Nazi-Herrschaft wurden Häftlinge in Lager gesperrt und zur Arbeit gezwungen. Man nahm ihnen ihre individuelle Identität, ihre menschliche Würde und beraubte sie ihrer

Lebenskraft zusätzlich dadurch, dass ihnen eine Häftlingsnummer als Namensersatz auf die Haut tätowiert sowie auf die Anstaltskleidung genäht wurde. So wurde aus einem Individuum nur noch eine Nummer, ein normaler Verwaltungsakt. Für die Betroffenen war die Nummer als Namensersatz ein sichtbares Zeichen von Erniedrigung und Entmenschlichung. Einige Häftlinge zerbrachen daran. Sie gaben sich als Mensch auf. Sie wurden apathisch und kümmerten sich auch nicht mehr darum, ihr Leben zu erhalten[33].

Unser Name ist mit Abstand das wichtigste Wort in unserem Leben. Aber auch für andere ist er von Bedeutung. Alles, was wir in unserem Gedächtnis auf ewig speichern, ist sehr häufig mit einem Namen verbunden. Wir erinnern uns an Namen von Orten (Pyramiden von Gizeh), Namen von Veranstaltungen (Bambi-Verleihung), an geschichtsträchtige Ereignisse wie z. B. Kuba-Krise (John F. Kennedy), amerikanische Unabhängigkeitserklärung (George Washington) oder die Einführung der Sozialversicherung in Deutschland (Otto Fürst von Bismarck). Darüber hinaus geht von Namen eine bestimmte Assoziation aus, wie z. B. Steve Jobs (kreativer Computergeist), Nelson Mandela (Rassentrennung), Mahatma Gandhi (Freiheitskämpfer für Indien), Willy Brandt (Ostpolitik), George W. Bush (Irak-Krieg), Konrad Adenauer und Charles de Gaulle (Aussöhnung zwischen Erzfeinden). Selbst Kinder geben ihren Puppen und Figuren Namen. Werden sie erwachsen und leisten Großartiges, halten sie daran fest. Nun sind es keine Puppen mehr, sondern innovative Ideen, die ihre Namen tragen:

Robert Bosch	= Bosch Zündkerzen
Rudolf Diesel	= Dieselmotor
Hermann Bahlsen	= Bahlsen-Keks
Isaac Newton	= Newtonmeter
Henry Ford	= Ford-Autos
James Lewis Kraft	= Kraft Foods
Johann Jacobs	= Jacobs Kaffee
Walter Riester	= Riester-Förderung (Altersvorsorge)
Dr. Peter Hartz	= Hartz IV (Arbeitslosengeld II)

Auch die Werbung setzt auf Namen. Da gab es den Herrn Kaiser von der Hamburg-Mannheimer Versicherung. Eine Frau Sommer, die jedes Kaffeekränzchen durch den mitgebrachten Kaffee vor dem „Supergau" rettete. Frau Klementine als Waschfrau, die bewies, dass ihr Vollwaschmittel den letzten Dreck aus dem Hemd herauswäscht. Nicht zu vergessen die Kosmetikerin Tilly, die die Hände ihrer verzweifelten, nach Schönheit lechzenden Kundinnen in dem beworbenen Spülmittel aufweichen ließ.

Darüber hinaus setzen viele Unternehmen auf Figuren als Logo (ohne Namen), wie z. B. den Tiger im Tank (Esso), den Biber (OBI), den Fuchs (Schwäbisch-Hall und Spee Waschmittel) oder die lila Kuh (Milka).

Es geht nun nicht darum, die Erfolge dieser hier genannten Persönlichkeiten einzustellen und über sie hinauszuwachsen. Verstehen Sie diese Aufzählung als Aufforderung, sich intensiver mit Ihrem Namen zu beschäftigen, um ihn als „Marke" zu installieren. Als lokaler Versicherungsberater muss zunächst Ihr Name im Vordergrund stehen. Dann folgt die von Ihnen vertretene Versicherungsgesellschaft bzw. die von Ihnen vertretenen Gesellschaften.

Die zahlreichen Fusionen der Vergangenheit haben gezeigt, wie schnell Namen vom Markt verschwinden. Nur beispielhaft seien hier, frei von jeder Bewertung, die Hamburg-Mannheimer und die Victoria-Versicherung genannt, die in der Marke ERGO aufgegangen sind. Ihr weltlicher Name aber bleibt bis zu Ihrem Tod. Tragen Sie ihn in jeder Kommunikation vorne weg, ohne das „Dahinter" verschwinden zu lassen. Das ist wichtiger denn je, weil Sie in diesen digitalen Zeiten, die geprägt werden durch eine inflationäre Informationsflut, viel mehr um die Aufmerksamkeit kämpfen müssen als jede Generation vor Ihnen. Die Zahlen hierzu sind von erschreckender Eindeutigkeit. So schreibt z. B. die Autorin Andrea Plötz in ihrer Diplomarbeit[34] „Emotional Branding": *„98 Prozent der dargebotenen Informationen landen ungenutzt auf dem Müll"*. In ihrem Buch[35] „Strategie und Technik der Werbung" schreiben die Autoren Univ.-Prof. Dr. Werner Kroeber-Riel (Institut für Konsum- und Verhaltensforschung) und Prof. Dr. Franz-Rudolf Esch (Institut für Marken- und Kommunikationsforschung), dass der Empfänger einer Werbung (=Rezipient) ca. 40 Sekunden damit beschäftigt ist, alle in einer Werbung enthaltenen Informationen aufzunehmen. Weil sich der Durchschnittskonsument allerdings nur ca. zwei Sekunden der Werbung zuwendet, „verpuffen" 98 Prozent. Nutzen Sie die zwei Prozent, indem Sie Ihren Namen in den Fokus des Interesses stellen.

Sie erinnern sich. Weiter vorne habe ich Ihnen vom erfolgreichsten Verkäufer aller Zeiten erzählt. Sie haben lesen können, mit welcher Einstellung er dieses unglaubliche Ergebnis erreichte. Es war sein unbändiger Glaube an sich selbst, der ihn an die Spitze der Weltelite katapultierte. In dem bereits mehrfach zitierten Buch von Christian Altman „Kunden kaufen nur von Siegern" lesen wir hierzu von Joe Girard[36]:

> *„Mein großes Geheimnis ist: Ich verkaufe einfach das beste Produkt auf der Welt. Ich verkaufe Joe Girard. Ich verkaufe mich selbst!"*

Es geht immer um Sie! Nie um das Produkt, nie um die hinter Ihnen stehende Versicherungsgesellschaft – es geht um Sie. Das heißt nicht, dass die von Ihnen vertretenen Institutionen wie Versicherungsgesellschaften unwichtig sind. Ganz im Gegenteil. Sie sind extrem wichtig, damit Sie Ihre Zusagen beim Konsumenten und Versicherungskunden einhalten können. Doch für den Versicherungskunden sind Sie „das Produkt" und nicht Ihr Arbeitgeber. Letztere können mit dieser Einstellung sehr gut leben. Schließlich gäbe es heute keinen einzigen Konzern auf der Welt ohne erfolgreiche Verkäufer, die im Face to Face-Gespräch für die notwendigen Umsätze sorgen würden.

Zaudern Sie nicht weiter – handeln Sie!

Je eher Sie diesen „Marken-Schaffungsprozess" starten, desto schneller werden sich die Erfolge einstellen. Denn bei aller Euphorie über den „Menschen als Marke" darf nicht übersehen werden, dass diese Marke altert. Im Gegensatz zu klassischen Marken, die über

Jahrzehnte jung gehalten werden können, bekommt der Mensch Falten und verändert mit der Zeit sein Aussehen. Was auf den ersten Blick als Nachteil wirkt, unterstreicht auf den zweiten die Einzigartigkeit. „Normale Marken" müssen entwickelt werden, was häufig sehr lange dauern kann. Menschen hingegen können ihre Persönlichkeit selbst gestalten und so ihrer Marke eine ganz persönliche Note geben.

> *Erfolg hat einen Namen – Ihren. Schaffen Sie zwischen Ihrem Namen und Ihrem Beruf als lokaler Versicherungsberater eine unverkennbare Assoziation.*

Arbeiten Sie bei der Gestaltung Ihrer „Marke" unbedingt mit Bildern (am besten mit Ihrem Gesicht oder mit Ihrem Team).

Einige Seiten zuvor haben Sie meine Liste mit Namen herausragender Persönlichkeiten sehen können. Sind Sie jetzt in der Lage, mir diese Namen aufzuzählen? Im besten Fall werden Ihnen einige noch einfallen. Wahrscheinlich aber nicht alle. Schlichtweg deshalb, weil wir Menschen uns nicht alles merken können, was uns vor die „Linse" kommt. Gelingt es uns, mit Bildern zu arbeiten, können wir fast alles speichern. Unser Gehirn will es so. Es kann sich keine Wörter merken noch Wörter unterscheiden. Mit Bildern gelingt es, wie ein kleiner Test beweist: *„Denken Sie jetzt bitte nicht an einen rosa Elefanten auf einem blauen Fahrrad."* Und? Wie ist es Ihnen ergangen? Sie haben diesen Elefanten vor Ihrem geistigen Auge gesehen. Sie können gar nicht anders, weil Ihr Gehirn das Präfix „nicht" nicht wahrnehmen kann. Deshalb ignoriert es Ihre Aufforderung, nicht an diesen rosa Elefanten zu denken. Gehe ich richtig in der Annahme, dass ich jetzt auf jeder Seite dieses Buches danach fragen kann, welche Farbe der Elefant und welche Farbe das Fahrrad hat? Sie werden es beantworten können. Stimmt´s? Obwohl ich Sie ursprünglich darum gebeten hatte, nicht an ein Fahrrad mit einem Elefanten zu denken.

Somit wird deutlich:

Sie erhöhen die Wahrnehmung Ihres Namens als Marke um ein Vielfaches, wenn Sie ihn mit einem Bild in Verbindung bringen können.

Welches Bild haben Sie vor Augen, wenn Sie an einen „roten Bullen" denken, und welches, wenn Sie an „Red Bull" denken? Welches Bild haben Sie von einem „Power Horse"? Ohne den Herstellern von Energy-Drinks nahetreten zu wollen, neutral betrachtet dürften die Unterschiede in Sachen „Inhalt" nicht sehr groß ausfallen. Red Bull, Power Horse, Flying power, Flying horse oder Mixxed up, sie alle stehen für das Versprechen, dem Körper einen Energie-Kick zu verschaffen. Darüber hinaus haben sie einen interessanten Markennamen (teilweise markenrechtlich geschützt) sowie ein ansprechendes Design von Dose oder Flasche. Worin also liegt nun der Unterschied, der den Konsumenten zu Red Bull greifen lässt? Er liegt in den Köpfen der Verbraucher. Hier besetzt Red Bull die „Pole Position", eben eine andere emotionale Position.

Eine ähnliche Position nimmt inzwischen der deutsche Autohersteller „Audi" ein. 40 Jahre lang, bis in die 1990er-Jahre, galt Audi eher als „langweilige" Automarke. Der Fokus des MARKEtings war mehr auf die Technik (Slogan: Vorsprung durch Technik) ausgerichtet. Entsprechend waren die Ergebnisse. Audi erfand u. a. den Quattro-Antrieb. Die Werbung machte deutlich, dass man sich im Bereich von „ZDF" bewegte. Das allein überzeugt den heutigen Autokäufer wie -fahrer nicht mehr. Erst als Audi den Schwerpunkt auf Design und Innovation legte, neue und eine deutliche Verbesserung bestehender Modelle auf den Markt brachte, verbesserte sich das Image deutlich. In der Symbiose von Technik und Emotionen gelang dem deutschen Autohersteller der Aufstieg zur Premiummarke, wie auch eine Studie[37] von Interbrands bestätigt. Zum ersten Mal veröffentlichten die Markenexperten das Ranking der 50 wertvollsten Marken Deutschlands. Platz eins geht an Mercedes Benz, gefolgt von BMW auf Platz zwei. Platz drei nimmt SAP ein. Platz fünf

Volkswagen, Audi sicherte sich Platz acht. Der Autohersteller liegt damit vor Adidas (9) und Bayer (10).

Die Identität einer Marke, gleichgültig ob es sich hierbei um ein Produkt, Logo oder einen Menschen handelt, schafft den Weg in die Köpfe der Menschen, wenn Inhalt, Positionierung, Strategie, Auftritt und Verhalten aufeinander abgestimmt sind. Gelingt das nicht, gerät das gesamte Bild ins Wanken. Nur wenn der ganzheitliche Auftritt stimmt, schaffen Sie Vertrauen. Deshalb zahlen Fans für ihr Musikidol einen dreistelligen Eintrittspreis, um es live in einem Konzert zu erleben, selbst wenn sie es nur aus den Medien kennen. Sie vertrauen diesem Künstler als Marke, weshalb sie kein Problem damit haben, den geforderten Preis zu zahlen, ohne wirklich zu wissen, auf was sie sich einlassen. Dem Künstler als Marke obliegt es, diesem Anspruch gerecht zu werden. Ein, wie ich finde, sehr interessantes Experiment beweist, wie wichtig ein ganzheitlicher Aufritt als Marke ist.

Da gibt es einen Musiker, für den seine Fans bis zu 200 US-Dollar zahlen, um ihn einmal spielen zu hören. Am 12. Januar 2013 hätten sie ihn umsonst live erleben können[38]. Doch dafür interessierte sich niemand. Der Geiger Joshua Bell spielt für gewöhnlich in den größten Konzerthäusern der Welt. An diesem kalten Januarmorgen nahm er seine Violine in die Hand und stellte sich damit nicht etwa auf die Bühne, sondern in den Eingang der U-Bahn in Washington. 45 Minuten lang gab er die anspruchsvollsten Violinenstücke der Welt zum Besten. Von den Tausenden Passanten, die an diesem Morgen an ihm vorbeiliefen, blieben sieben stehen. Nur 32 US-Dollar nahm er ein, weniger als ein Trinkgeld, denn bei einem seiner Auftritte verdient er etwa 1.000 US-Dollar – in der Minute! Was also war geschehen? Nun, die Tausende von Menschen, die zur Metro liefen, ließen sich von der äußeren Erscheinung täuschen. Ein Geiger, der auf der Straße spielt, musste ihrer Meinung nach unbegabt sein, keine Persönlichkeit, ein Habenichts. In dieser Meinung waren sie so sehr gefangen, dass sie das musikalische Genie, das sich in seinem Spiel ausdrückte, nicht unterscheiden konnten von dem eines „gewöhnlichen Geigers".

Sie haben die größten Chancen, sich als Marke und damit als überzeugende Persönlichkeit zu positionieren, wenn Sie sich nicht verbiegen, verstellen oder schauspielern. Eingangs sprach ich von meinen Kindheitserinnerungen und dem damit verbundenen spärlichen TV-Programm für Kinder. Nicht nur der kleine Drache Grisu hatte es mir seinerzeit angetan, sondern auch die Geschichten um Pippi Langstrumpf. Das Mädchen ist für mich der Inbegriff von Authentizität, weshalb nicht nur Kinder sie bis heute extrem sympathisch finden. Sie weiß, was sie will. An ihren Zielen hält sie in kindlicher Naivität fest und erreicht doch alles. Sie ist unverwechselbar und sie verstellt sich nicht. Darüber hinaus trägt ihr außergewöhnliches Erscheinungsbild zur Bildung „ihrer Marke" bei.

Glaubwürdig, zuverlässig, wahrhaft, unverwechselbar, mit sich selbst im Reinen, ausgeglichenes und selbstbestimmtes Handeln, das sind die Merkmale eines authentischen Menschen. Das macht ihn zu einer überzeugenden Persönlichkeit, der wir vertrauen.

„Alles Reden ist sinnlos, wenn das Vertrauen fehlt.",

war sich bereits der deutschsprachige Schriftsteller Franz Kafka (1883-1924) sicher, der übrigens von 1907 bis 1922 bei verschiedenen Versicherungsgesellschaften gearbeitet hat.

Apropos reden. Hartnäckig hält sich das Gerücht, dass eine positive Erfahrung nur an eine Person weitererzählt wird, eine negative an viele, häufig mehr als zehn. Deshalb haben nicht wenige Versicherungsberater Angst davor, sich als lokaler Partner zu präsentieren. Sie wissen nie, wie ihre Umgebung auf dieses Verhalten reagiert. Seien wir uns im Klaren darüber, dass Sie als Versicherungsberater den besten Job der Welt machen können. Dennoch werden Sie nicht verhindern können, dass Sie trotz größter Anstrengungen dem einen oder anderen auf die Füße treten werden. Dem fällt dann nichts Besseres ein, als schlecht über Sie zu reden. Das ist normal. Davor ist kein noch so erfolgreicher Versicherungsberater geschützt. Gleichwohl darf Sie das nun nicht davon abhalten, weiter an sich zu glauben (erinnern Sie sich bitte an meine Ausführungen, wie ein paar Tropfen Öl 25 Liter Wasser verunreinigen).

Konzentrieren Sie sich auf sich selbst. Sie sind es „wert", weil Sie einen guten Job machen.

Martin Oetting hat in seiner Doktorarbeit[39] das Phänomen Mundpropaganda und Viral-Marketing erforscht und Erstaunliches festgestellt. Seine Ergebnisse widerlegen alte Glaubenssätze. In seiner Umfrage wertete er mehr als 20.000 Antworten aus. Die überwältigende Mehrheit der Konsumenten hat für gute Nachrichten aus dem Freundeskreis über Unternehmen und ihre Produkte offene Ohren. Mehrheitlich merken sich Menschen die positiven Geschichten, während von den negativen Erlebnissen weniger als erwartet zurückbleiben. Selbst bei extremen Erlebnissen kann keine deutlich weitere aktive Verbreitung negativer Mundpropaganda festgestellt werden. Zusammenfassend stellte er fest:

- Die meisten Menschen erinnern sich spontan viel eher an positive (89 Prozent) als an negative (7 Prozent) Mundpropaganda.

- Negative Mundpropaganda verbreitet sich kaum weiter als positive – im Mittel wird ein sehr negatives Erlebnis an 8,25 Personen weitergetragen, ein sehr positives an 7,44 Personen.

- Neutrale Mundpropaganda gibt es wenig. Konsumentenäußerungen haben fast immer negative oder positive Polarität.

Der Autor dieser Erhebung stellt fest:

„Die Konsumenten haben gar kein gesteigertes Interesse an negativer Kommunikation – so, wie diese seitens mancher Marketingleute häufig gefürchtet wird. Sie sind vielmehr gern Unterstützer im Marketingprozess und sie tragen ein gutes Erlebnis gern an andere weiter."

3 Die Marke des Vertrauens

„Vertrauen ist die Währung, in der gezahlt wird. "

Dr. Angela Merkel
Dt. Bundeskanzlerin

Eine Marke ist nicht nur eine grafische Idee, nicht das Logo auf dem Briefpapier, auch nicht die Lichtreklame am Firmengebäude oder bei Vertragspartnern. Eine Marke beginnt auch nicht erst mit einem Millionenbudget. Eine Marke ist auch keine Aktion und damit auch keine Werbung.

Eine Marke steht für Vertrauen in Vertrautes.
Sie ist der Botschafter eines guten Leumundes.

Jeder Verkauf, jeder Vertrag und jede Dienstleistung ist immer ein Akt des Vertrauens. Es geht nicht nur um Tausch von Leistung gegen Geld, sondern um das Vertrauen eines Kunden, das er seinem Gegenüber schenkt.

Wie erwähnt handeln Konsumenten selten rational. Sie lassen sich in ihrer Entscheidungsfindung von ihren Emotionen leiten. Selbst wenn Sie als Versicherungsberater die beste Beratung anbieten, kann das Gespräch zwischen Ihnen und dem ratsuchenden Laien nie wirklich auf Augenhöhe verlaufen. Ihr Kunde verfügt nicht über Ihr Fachwissen. Insofern wird seine Entscheidung zum Abschluss eines Kaufvertrages immer auf unvollkommenen Informationen basieren. Der Rückgriff auf eine ihm vertraute wie bekannte Marke kompensiert die fehlenden Informationen. Es nimmt ihm die Unsicherheit und gibt ihm das gute Gefühl, richtig entschieden zu haben.

Deshalb nehmen Konzerne mehrere Milliarden Euro jährlich in die Hand, um ihre Marke zu emotionalisieren. Somit sorgen sie dafür, dass sich ihre Produkte in den Köpfen der Verbraucher festsetzen. Stehen sie dann am Supermarktregal, geht diese Marketingstrategie auf, sobald das beworbene Markenprodukt einem anderen vorgezogen wird. Deshalb rasieren sich Männer den Bart mit einem Gillette-Rasierer. Die Mutter schwört auf Pampers-Windeln für ihr Baby. Die Familie putzt die Zähne mit „Colgate" und frisiert sich die Haare mit Wella-Produkten.

Wie erwähnt, vertrauen Konsumenten diesen Produkten. Dieses Vertrauen rechtfertigen die Hersteller mit Angeboten, die den höchsten Qualitätsansprüchen gerecht werden. Darüber hinaus ruhen sie sich nie auf dem Erfolg ihrer Produkte aus. Das wäre so, als würde der Pilot in der Luft den Schub aus den Turbinen nehmen, weil das Flugzeug seine Reisegeschwindigkeit erreicht hat. Deshalb investieren erfolgreiche Unternehmen laufend in ihre Marken, um sie noch profitabler zu machen. Dabei nutzen sie alle Werbekanäle, u.a. das Radio. Laut der amerikanischen Studie[40] „Arbitron Spot Load" wird Radiowerbung als deutlich weniger störend empfunden als Fernsehwerbung. 44 Prozent der Radiohörer im Alter von 12 bis 24 Jahre finden Radiowerbung störend. In der Altersgruppe von 25 bis 54 Jahren sinkt dieser Wert auf durchschnittlich 23 Prozent. In der Gruppe der über 55-Jährigen sagten nur 12 Prozent, dass sie sich an der Radiowerbung stören. Dennoch, gerade mal sechs Prozent gaben an, bei einer Werbeunterbrechung immer den Sender zu wechseln, wenn sie daheim Radio hören. Knapp die Hälfte der Befragten gab hingegen an, nie den Sender bei Werbung zu wechseln.

Das macht sich die Werbeindustrie zu Nutze. Wenn die eine Hälfte der Zuhörer in der Werbepause einen anderen Sender wählt, bleibt die andere Hälfte dem Sender treu. Somit hören 50 Prozent und damit etliche Millionen Menschen täglich Werbung. Mehr unbewusst als bewusst, doch das erhöht ja gerade die Aufmerksamkeit. Wie an anderer Stelle ausführlich beschrieben, arbeitet unser Unterbewusstsein unentwegt. Selbst wenn wir glauben, etwas nicht wirklich gehört zu haben, ist das Gegenteil der Fall. Nach einer Studie[41] der Arbeitsgemeinschaft Media-Analyse von 2014 werden in Deutschland rund 57 Millionen Menschen durch das Radio erreicht. Die tägliche Hördauer liegt bei 181 Minuten, die Verweildauer bei 234 Minuten. Weil das Gehörte direkt ins limbische System des Gehirns – den Ort, an dem unsere Emotionen entstehen – wandert, werden Markenbotschaften emotional aufgeladen. Am „Point of Sales" bahnen sich diese Emotionen ihren Weg und die Hände greifen, fast schon unbewusst, zum Markenprodukt. So sieht es dann aus, das Ergebnis ständiger Wiederholungen. Die Firmen müssen nur lang genug am Verbraucher „dran" sein, dann erreichen sie ihr Ziel. So wie es schon der römische Dichter Horaz (65 v. unserer Zeitrechnung) sagte: *„Zum zehnten Mal wiederholt, wird es gefallen."* Das sieht Dr. Ernst Pöppel, von 1976 bis 2008 Professor für Medizinische Psychologie an der Ludwig-Maximilians-Universität München, ähnlich. In einem Interview sagte er[42]:

> *„Es geht darum, wie Werbung aussehen muss, um eine starke Marke aufzubauen. Es empfiehlt sich, zunächst im Fernsehen zu werben, um einen Aufmerksamkeitskern zu bekommen. Damit ist noch nicht viel erreicht. Ein Unternehmen muss die medialen Kanäle kombinieren, also neben dem Fernsehen das Internet und die Presse bedienen. Dort haben Konsumenten mehr Zeit. Wichtig ist: Wiederholung. So kann die Marke in das Gedächtnis gelangen."*

Im Idealfall reichen diese Marketingmaßnahmen internationaler Konzerne aus, um den Konsumenten zum Kauf dieser Produkte zu bewegen. Doch wir leben weder in einer „idealen Welt" noch ist die Welt ein Wunschkonzert. Darüber hinaus macht es einen Unterschied, ob es sich um ein Verbrauchsprodukt handelt oder um ein Gebrauchsprodukt.

Als Versicherungsberater betreiben Sie natürlich keinen Supermarkt, gleichwohl sorgen die von Ihnen vertretenen Gesellschaften dafür, ihre „Markenprodukte" in die Köpfe potentieller Versicherungskunden zu transportieren. Das erleichtert Ihnen die Arbeit vor Ort. Der bekannte Markenname der von Ihnen vertretenen Gesellschaft öffnet Ihnen die Tür zum Kunden, sodass Sie es viel einfacher haben, sich als lokaler Versicherungsberater einen Namen zu machen. Sie überzeugen durch eine außergewöhnliche Leistung und binden somit den Kunden an Ihre Agentur.

Nun macht es einen Unterschied, ob sich ein Konsument ad hoc für eine Zahnpasta entscheidet oder sich lebenslang an eine Versicherungsgesellschaft binden muss. Schmeckt die Zahnpasta nicht bzw. erfüllt sie nicht die zugesagten Eigenschaften, dann hält sich der finanzielle Verlust in Grenzen. Wer hingegen eine Lebensversicherung abschließt, trifft eine Entscheidung fürs Leben – bis zum Tod. Zudem ist der „Gebrauch" der Versicherung nicht sofort möglich, wie im Falle einer Zahnpasta. Die Versicherung kommt erst zum Einsatz, wenn der Versicherungskunde an einem weiteren Wendepunkt seines Lebens angekommen ist. Am Ende eines langen Arbeitslebens vollzieht sich der Übergang in ein hoffentlich langes Rentenleben. Ab jetzt zeigt sich für ihn, ob seine Entscheidung von vor über 30 Jahren für diese Versicherungsgesellschaft die richtige war. Wie auch immer die Antwort ausfällt, es ist zu spät, daran etwas zu ändern. Die Zahnpasta auf der einen Seite kann von gleich auf jetzt gewechselt werden. Die „Ehe" zwischen dem Versicherungskunden und seiner Gesellschaft auf der anderen Seite ist im weitesten Sinne nicht zu scheiden.

Daher bedarf es mehr als nur der „Marken-Aktivität" großer Konzerne, um das Vertrauen potentieller Versicherungskunden zu erreichen und das der bestehenden zu rechtfertigen. Die Marke allein ist es nicht. Oder empfinden Sie etwas dabei, wenn Sie von Namen wie Allianz, ERGO, AXA, WWK oder HDI lesen oder hören? Ich will keinesfalls diesen Firmen zu nahe treten, es geht mir an dieser Stelle um Bewusstmachung. Diese Frage zeigt, worauf es in Sachen Marke ankommt. Es sind Menschen, die alleine darüber entscheiden, ob ein Logo, eine Botschaft, ein Bild, ein Unternehmen oder ein Unternehmer eine Marke ist bzw. zur Marke werden kann.

Der Versicherungsberater vor Ort ist es, der einer Marke ein Gesicht gibt. An ihm ist es, diese Marke vor Ort mit Leben zu füllen. Im übertragenen Sinne verhält es sich hier wie mit dem Gärtner. Die Konzerne produzieren die Saat, die sie großflächig über das Land verteilen. Der Gärtner vor Ort kultiviert die Saat und sorgt durch seinen Einsatz dafür, dass sie im sprichwörtlichen Sinne aufgeht. Diese Aufgabenverteilung wird in einer Zeit des „Overloads" an Informationen für die Versicherungsgesellschaften immer wichtiger. Sie haben erkannt, dass ihr Unternehmenserfolg vom Erfolg der lokalen Vertriebspartner abhängt. Mit anderen Worten:

Geht es dem lokalen Versicherungsberater gut, geht es dem überregionalen Konzern gut!

Die Aufgabe der Versicherungsgesellschaft erstreckt sich somit auf das Inszenieren seiner lokalen Vertriebspartner. Diese wiederum müssen nun Marketing in eigener Sache betreiben. Mit anderen Worten: Sie müssen Ihre Marke mit positiver Energie „aufladen". Dazu sind einige Schritte notwendig, die im Modell „Haus der lokalen Marke" vereint vorgestellt werden.

4 Haus der lokalen Marke

*„Viele kleine Dinge wurden durch die richtige
Art von Werbung groß gemacht. "*

Mark Twain (1835-1910)
US-amerikanischer Schriftsteller

Bei diesem einzigartigen Modell „Haus der lokalen Marke" stand nicht etwa der deutsche Schriftsteller Christian Morgenstern (1871-1914) Pate: *„Zeige mir, wie du baust, und ich sage dir, wer du bist. "* Gleichwohl stimmt seine Einlassung. In aller Bescheidenheit: Zeigen Sie mir einen Versicherungsberater und ich sage Ihnen, wer er ist – in Bezug auf Erfolg. Denn Erfolg ist, was folgt. Doch ist das, was folgt, auch das, wonach verlangt wird? Der US-amerikanische Autobauer Henry Ford resümierte: *„Egal, ob du glaubst, dass du es kannst, oder glaubst, dass du es nicht kannst, du behältst auf jeden Fall Recht".* Insofern hat ein weniger erfolgreicher Versicherungsberater natürlich Erfolg. Weil er denkt, dass er keinen Erfolg hat, hat er auch keinen. Somit hat sich sein Denken erfolgreich bestätigt. Dass dieses Ergebnis nicht in seinem Sinne ist, steht auf einem anderen Blatt. Wichtig ist die persönliche Definition von Erfolg.

Ihr Denken macht Sie zu dem, was Sie heute sind. Erfolg ist, was folgt. Folgen Sie bitte meinen weiteren Einlassungen und ich garantiere Ihnen, dass sich der Erfolg im positiven Sinne einstellen wird. Denn Erfolg ist immer das Ergebnis aus Wollen, Können und TUN! Vom Träumen allein ist noch niemand erfolgreich geworden. Wer nur träumt und nicht aktiv wird, kann auch kein Geld verdienen. Ohne Geld droht die Armut. Mag sein, dass es Zufall ist, denn wenn Sie die Buchstaben „TRAUM" durcheinanderwirbeln und neu zusammensetzen, kommt „ARMUT" heraus. Daher gilt, nicht mehr als nötig zu träumen. Starten statt warten. Ernsthaft und nicht nur „ich versuch es einmal". Erfolg lässt sich nie durch Versuchen erzeugen, sondern ausschließlich durch zielgerichtetes Handeln. Wer z. B. versuchen will, einen Ball zu werfen, wird es nie tun. Nur versuchen, einen Ball zu werfen, funktioniert nicht. Man kann nur werfen oder nicht werfen. Dazwischen gibt es nichts.

Wer Erfolg haben will, braucht einen persönlichen Masterplan. Einen solchen haben mein Team und ich in Form eines Hauses erstellt. Denn Erfolg setzt sich immer aus vielen einzelnen Bausteinen zum großen Ganzen zusammen. Inspiriert durch einen Bauplan eines Hauses, der vorgibt, wohin wie viele „Bausteine" gesetzt werden müssen, entstand unser

Haus der lokalen Marke

mit seinen 16 Räumen. Diese sind bis zur Decke mit wertvollen Informationen zu den jeweiligen Themen ausgestattet (siehe nächste Seite).

Haus der lokalen Marke:

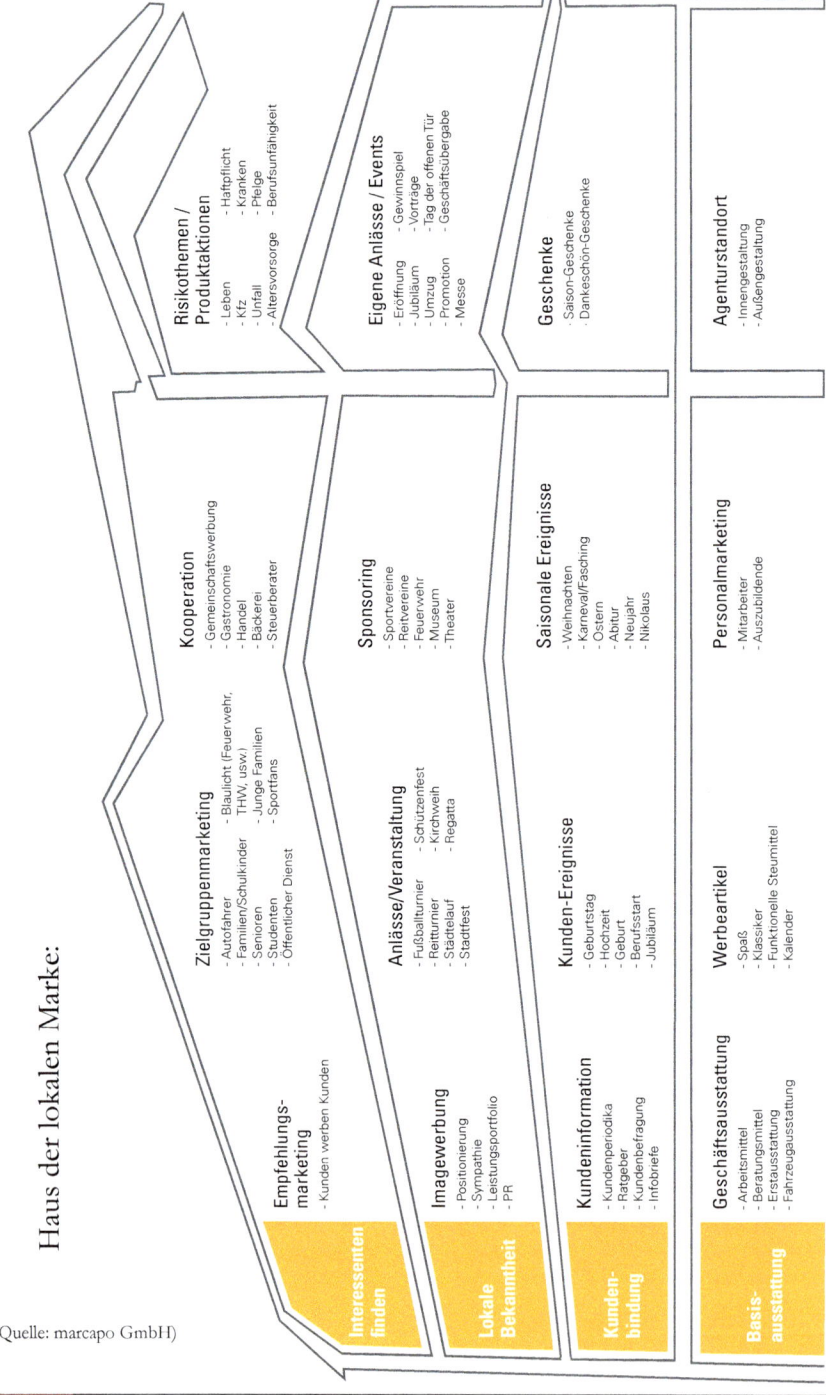

Empfehlungs-marketing
- Kunden werben Kunden

Zielgruppenmarketing
- Autofahrer
- Familien/Schulkinder
- Senioren
- Studenten
- Öffentlicher Dienst
- Blaulicht (Feuerwehr, THW, usw.)
- Junge Familien
- Sportfans

Kooperation
- Gemeinschaftswerbung
- Gastronomie
- Handel
- Bäckerei
- Steuerberater

Risikothemen / Produktaktionen
- Leben
- Kfz
- Unfall
- Altersvorsorge
- Haftpflicht
- Kranken
- Pflege
- Berufsunfähigkeit

Imagewerbung
- Positionierung
- Sympathie
- Leistungsportfolio
- PR

Anlässe/Veranstaltung
- Fußballturnier
- Reitturnier
- Städtelauf
- Stadtfest
- Schützenfest
- Kirchweih
- Regatta

Sponsoring
- Sportvereine
- Reitvereine
- Feuerwehr
- Museum
- Theater

Eigene Anlässe / Events
- Eröffnung
- Jubiläum
- Umzug
- Messe
- Gewinnspiel
- Vorträge
- Tag der offenen Tür
- Geschäftsübergabe

Kundeninformation
- Kundenperiodika
- Ratgeber
- Kundenbefragung
- Infobriefe

Kunden-Ereignisse
- Geburtstag
- Hochzeit
- Geburt
- Berufsstart
- Jubiläum

Saisonale Ereignisse
- Weihnachten
- Karneval/Fasching
- Ostern
- Abitur
- Neujahr
- Nikolaus

Geschenke
- Saison-Geschenke
- Dankeschön-Geschenke

Geschäftsausstattung
- Arbeitsmittel
- Beratungsmittel
- Erstausstattung
- Fahrzeugausstattung

Werbeartikel
- Spaß
- Klassiker
- Funktionelle Streumittel
- Kalender

Personalmarketing
- Mitarbeiter
- Auszubildende

Agenturstandort
- Innengestaltung
- Außengestaltung

Interessenten finden

Lokale Bekanntheit

Kunden-bindung

Basis-ausstattung

Quelle: marcapo GmbH)

Wagen Sie im übertragenen Sinne nicht nur einen Blick in jeden Raum, sondern öffnen Sie sich für die Informationen, die Sie in jedem Zimmer vorfinden. Diese Informationen bauen aufeinander auf, sodass ich empfehle, Ihren Rundgang durch das „Haus der lokalen Marke" im Erdgeschoss zu beginnen. Dabei müssen Sie nicht sofort alle 17 Räume aufsuchen. Hier ist weniger mehr. Wechseln Sie bitte erst in den nächsten Raum, wenn Sie alle Informationen aus dem aktuell von Ihnen betretenen Zimmer verstanden und angewendet haben. Das spart Zeit und Geld.

Anwenden heißt TUN, also umsetzen. So möchte ich dann auch die nachfolgenden Ausführungen verstanden wissen. Das Lesen allein wird nichts verändern, nur die Anwendung des Gelesenen bringt den Erfolg.

„Auch eine Reise von tausend Meilen fängt mit dem ersten Schritt an", lehrt eine chinesische Redensart. In Anlehnung daran kommt es somit darauf an, den ersten Schritt zu gehen. Mit ihm beginnt alles. Er ist sozusagen die Basis, auf der am Ende alles aufbaut. Somit gründet das „Haus der lokalen Marke" auf der Basisausstattung.

4.1 Basisausstattungen

Ein erfolgreicher Versicherungsberater beginnt am Fundament seiner Agentur zu arbeiten, bevor er im übertragenen Sinne aufs Dach steigt. Die Basisausstattung ist das Fundament, auf das Sie Ihre lokale Markenstrategie aufbauen. Mit Basisausstattung bezeichne ich alle Elemente, die Ihre Agentur für ein erfolgreiches Marketing benötigt. Verweilen Sie durchaus einen längeren Augenblick in diesem Raum. Machen Sie sich Gedanken über ein Logo, über Firmenfarben und Schriftarten, denn

die Geschäftsausstattung ist das Aushängeschild Ihres Unternehmens.

Je persönlicher Ihnen diese Gestaltung gelingt, desto mehr heben Sie sich vom Durchschnitt ab. Die wichtigsten Komponenten in Sachen Basisausstattung werden in diesem Kapitel einzeln vorgestellt. Denn der Schlüssel zum Erfolg einer jeden Agentur ist – neben Ihrem persönlichen Auftreten – der Gesamteindruck, der sich aus einer Fülle von Elementen zusammensetzt. Dazu gehören unter anderem professionelle Visitenkarten, Geschäftspapier und -formulare, Angebotsmappen, funktionelle Streumittel und vieles mehr.

In der Forschungsarbeit „Regionalisierte Werbung am Fallbeispiel Versicherungen" (herausgegeben von der Technischen Universität Ilmenau) bestätigt sich meine Einschätzung[43]:

„Kunden präferieren eine Versicherung mit professionell regionalisierten Werbematerialien. "

Dieser Aussage ging ein Test voraus, an dem Studenten der TU Ilmenau und der Fachhochschule Gießen beteiligt waren. Sie wurden zu ihrer Einschätzung zu den verschiedenen Werbematerialien befragt.

Meist genannte Gründe für die Wahl der Versicherungen:

Design	11,0 %
Bekanntheit	10,6 %
Inhalt	8,6 %
Umfangreiches/Gutes (Info)Material	6,4 %
Layout	6,4 %
Sonstige	5,8 %
Persönliche Erfahrungen	5,6 %
Bereits Sparkassenkunde	4,4 %
Übersichtlichkeit des Werbematerials	4,4 %
Bilder	3,6 %
Art und Umfang des Textes	3,6 %
Preis-/Leistungsverhältnis	3,4 %

Das Ergebnis bestätigt, wie wichtig die Optik und der Inhalt von Informationsmaterial sind. Lesen Sie im Folgenden, welche Möglichkeiten sich Ihnen durch den „richtigen Auftritt" bieten, die Aufmerksamkeit auf sich zu ziehen.

4.1.1 Geschäftsausstattung

Für den erfolgreichen Start braucht es deshalb die „richtige" Geschäftsausstattung. Unter richtig verstehe ich, dass alle zum Einsatz kommenden Materialien aufeinander abgestimmt sind. Corporate Design ist hierzu das Stichwort. Mit dieser visuellen Gestaltung entsteht ein unverwechselbares Unternehmensbild, das Identität schafft. Es liefert durch optische Symbole (= Logo, Schrift, Farben) eine visuelle Form für eine gelebte Firmenphilosophie[IV]. Zudem unterstreicht es die Kernkompetenz des Anbieters. Das erleichtert die Identifikation der Ratsuchenden mit dem Unternehmen, weil dadurch eine klare Trennung bzw. Abgrenzung von Wettbewerbern möglich ist.

Zu einer „wirkungsvollen" Geschäftsausstattung gehören:

- Visitenkarten
- Blöcke
- Briefpapier
- Kugelschreiber
- Angebotsmappen
- Adressetiketten
- Kalender
- Fahrzeugbeschriftung

Beim allerersten Kontakt zu einem ratsuchenden Interessenten übergeben Sie üblicherweise Ihre Visitenkarte. Dabei geht es nicht nur um das WER oder WAS, also um Ihren „guten Namen", sondern auch um das WIE. So perfekt wie Ihr äußeres Erscheinungsbild, so perfekt muss auch die Visitenkarte sein (= WIE ist die Karte gestaltet?). Ihre Visitenkarte muss alle wichtigen Daten enthalten. Achten Sie bei der Erstellung einer solchen nicht nur auf die Richtigkeit aller Angaben, darunter Angaben über einen möglichen Titel oder Namenszusätze, sondern auch auf die Gestaltung. So sollten Zahlen aus der Telefon-, Handy- und Fax-Nummer in der gleichen

---

[IV] „Freie" Versicherungsmakler sind in der Gestaltung von Schrift, Logo und Farben „frei". Ausschließlichkeitsvertreter müssen sich an die Vorgaben ihrer Versicherungsgesellschaft zwingend halten.

Formatierung ausgewiesen sein. Zu Ihrer E-Mail-Adresse geben Sie auch Ihre Internetadresse an.

Darüber hinaus verwenden Sie bitte nur hochwertiges Papier, das gut in den Händen liegt, denn:

> *Sie haben selten eine zweite Chance, einen ersten Eindruck zu hinterlassen!*

Sie als lokaler Versicherungsberater sollten sich allerdings nicht vom ersten Eindruck täuschen, sondern inspirieren lassen. Bis heute gilt, was einst der französische Schriftsteller Jean de La Bruyére (1645-1696) für wahr hielt: *„Man darf Menschen nicht wie ein Gemälde oder eine Statue nach dem ersten Eindruck beurteilen. Sie haben ein Inneres, ein Herz, das ergründet sein will."*

„Einfachheit ist das Resultat der Reife", schrieb Friedrich von Schiller (1759-1805) zu einer Zeit, als es weder Telefon, Schreibmaschine noch Internet gab. Wir hingegen genießen heute die Technik, die uns vieles abnimmt. Wir brauchen nicht einmal mehr eine Tastatur, um auf die Seite einer Versicherungsagentur zu gelangen. Der QR-Code macht es möglich. Machen Sie es Ihren Kunden auch so einfach, indem Sie Ihre Visitenkarte mit einem QR-Code belegen:

Mit Übergabe Ihrer Visitenkarte wird durch einen Handschlag das erste „Körpergefühl" zwischen Ihnen und Ihrem Interessenten ausgelöst. Das zweite Gefühl, was diese neu entstehende Verbindung festigen soll, entsteht, zumindest bei Ihrem Gegenüber, mit der Übergabe Ihrer Visitenkarte. So wie eine zur Begrüßung ausgestreckte Hand angemessen kräftig wie zupackend sein soll, so muss auch die Visitenkarte ein gutes Gefühl vermitteln. Visuell (z. B. durch ein eigenes Logo, so wie es freie Makler verwenden dürfen) und natürlich durch das Material. Je fester und stabiler das Papier, desto stärker fühlt Ihr Gegenüber, denn die Visitenkarte macht Sie bzw. Ihren guten Namen „beGREIFbar". Sie hinterlassen Eindruck und wirken entsprechend. Was wichtig ist, wie Anfang der 1970er-Jahre Prof. Dr. Albert Mehrabian, ein US-amerikanischer Psychologe, herausfand. Er stellte fest, dass 55 Prozent der Wirkung auf andere durch die Körpersprache bestimmt werden, also durch Mimik, Gestik und Körperhaltung. 38 Prozent werden durch die Stimme wie Modulation, Volumen und den allgemeinen Klang bestimmt. Die restlichen sieben Prozent stehen für den Inhalt. Bis heute hält sich somit die Meinung, dass es weniger auf die Inhalte ankommt, sondern vielmehr darauf, wie diese Inhalte präsentiert werden.

Tatsächlich kommt es auf den Inhalt an. Wenn Sie als Versicherungsberater über die Vorteile einer Lebensversicherung sprechen und dabei gleichzeitig eine extrem positive Körperhaltung einnehmen, verpufft die komplette Wirkung, wenn Ihr Gegenüber mit Ihnen eigentlich über eine Haftpflichtversicherung sprechen möchte. Deshalb ist die Gewichtung mit nur sieben Prozent nicht richtig. Denn die Körpersprache ist eine vom Unterbewusstsein gesteuerte emotionale Sprache. Sie sendet ihre Botschaften direkt an das Unterbewusstsein des Gegenübers. Deshalb kam Prof. Dr. Mehrabian zu dem weiter vorne beschriebenen Ergebnis. Er untersuchte, wie Menschen bei Widersprüchen zwischen dem gesprochenen Wort und der Stimme bzw. Mimik eine Aussage zuordnen. Dabei stellte er fest, dass bei Unstimmigkeiten Zuhörer wie Zuschauer nicht dem Inhalt vertrauen, sondern der Mimik und Gestik, also der Körpersprache und damit den nonverbalen (wahren!) Botschaften des Unterbewusstseins.

Deshalb ist es so wichtig, dass Sie ganzheitlich auftreten und authentisch sind. Authentisch sind Sie, wenn Ihre innere Haltung mit der äußeren übereinstimmt. Ihr Gegenüber spürt, wenn es anders ist. Denn im Detail liegt häufig der Unterschied. Selbst bei kleineren Versicherungssummen, wie z. B. für eine private Haftpflichtversicherung, achten Ratsuchende auf jedes noch so feine Detail. Schließlich wollen sie sicher gehen, dass sie mit dieser Versicherung die richtige Entscheidung getroffen haben. Noch genauer schauen Versicherungskunden hin, wenn es um ihre Altersvorsorge geht. Hier werden über Jahrzehnte nicht unerhebliche Summen eingezahlt. Vielfach sparen sich die Versicherungskunden diese Beiträge von der Hand in den Mund ab. Deshalb wollen sie auch hier ein sehr gutes Gefühl haben, die richtige Entscheidung getroffen zu haben. Mit Worten allein lässt sich das nicht erreichen. Nur wenn der Gesamteindruck stimmt, stimmt die sprichwörtliche Chemie zwischen Versicherungsberater und Kunde.

Erfolgreiche Versicherungsberater unterstreichen deshalb ihre verbalen Ausführungen durch handschriftliche Informationen, die sie nicht auf ein x-beliebiges Blatt Papier schreiben, sondern auf ein Papier, das mit ihrem Logo versehen ist. Getreu Goethes Feststellung: *„Was du schwarz auf weiß besitzt, kannst du getrost nach Hause tragen"*, überlassen sie am Ende des Gespräches das „geschriebene" Wort und sogar den Block mit den restlichen noch nicht beschriebenen Blättern dem Kunden. Benützt er später den Block, erinnern ihn Ihr Name und Ihr Logo (das eigene oder das der Versicherungsgesellschaft) an die Zusammenarbeit mit „seinem" Versicherungsberater. Wie wir wissen, ist diese ständige Wiederholung einer Marke wichtig.

Eine ähnliche Funktion von Haptik und „Wiederholung" Ihrer Markenbotschaft erfüllt der Kugelschreiber mit bedruckten Daten zu Ihrem Büro. Selbstverständlich schreiben Sie im Beisein Ihres Kunden mit diesem Kugelschreiber und übergeben diesen am Ende des Gesprächs an ihn. Deshalb müssen Sie nicht nur auf einen akkuraten wie sauberen Werbeeindruck, der sich mindestens aus dem Namen, der Telefonnummer und Ihrem Logo zusammensetzt, achten, sondern auch auf die Qualität der Kugelschreibermine. Es gibt Kugelschreiber, die für ein paar Cent zu haben sind. Doch vor deren Gebrauch ist zu warnen. Häufig ist die Qualität des verarbeiteten Materials geringwertig, sodass bei einem stärkeren Gebrauch der Kugelschreiber brechen kann. Darüber hinaus ist die Mine minderwertig und nach wenigen Einsätzen nicht mehr zu gebrauchen, weil keine Farbe nachläuft. Das mag auf den ersten Blick nicht sonderlich ein Problem darstellen. Doch beim zweiten wird deutlich, dass der Kunde unbewusst eine Verbindung zum „Schenker" herstellt. Dieser hat ihm, dem Beschenkten, einen Kugelschreiber minderer Qualität übergeben. Daraus könnte geschlussfolgert werden: „Wenn schon das Geschenk so schlecht ist, um wie viel mehr muss es dann das Produkt sein?"

Darüber hinaus kann es für einen „Schreiber" ganz unangenehm werden, wenn etwas dringend notiert werden muss, aber der Kugelschreiber seinen Dienst quittiert. Geht die Information damit unwiederbringlich verloren, wirft diese Situation auch einen Schatten auf die Versicherungsagentur.

Investieren Sie ein paar Cent mehr in einen hochwertigen Kugelschreiber. Dann stimmt die Qualität und der Kunde fühlt sich bestätigt in seiner Entscheidung.

Gleiches gilt für die persönliche Übergabe eines ausgearbeiteten Angebotes. Das sollte weder gefaltet in einem Briefumschlag überreicht werden noch in einer Klarsichthülle. Unterstreichen Sie die Qualität Ihrer Dienstleistung, indem Sie Ihre Angebote in einer hochwertigen Angebotsmappe mit Ihrem Logo übergeben. Je stabiler das Material, desto besser die Haptik (griech.: haptikos = greifbar). Es löst beim Empfänger ein gutes Gefühl aus. Denn der Tastsinn ist eines der wichtigsten menschlichen Wahrnehmungssysteme, um Informationen über die Umwelt erhalten, einordnen und langfristig verarbeiten zu können. Französische Forscher fanden heraus, dass sich Neugeborene bereits 16 Stunden nach ihrer Geburt besonders für geometrische Holzfiguren interessierten, die sie zum ersten Mal in den Händen hielten[44]. Diesen Drang, etwas halten und anfassen zu wollen, verlieren wir im Leben nicht. Er gibt uns Sicherheit, denn wir können uns versehen, verhören, vertun, aber nie vertasten.

Durch eine gute Angebotsmappe sprechen Sie somit einen der wichtigsten Sinne an.

So wird Ihr Angebot „begreifbar", weil Ihre Dienstleistung nun mit den Händen zu greifen ist. Deshalb gilt auch hier: Achten Sie auf die Qualität des eingesetzten Papiermaterials. Verwenden Sie für die Mappe nur hochwertiges „Kartonmaterial". Je stabiler das Material, desto stabiler kann die Geschäftsbeziehung verlaufen.

Das gilt auch für das von Ihnen verwendete Briefpapier. Auch hier sollten Sie nicht auf 80g-Laserpapier zurückgreifen, sondern ebenfalls auf hochwertiges, dickeres Papier. Damit geben sie Ihren Kunden ebenfalls ein besseres Gefühl. Ihr geschriebenes Angebot auf dickerem Papier hinterlässt einen „handfesten" Eindruck. Zur Vertrauensbildung also ein absolutes Muss.

Nun werden Sie natürlich auch Fälle erleben, in denen es schnell gehen muss. Da ist dann häufig wenig Zeit fürs Formelle. Mit anderen Worten: Sie können, sollen bzw. dürfen Ihr Angebot per E-Mail an Ihren Kunden senden. Wenn dieser es ausdrücklich wünscht, sollten

Sie diesem Wunsch Rechnung tragen und nicht aus „haptischen" wie ästhetischen Überlegungen heraus Wert darauf legen, ein ausgedrucktes und fein verpacktes Angebot zu versenden. Es droht ja nicht nur die Gefahr, dass Ihr Angebot zu spät ankommt, sondern auch die Sicht des Kunden, seinem Wunsch nicht entsprochen zu haben. Er hatte nach einem schnellen Angebot per E-Mail verlangt und keines, das via „Post" etliche Tage später bei ihm eintrifft. Der Eindruck, den Ihr „gut gemeinter Auftritt" hinterlässt, verpufft somit nicht nur, sondern hinterlässt einen bleibenden negativen Eindruck. Und genau das gilt es immer unter allen Umständen zu vermeiden. Daher gilt: Ausnahmen bestätigen die Regel.

Ob per E-Mail oder in gedruckter Form, alle Unterlagen, die Sie aus Ihren Händen geben, müssen mit Ihrer Adresse (die alle wichtigen Daten, insbesondere E-Mail und Telefon enthält) versehen sein. Bei einer E-Mail ist es im gewerblichen Schriftverkehr Vorschrift und häufig als Textbaustein schon integriert. Nicht so bei bedruckten Prospekten, die Sie von Ihrer Versicherungsgesellschaft erhalten. Diese müssen Sie nachträglich mit Ihrer Adresse versehen. Es versteht sich von selbst, dass diese Prospekte nicht gestempelt werden. Die Tinte wird so gut wie nie trocken. Kaum vorstellbar, wenn diese Farbe auf die Kleidung Ihres Gegenübers gelangt. Damit werden Sie nachhaltig Eindruck hinterlassen – aber nicht den gewünschten. Verwenden Sie deshalb nur persönliche Adressaufkleber, die Sie an den entsprechenden Stellen gut sichtbar anbringen.

Ein Bonner Forschungsteam[45] fand heraus, dass Besitzer eines Smartphones alle zwölf Minuten und rund 80 Mal am Tag auf selbiges schauen bzw. es aktivieren. So oft schauen wir natürlich nicht auf den Kalender. Doch wir gucken mehrfach dorthin. Ich erwische mich häufig dabei, zwar den Wochentag ad hoc sagen zu können, nicht aber, ob es der 22., 23. oder 24. ist. Diese Information ist für unser Gehirn so unwichtig, dass wir eben nicht sofort das aktuelle Tagesdatum sagen können. Zu einem gut ausgestatteten Büro gehört ein an der Wand hängender Wandkalender. Auf dem Schreibtisch steht ein kleinerer Tischkalender, oder die aus Papier bestehende Schreibtischunterlage ist mit einem Kalender bedruckt. Als lokaler

Versicherungsberater können Sie von dieser Trägheit unseres Gehirns profitieren, indem Sie rechtzeitig zum Jahreswechsel Ihren Kunden einen Kalender aushändigen, der natürlich mit den Daten Ihrer Agentur versehen ist. Damit laufen Sie nie Gefahr, sich einer alten Weisheit gegenüber bestätigt zu sehen: *„Aus den Augen, aus dem Sinn."* Durch einen Kalender bleiben Sie *„im Auge des Betrachters"* – und das macht Sinn. Abhängig von Ihren Kunden können Sie heute Abreißkalender, 3-Monats-Kalender fürs Büro, Kalender für den privaten Haushalt oder Taschenplaner verschenken.

Auch hier sind Sie gefordert: Finden Sie heraus, was zu Ihrem Kunden passt. Verschenken Sie „sinnvoll", dann wird er Ihren Kalender „sinnvoll" einsetzen. Im anderen Fall landet das gute Stück unbenutzt im Mülleimer. Nicht etwa aus Mangel an Einsatzmöglichkeiten, sondern (unbewusst) aufgrund einer Enttäuschung. Der Kunde hat sich in Ihnen getäuscht. Er hat geglaubt, Sie würden ihn kennen. Mit dem „falschen" Geschenk haben Sie das Ende der Täuschung (End(e)täuschung) eingeleitet.

Wenn Sie und Ihre Mitarbeiter „perfekte Autofahrer" sind, dann nutzen Sie am besten eine weitere Möglichkeit der Öffentlichkeitsarbeit. Ihr Auto bzw. Ihre Firmenfahrzeuge bieten Ihnen eine kostenlose mobile Werbefläche. Firmen geben Unsummen von Geld aus, damit ihr Name, ihr Produkt und ihre Botschaft omnipräsent sind. Ob Busse, Straßenbahnen oder Taxis, alle Flächen werden zu Werbezwecken genutzt. Mit Erfolg. Nur durch ständige Wiederholung erreicht Werbung die entscheidenden Stellen im Gehirn. Unbewusst, wie an anderer Stelle erwähnt. Gleiches gilt somit auch für Ihre Werbung. Nutzen Sie die Werbeflächen an Ihren Fahrzeugen. Durch die moderne Computer-, Druck- und Klebetechnik ist es möglich, zu überschaubaren Kosten diese Möglichkeiten zu nutzen.

„Klein, aber oho":

Wenn Sie hinter einem Auto herfahren, dann haben Sie kaum eine Chance, eine Werbung, die links und rechts am vorausfahrenden Fahrzeug angebracht wurde, zu erkennen und damit wahrzunehmen. Somit teilen Sie das Problem mit Millionen anderer Autofahrer. Lösen können Sie es, indem Sie eine weitere Werbefläche beschriften, und zwar die Heckscheibe des Kraftfahrzeuges. Bei der so genannten Sonnenblenden-Werbung handelt es sich um eine Lochfolie, die exakt auf in der Größe der Heckscheibe des zu bestückenden Fahrzeuges gelasert und eingeklemmt wird. Darauf befindet sich Ihre Werbebotschaft, die von jedem hinter Ihnen fahrenden PKW-Fahrer gelesen wird. Wenn man bedenkt, wie oft wir an roten Ampeln, an Fußgängerüberwegen und Baustellen halten müssen oder im Stau stehen, kann eines mit Gewissheit gesagt werden: Ihre Werbung wird gelesen.

Sie erinnern sich an meine Ausführungen in Sachen „schnelle einfache Erreichbarkeit". Mit einem QR-Code ist genau das möglich. Folgen Sie hier meiner Empfehlung, dann verwenden Sie diesen Code nicht nur auf Ihren Visitenkarten, sondern auch an Ihren Firmenfahrzeugen. Damit machen Sie es Ihren Kunden wie Interessenten extrem leicht, Ihre Internetseite aufzurufen. Dieses Netz tragen sie im übertragenen Sinne ständig bei sich. Nach einer Studie[46] des Bundesverbands Digitale Wirtschaft (BVDW) e. V. gehen mehr als 25 Millionen Deutsche täglich mit einem mobilen Endgerät ins Internet. Pro Person werden inzwischen sogar zwei internetfähige Endgeräte benutzt.

Egal wie groß der QR-Code angebracht ist, ein Smartphone wird ihn erkennen:

Eingangs sprach ich davon, dass Sie ein „perfekter Autofahrer" sein müssen. Für Ihre Reputation ein absolutes Muss. Nehmen wir an, in Ihrem Versicherungsteam gibt es jemanden, für den eine gewöhnliche Straße eine Art Formel 1-Piste ist. Er fährt zu schnell, überholt an unmöglichen Stellen und legt an der Ampel einen Kavalierstart hin. Dieses Verhalten ist so lange sein privates, wie er nicht mit einem von Ihnen ausgestatteten Fahrzeug incl. umfassender Werbung herumfährt. Sein rücksichtsloses Verhalten wird kaum mit ihm als Fahrer in Verbindung gebracht. Der Kunde achtet auf Ihren Namen bzw. auf den Namen Ihrer Agentur, der in großen Buchstaben am Wagen klebt. Somit stehen Sie bzw. Ihre Agentur im Fokus des Interesses und nicht Ihr Fahrer. Stellen Sie sicher, dass alle Ihre Mitarbeiter, die Ihre Firmenfahrzeuge bewegen, sich vorbildlich im Straßenverkehr verhalten. Dann verfehlt Ihre automobile Werbefläche nicht ihre gewinnbringende Wirkung.

Sie müssen Ihre mobile Werbung nicht auf den Kreis Ihrer Fahrzeugflotte beschränken. Es gibt eine Fülle von Möglichkeiten für mobile Werbung. Fragen Sie örtliche Taxiunternehmen, Busunternehmen, Unternehmen von Kutschenfahrten, Bürgerbus, etc. Hier sind Werbekunden herzlich willkommen. Somit ist Ihre Werbung auf allen vier Rädern rund um die Uhr in Ihrem Vertriebsgebiet unterwegs. Mit anderen Worten: Ihre Werbebotschaft schläft nie!

Dabei müssen Sie Ihre Werbung nicht nur auf die Außenfläche begrenzen. Die Fahrzeuge bieten eine Fülle von weiteren Möglichkeiten, Ihre Werbebotschaft im Fahrgastinnenraum anzubringen, wie z. B.:

- Aktionsrahmen

  = Plakatflächen, die in Bussen direkt hinter dem Fahrer aufgehängt werden. So haben die Fahrgäste Ihre Botschaft eine ganze Busfahrt im Blick. Der Vorteil dieser Wechselrahmen besteht darin, dass ein Plakat in Sekundenschnelle gewechselt werden kann. Mitunter sind, je nach Verkehrsgesellschaft, Buchungen in kleineren Mengen möglich.

- Werbehänger

  = Diese praktischen Werbetafeln entsprechen in ihrer Form häufig den typischen Türanhängern aus den Hotels mit der Aufschrift „Do not disturb" bzw. „Bitte nicht stören". Diese sogenannten „swing ads" werden in den Bussen an den horizontalen Haltestangen befestigt. Sie sind ideal für Interessenten, die Ihre Werbebotschaft mit nach Hause nehmen möchten.

Neben dem Auto gibt es eine weitere mobile Werbefläche: den PKW-Anhänger. Idealerweise ein Kastenanhänger, dessen Flächen mit modernster Folientechnik beschriftet werden. Diese Anhänger kosten je nach Hersteller zwischen 3.500 EUR und 4.500 EUR. Weil sie aus nichtrostenden Werkstoffen hergestellt werden, halten sie eine gefühlte Ewigkeit. Selbst wenn sie „nur" für zehn Jahr eingesetzt werden, liegen die täglichen Kosten (bezogen auf die Anschaffungskosten) bei unter einem Euro.

Der beschriftete Anhänger ist ein echter „Eye-Catcher" – in zweifacher Hinsicht. Zum einen wird der Anhänger an prosperierenden Standorten für einige Tage abgestellt. Die Straßenverkehrsordnung (StVO) lässt das unter bestimmten Voraussetzungen zu. Zum anderen können Sie diesen Anhänger vermieten. Somit ist Ihr guter Name auf den lokalen Straßen in „Ihrem" Einzugsgebiet gut sichtbar unterwegs.

Es muss natürlich nicht immer ein neuer Kofferanhänger sein, der für Ihren guten Namen wirbt. Ob alt oder neu – in jedem Fall muss er, so wie Ihr Firmenwagen, sich immer (!) von seiner Schokoladenseite zeigen. Ein ungepflegtes Fahrzeug strahlt alles aus, nur kein Vertrauen. Ein altes Sprichwort unterstellt: *„Wie der Herr, so´s Gescherr."* Es stimmt. Wie bereits mehrfach ausgeführt, arbeitet unser

Unterbewusstsein mit Bildern. Versorgen wir es mit schlechten Bildern, wie z. B. einem desolaten, defekten und dreckigen Fahrzeug, dann schließen wir unbewusst darauf, dass auch der „Herr", also sein Besitzer, nicht viel besser sein kann. Müßig zu erwähnen, dass wir mit solchen Aktionen potentielle Kunden eher abschrecken denn gewinnen. Daher gilt: Achten Sie immer auf einen perfekten Zustand aller von Ihnen genutzten Werbemittel.

Kreativität ist gefragt. Sie können selbst mit einem „alten" handelsüblichen Anhänger auf sich aufmerksam machen. Wobei alt nicht für „gleichgültig" steht. Sie dürfen durchaus etwas Altes zum Einsatz bringen, sollten aber immer darauf achten, dass es in einem sehr guten Zustand ist. Ein alter, aber gepflegter Anhänger ist bares Geld wert. Hierauf können Sie dann mit wenigen Handgriffen eine „Plakatleinwand" befestigen.

Dieser Anhänger wird nicht bewegt, sondern in Absprache mit dem Grundstückseigentümer dauerhaft abgestellt. Er steht nicht auf öffentlichen Verkehrsflächen. Hier müsste der Anhänger versichert sein und eine TÜV-Zulassung haben. Stellen Sie einen „alten" Anhänger auf ein privates Grundstück, kostet er Sie weder Versicherung noch ist eine TÜV-Plakette erforderlich. Wichtig: Bei der Überführung des Anhängers zum Standort muss dieser natürlich verkehrssicher sein (ggf. mit einem Überführungskennzeichen).

Noch wichtiger als der Anhänger ist natürlich das Werbeplakat mit Ihrem Konterfei und wichtigen Informationen.

Nicht immer lassen sich solche interessanten Aktionen aus Mangel an Möglichkeiten umsetzen, insbesondere dann nicht, wenn es an entsprechenden Stellplätzen fehlt. Doch wo ein Wille, dort ist auch ein Weg. Finden Sie diesen Weg. Es lohnt sich. Gerade in ländlichen Gebieten sowie Klein- und Mittelstädten können Sie sehr günstig mit Großplakaten werben.

Für „wenig Geld" erhalten Sie „viel Werbefläche", wie dieses Beispiel eindrucksvoll zeigt:

Moderne „Plakatwände":

Das Besondere an dieser konservativen Werbemöglichkeit ist ihr Grad an Aufmerksamkeit. Fast jeder vierte Befragte gab an, täglich Werbeplakate wahrzunehmen. Nur sechs Prozent nehmen diese nicht wahr. So das Ergebnis einer Studie aus 2013. Danach gab es im

Jahr 2013 rund 27 Millionen Personen in der deutschsprachigen Bevölkerung ab 14 Jahre, die täglich oder fast täglich an Anschlagssäulen oder Tafeln mit „Werbeanschlägen" vorbeikamen.

Wahrnehmung von Anschlagsäulen oder Plakatanschlägen
(2013 - in Millionen)

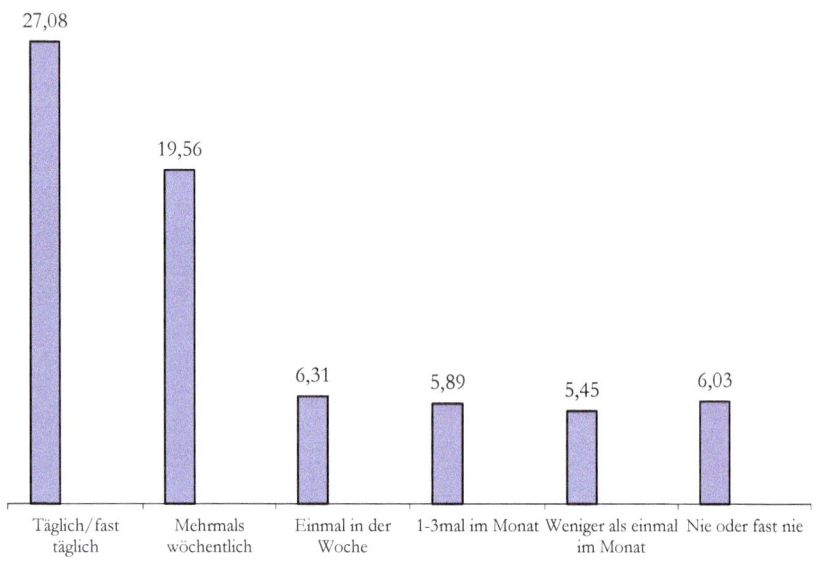

(Quelle: Statista 2014)

Ich werde oft gefragt, wann denn der richtige Zeitpunkt für eine Plakatwerbung im großen Stil ist. Diese Frage lässt sich kurz und knapp beantworten: Immer. Weil „immer" aber auch immer mit Geld verbunden ist und jedes Unternehmen sein Werbebudget deckelt, muss genau überlegt werden, wann es am sinnvollsten ist, zu investieren. Prüfen Sie, an welchen Tagen in Ihrer Stadt oder Ihrem Dorf „etwas los ist". Das könnte ein Karnevalsumzug sein, ein Umzug zum Schützenfest oder der Umzug zum alljährlichen Jahrmarkt. An diesen Tagen sind für gewöhnlich viele Leute Ihrer Heimat auf den sprichwörtlichen Beinen. Prüfen Sie, ob an dieser Strecke, an der der Umzug vorbeizieht, die Möglichkeit besteht, Plakate anzubringen. In diesem Fall wird Ihre Botschaft von Hunderten gesehen. Nutzen Sie solche Events, um sich als Marke zu positionieren.

4.1.2 Werbeartikel

Vor rund 2.500 Jahren erkannte der griechische Dichter Euripides: *„Geschenke locken, heißt´s, die Götter selbst."* Daran hat sich bis heute nichts geändert. Mit Geschenken locken Sie im übertragenen Sinne Kunden ins Haus – und das ist gut so. Beschenkte Kunden werden durch Ihre Geschenke nicht entmündigt. Sie entscheiden weiterhin für sich selbst. Wer sich also durch Ihr Geschenk angesprochen fühlt, mit Ihnen ein Gespräch zu führen, wird dieses aus freien Stücken tun und nicht aus einem Zwang heraus.

Immer dort, wo Sie die Möglichkeit haben, Streumittel kostenlos auszulegen, sodass sich jedermann daran bedienen kann, sollten Sie diese nutzen. Ob Feuerzeug, Kugelschreiber, Eiskratzer, Flaschenheber, etc., alles, was für den Interessenten von Nutzen ist, wird gerne mitgenommen.

Hier einige Beispiele:

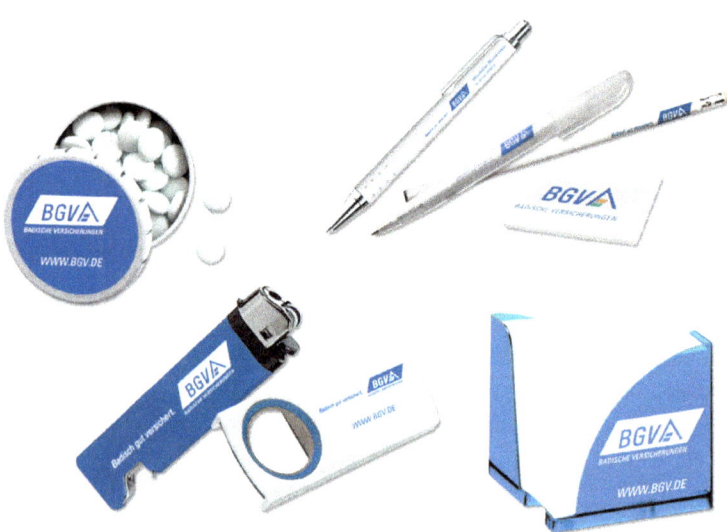

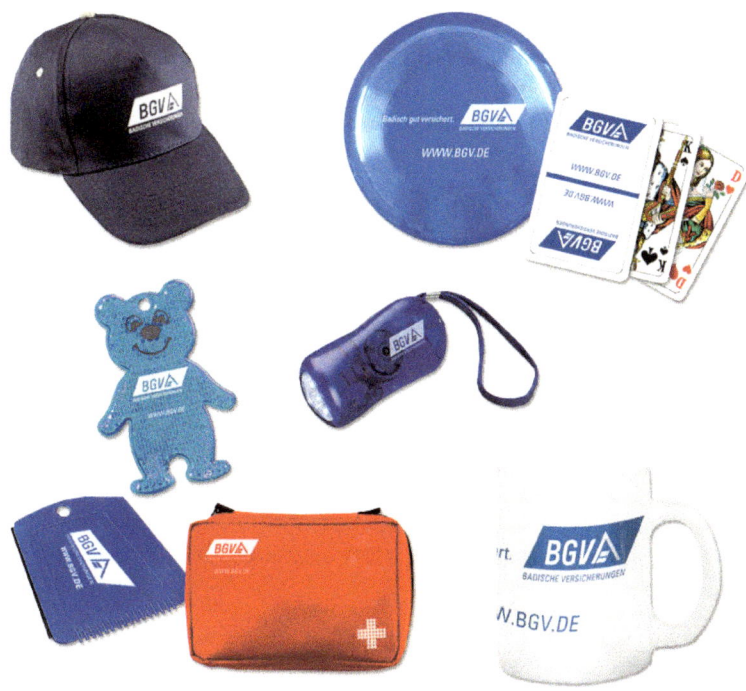

Je öfter diese Streumittel beim potentiellen Interessenten zum Einsatz kommen, desto stärker wird Ihr Name durch den besagten Wiederholungseffekt „verarbeitet" und im Gehirn des Betrachters gespeichert.

Deshalb gewinnen Werbegeschenke in Form von Streuartikeln weiterhin unaufhaltsam an Bedeutung. Die Studie[47] „Werbeartikel-Monitor 2014", erstellt im Auftrag des Gesamtverbandes der Werbeartikel-Wirtschaft (GWW), belegt, dass neun von zehn Unternehmen ihre Kunden mit Werbegeschenken versorgen.

Setzen Sie in Ihrem Unternehmen Werbeartikel in der Kommunikation mit Ihren Kunden ein?

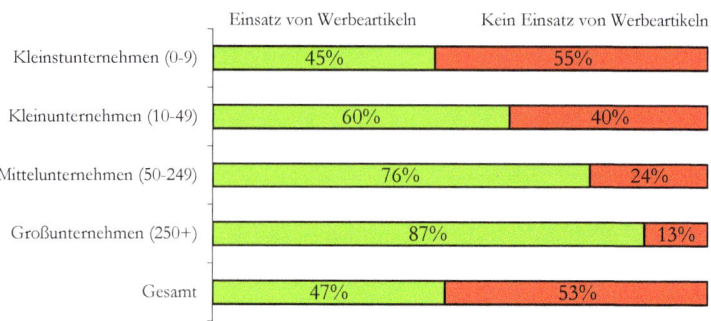

(Quelle: DIMA; Zahlen beziehen sich auf die Mitarbeiteranzahl)

Wie folgt ergänzten die Unternehmer diesen Satz: „*Wir setzen Werbemittel im Unternehmen ein, weil…*

- *der Kunde den Werbeartikel immer wieder benutzt und der Werbeeffekt sehr nachhaltig ist.*" (80 %)

- *sich dies positiv auf unser Unternehmensimage auswirkt.*" (69 %)

- *wir dadurch den Bekanntheitsgrad unseres Unternehmens steigern können.*" (68%)

Darüber hinaus gab fast jeder Zweite (43 Prozent) an:

*Werbeartikel eignen sich sehr gut für
die Markenkommunikation.*

In Goethes Roman „Wilhelm Meisters Wanderjahre" heißt es:

*„Ein einziges Glied, das in einer großen Kette bricht,
vernichtet das Ganze."*

In der Analogie zu unserem Thema bedeutet dieses, dass Sie die besten Werbemittel einsetzen können, doch erreichen Sie damit nichts, wenn diese Werbeartikel keinen Eindruck beim Beschenkten hinterlassen. Darüber hinaus gilt: Je weniger Geld Sie für Streumittel ausgeben wollen, desto geringer ist die Produktqualität. Auch wenn es übertrieben klingt, doch sobald der Kunde Ihre Werbeartikel in seinen Händen hält, assoziiert er Sie damit. Dieser Artikel ist Teil von Ihnen. Natürlich vergleicht niemand Sie mit einem Kugelschreiber. Dieser ist nur Ihr Stellvertreter, der unbewusst beim Beschenkten Ihre Position einnimmt. Ist dieser (Werbe-)Kugelschreiber nach einigen Einsätzen defekt oder funktioniert Ihr Werbefeuerzeug nach zehn Zigaretten nicht mehr oder der Zollstock bricht nach drei Messungen auseinander, sind Sie es, der im übertragenen Sinne auseinanderbricht. Sie sind es, der mindere Qualität liefert, und damit wird unbewusst vom Beschenkten davon ausgegangen, dass auch Ihre Dienstleistung von minderer Qualität sein muss.

Deshalb achten Sie auf hochwertige Werbeartikel, die Sie immer mit Ihrem Namen versehen und, so es diese Fläche gibt, mit Kontaktdaten. Im besten Fall immer mit Ihrer Telefonnummer. Diese ist es, die Ihr Kunde oder der potentielle Kunde wählen soll, wenn er den Kontakt mit Ihnen sucht. Ein Handy trägt heute fast jeder mit sich. Da ist es ein Leichtes, von gleich auf sofort mit Ihnen in Kontakt zu treten. Deshalb hat sich die Telefonnummer vor allen anderen Koordinaten bewährt und darf deshalb auf keinem Werbeträger fehlen.

4.1.3 Personalmarketing

4.1.3.1 Personalgewinnung

Seit Jahrzehnten nimmt die Zahl der Geburten hierzulande ab, während die Zahl der Mitarbeiter, die altersbedingt aus dem Arbeitsleben ausscheiden, steigt. Schon heute leben in Deutschland weniger Menschen unter 15 Jahren als irgendwo sonst in Europa. Damit hat unser Land die zweitälteste Bevölkerung der Welt. Nur Japan kommt auf einen noch geringeren Wert[48]. Diese Situation führt inzwischen zu extremen Verwerfungen am Arbeitsmarkt, wobei wir hier erst am Anfang einer nicht ganz leicht zu stemmenden Entwicklung stehen. Die Modelle der Vergangenheit, die Millionen von Menschen in Brot und Arbeit brachten, sind überholt. Die Unternehmen werden aufgrund des demografischen Wandels nicht umhin kommen, sich in Sachen Personalpolitik neu zu orientieren. Waren es in den 1980er-Jahren die Schulabgänger, die keinen Ausbildungsplatz fanden, werden es zukünftig die Unternehmer branchenübergreifend sein, die ihre Ausbildungsplätze nicht mehr belegen können. Deshalb braucht es neue Impulse zur Gewinnung qualifizierter Mitarbeiter. Dies gilt umso mehr, weil in naher Zukunft aufgrund des Abbaus von Möglichkeiten zur Frühverrentung deutlich mehr Ältere in Beschäftigung verbleiben werden bzw. eine Beschäftigung suchen werden.

Bereits im Jahr 2015 wird in Deutschland mehr als jeder dritte Erwerbsfähige älter als 50 Jahre sein. Die Gruppe der 50-bis 64-Jährigen wird bald die „Mittelalten" (d.h. die 35-bis 49-Jährigen) als stärkste Gruppe der Erwerbsbevölkerung ablösen. Die Zahl der Erwerbsfähigen im Alter über 50 Jahre wird dann etwa doppelt so groß sein wie die Zahl der 20-bis 29-Jährigen, d.h. der „jungen" Erwerbsfähigen.

Bis vor kurzem noch standen Ausbildungsbetriebe vorwiegend vor der Aufgabe, aus den zahlreichen Bewerbungen um einen Ausbildungsplatz die Jugendlichen auszuwählen, die die gewünschten Anforderungen aus Unternehmenssicht am besten erfüllten. Aufgrund rückläufiger Schulabgängerzahlen wird in Zukunft die Frage in den Vordergrund treten, wie die Unternehmen Auszubildende gewinnen können. Medienangaben zufolge setzt inzwischen die Hälfte eines Schuljahrgangs auf Abitur und Studium. Das macht sie aber nicht per se zu den besseren Bewerbern. Nach der PISA-Studie kämpfen immerhin noch bis zu 20 Prozent der Schüler mit ihren Schwierigkeiten beim Lesen, Schreiben und Rechnen.

Heute müssen Sie als Anbieter von Ausbildungsplätzen alle Möglichkeiten der Stellenausschreibung nutzen. Neben dem Zeitungsinserat, dem Internet, einer Lehrstellenbörse oder einem Betriebspraktikum haben Sie Ihre Kunden, mit denen Sie über Ihre Stellenausschreibungen sprechen können. Ich erwähnte bereits, dass Ihr Datensatz (also Ihre Kunden) Ihr Datenschatz ist. An dieser Stelle möchte ich ergänzen, dass diese Erkenntnis in jeder Hinsicht gilt. Kunden sind Sympathieträger. Wenn Sie einen guten Job machen, dann können Sie mit Ihren Kunden buchstäblich „über Gott und die Welt reden". Es macht Sie nur noch sympathischer, wenn Sie nicht nur als der Problemlöser par excellence daherkommen, sondern als Mensch, der auch einmal das „Herz auf der Zunge hat". Aus meiner Sicht gibt es kaum eine größere Wertschätzung, als jemanden um Rat zu bitten. Die Frage an Ihren Kunden könnte lauten: *„Herr Kunde, können Sie mir helfen? Ich möchte in meiner Agentur einen Ausbildungsplatz besetzen mit einem Auszubildenden, der Spaß hat am Umgang mit Menschen, der kommunikativ ist, lernwillig und fleißig. Kennen Sie jemanden, der dafür in Frage käme?"* Selbst wenn Ihr Kunde diese Frage ad hoc nicht beantworten kann, so wird er versuchen, sich „umzuhören". Wir Menschen können nicht anders. Werden wir um Hilfe gebeten, helfen wir gerne.

Neben der direkten Kundenansprache gibt es natürlich noch viele weitere Möglichkeiten zur Rekrutierung neuer Mitarbeiter. Eine einzelne Maßnahme reicht häufig nicht aus. Es ist eher ein Bündel an Maßnahmen, das geschnürt werden muss, um Auszubildende zu gewinnen. Das gilt auch für bereits ausgebildete Personen, die Sie als Fachkräfte in Ihrer Agentur einsetzen möchten. Für gewöhnlich stehen die Besten in festen Arbeitsverhältnissen. Das bedeutet, dass diese Gruppe von Arbeitnehmern aus eigenem Antrieb auf Sie zukommen muss, so Sie denn innerhalb Ihrer Branche keine platten Abwerbungsversuche starten, die Ihr Image als vertrauenswürdige Marke schwer beschädigen würden. Sie würden somit ein hohes Risiko eingehen, zumal Sie häufig nicht wissen, ob der Arbeitsvertrag des von Ihnen umworbenen potentiellen Mitarbeiters ein Wettbewerbsverbot beinhaltet. Damit ist ihm untersagt, nach Beendigung des Arbeitsverhältnisses anschließend bei der Konkurrenz anzufangen. Wobei wiederum zu prüfen wäre, ob dieses Verbot auch dann gilt, wenn die umworbene Fachkraft weit außerhalb des „Konkurrenzgebietes" gearbeitet hat.

Grundsätzlich ist das Abwerben von Mitarbeitern erlaubt, solange der Werber sich im gesetzlichen Rahmen bewegt und keine Zugeständnisse vom Umworbenen erwartet, wie z. B. Vertragsbruch. Darüber hinaus ist das störende Eindringen in die Betriebsatmosphäre des Konkurrenten zum Zwecke des Abwerbens seiner Mitarbeiter unzulässig. Genauso wie das Senden von Personen zum Zwecke der Abwerbung in den fremden Betrieb. Auch Abwerbungsversuche über das geschäftliche Telefon stellen grundsätzlich ein störendes Eindringen in die betriebliche Sphäre des Konkurrenten dar. Ich möchte dieses Thema an dieser Stelle nicht weiter vertiefen. Mir ist wichtig, dass Sie erkennen, dass Sie als Marke nur dann eine Chance haben, wenn Sie dauerhaft den sprichwörtlichen Weg des Gerechten gehen. Arbeiten Sie an Ihrer Marke, und potentielle Angestellte werden von sich aus auf Sie zukommen ob Ihres guten Leumundes. Dem Schicksal können Sie dabei auf die Sprünge helfen, wenn Sie Ihr Stellenangebot zum einen klar formulieren und zum anderen medienwirksam in Szene setzen und so die richtigen Fachkräfte ansprechen.

Bevor Sie Ihre Mitarbeitersuche starten, sollten Sie ein klares Anforderungsprofil entworfen haben. Darin legen Sie Folgendes fest:

- über welche Qualifikation er verfügen muss
- Schul- wie Ausbildung
- den Aufgabenbereich, den der Mitarbeiter eigenverantwortlich übernehmen soll
- welche Kenntnisse er mitbringen soll
- welche Kompetenzen Sie ihm einräumen werden
- mit welchen Anforderungen er zukünftig zu rechnen hat
- wie viel Gehalt Sie zahlen werden
- welche Aufstiegsmöglichkeiten Sie ihm bieten
- welche Weiterbildungsmaßnahmen Sie anbieten

Erst dann folgt der zweite Schritt: potentielle Bewerber von Ihrem lukrativen Stellenangebot in Kenntnis zu setzen. Diese erreichen Sie wie folgt:

- Je nach Größe Ihrer Agentur machen Sie durch eine interne Ausschreibung auf Ihr Angebot aufmerksam.

- Möglicherweise haben Sie in Ihrer Agentur einen Mitarbeiter, der sich in den Jahren seiner Betriebszugehörigkeit laufend weiterentwickelt hat. Sie könnten ihn befördern, indem er den „ausgeschriebenen" Arbeitsplatz besetzt, während sein Platz ebenfalls neu besetzt wird. Unter Umständen erfordert dieser zunächst eine geringere Qualifikation. Das würde die Suche nach einem geeigneten Mitarbeiter erleichtern.

- Stellenangebote in Zeitungen und Zeitschriften verfehlen auch im elektronischen Zeitalter nicht ihre Wirkung. So wurde im Jahr 2013 ein Fünftel der offenen Stellen per Stellenangebot in einer Zeitung oder Zeitschrift besetzt[49]. Ich lese an verschiedenen Stellen immer wieder, dass jeder vierte befragte Unternehmer Anzeigen in der örtlichen Presse schaltet. Aufgrund seiner Bekanntheit bewerben sich Ortsansässige um den ausgeschriebenen Arbeitsplatz. Diese wiederum kennen natürlich viele weitere Ortsansässige, die unter Umständen als neue Kunden gewonnen werden können.

Wichtig ist, dass Sie Ihr Stellenangebot anders bewerben als andere, wie zum Beispiel mit folgendem Text: *„Ich schütze Menschen vor finanzi-ellen Verlusten. Was machst du? Ich heiße Erika Mustermann und arbeite als Auszubildende bei der Versicherungsagentur ABC-Versicherung Max Meyer. Das möchtest du auch? Kein Problem, ruf einfach an: 000-123455656. Versi-cherungsagentur ABC-Versicherung, 12345 Musterhausen."*

- Als lokaler Versicherungsberater sind Sie nicht nur regional gut vernetzt. Sie verfügen somit über gute Kontakte, mit denen Sie, wie sinnig, in Kontakt treten und Ihr Anliegen vortragen kön-nen.

- Mit einem „Mitarbeiter empfehlen Mitarbeiter"-Programm er-reichen Sie, dass Ihre Mitarbeiter für Ihr Stellenangebot wer-ben. Kommt es aufgrund dessen zu einer erfolgreichen Einstel-lung eines Bewerbers, „belohnen" Sie die gesamte Belegschaft.

- Veröffentlichen Sie Ihr Stellenangebot im Internet, in Social-Media-Netzwerken und natürlich auf Ihrer „Homepage".

- Jobbörsen im Internet werden nicht nur von jüngeren Fach-kräften genutzt. Für die Personalsuche sind Online-Jobbörsen inzwischen der beliebteste Weg der Personalabteilungen. Nach der Studie „Bewerbungspraxis 2013" des Centre of Human Re-sources Information Systems (CHRIS) der Universität Bam-berg und Frankfurt/M. suchen über 62 Prozent der Bewerber einen Arbeitsplatz in Online-Stellenbörsen. Nach der Studie „Recruiting Trends 2013", ebenfalls durchgeführt vom For-schungsverbund CHRIS, gingen mit 36,9 Prozent die meisten Einstellungen auf Stellenanzeigen in einer Online-Jobbörse zu-rück[50].

- Regionale Radiosender gehen häufig Kooperationen mit verschiedenen Dienstleistern ein, indem sie eine eigene „Stellenbörse" einrichten, insbesondere für Auszubildende. Hier können Sie kostenlos freie Ausbildungsplätze melden. Nutzen Sie die Chance. Wie in Kapitel 3 erwähnt, erreichen Sie durch das Radio Millionen von Menschen.

- Veranstalten Sie einen Tag der offenen Tür mit dem Thema „Arbeitsplatz- und Ausbildungsoffensive". Allein die gewählte Formulierung wird für viel Aufsehen sorgen. Bieten Sie örtlichen Betrieben die Möglichkeit, sich an dieser Aktion zu beteiligen. Diese können an Ihrem Tag der offenen Tür in Ihren Geschäftsräumen einen „Messestand" aufstellen und sich so öffentlich präsentieren. Diese befristete Kooperation hat für Sie gleich mehrere Vorteile:

1. Die von Ihnen eingeladenen Betriebe werden diesen Tag in Ihren Geschäftsräumen und bei Ihren Kunden bewerben. Für Sie eine kostenlose Werbung. Ihre Agentur wird als Veranstaltungsort genannt.

2. Die örtliche Presse berichtet ebenfalls kostenlos über Ihre Aktion. (Kein Journalist kann es sich leisten, nicht darüber zu berichten. Schließlich sollen neue Arbeitsplätze in Ihrer Gemeinde geschaffen bzw. bestehende neu besetzt werden.)

3. Weil Sie ortsansässige Betriebe in das Projekt einbinden, ergeben sich neue Geschäftsmöglichkeiten.

4. Sie führen konstruktive Gespräche mit potentiellen Angestellten. Selbst wenn es zu keiner Einstellung kommen sollte, haben Sie durch diese Gespräche neue Kontakte generiert.

5. Potentielle Kunden werden auf Sie aufmerksam. Selbst wenn sie keinen Job suchen, ist bei vielen die Neugierde groß, an diesem Tag vorbeizuschauen. Selbstredend bieten

Sie Bratwurst und Kaffee zu einem „fairen Preis" an. Im besten Fall spenden Sie den eingenommenen Betrag an eine soziale Einrichtung innerhalb Ihrer Gemeinde. Zelebrieren Sie diese Übergabe des symbolischen, übergroßen Schecks medienwirksam.

Sie dürfen sich auch hier der Aufmerksamkeit durch die örtliche Presse sicher sein. Sie schaffen Arbeitsplätze und spenden Geld. Mehr soziale Verantwortung geht kaum noch.

- *„Der Köder muss dem Fisch schmecken, nicht dem Angler",* lehrt eine Redensart. Wenn Sie Auszubildende für Ihre Agentur rekrutieren wollen, dann können Sie viele der hier vorgestellten Anregungen nutzen. Sie können darüber hinaus, um im Bild zu bleiben, „dem Fisch einen Köder zuwerfen", indem Sie bei örtlichen Schulen (Abschlussklassen der jeweiligen Schulen, Handelslehranstalten und ggf. Berufsschulen) vorstellig werden und dort Vorträge halten. Dabei muss es nicht direkt um das Thema Ausbildungsplatz gehen. Informieren Sie Schüler über den richtigen Umgang mit Geld, über Vermögensaufbau, Vermögenssicherung und Absicherung im Allgemeinen. Im besten Fall räumt Ihnen die Schulleitung dafür eine Unterrichtsstunde ein. Aber nur, wenn Sie auf direkte Werbung verzichten. Indirekt werben Sie mit sich als Marke und mit Ihren Artikeln aus der Basisausstattung wie Kugelschreiber, Block, Visitenkarte, etc.

- Ein großes Problem vieler staatlich geförderter Bildungseinrichtungen sind fehlende Praktikumsplätze. Gehen Sie auf diese Betriebe zu und bieten Sie ihnen diese Plätze, wonach sie so sehr verlangen. Zuvor legen Sie in einem Pflichtenheft fest, was Sie von einem potentiellen Arbeitnehmer erwarten. Erfüllt ein Schüler diese Voraussetzungen, dann bieten Sie der Bildungseinrichtung an, ihn für einige Wochen als Praktikanten zu beschäftigen.

- Wenn alle Maßnahmen ins Leere laufen – was ich noch nie erlebt habe angesichts dieser vielen Möglichkeiten und der damit verbundenen Chancen –, dann können Sie noch immer einen Headhunter (Personalvermittler) beauftragen, für Sie einen geeigneten Bewerber zu finden. Aufgrund der damit verbundenen hohen Kosten sollten Sie diese Verpflichtung nur eingehen, wenn Sie eine hochspezialisierte Fachkraft einstellen wollen.

Gewinnung von guten Außendienstmitarbeitern

Eine besondere Herausforderung bei der Suche nach guten Mitarbeitern stellt die Besetzung eines Arbeitsplatzes für den Außendienst dar. Das liegt nicht nur am schlechten Image der Versicherungsbranche (siehe hierzu Kapitel 1), weshalb sich Branchenfremde selten bewerben. Es liegt auch einfach daran, dass erfolgreiche Außendienstmitarbeiter mit ihrem Arbeitgeber sehr zufrieden sind. Aus diesem Grund liebäugeln sie nicht mit anderen Arbeitgebern.

„Wer nichts wird, wird Wirt. Ist es ihm auch hier nicht gelungen, reist er mit Versicherungen", unkt eine deutsche Redensart. Wenn das Volks-Meinung ist, dann ist einmal mehr bewiesen, wie es um das Image der Versicherungsbranche in Deutschland bestellt ist. Dabei wird häufig übersehen, dass in dieser Branche rund eine halbe Million erwerbstätige Menschen einen (sehr) guten Job machen. Ansonsten sind die jährlichen Beitragseinnahmen von über 180 Milliarden Euro allein in der Erstversicherung nicht zu erklären[51]. Nach Angaben des Statistischen Taschenbuchs des GDV entsprechen die Versicherungsbeiträge derzeit knapp sieben Prozent des Bruttoinlandsprodukts. Im Vergleich zu 1960 (drei Prozent) haben sie sich somit mehr als verdoppelt.

Insofern darf unsere Branche durchaus stolz sein.

Damit ist doch eines eindeutig bewiesen: Die Versicherungsbranche gehört zu den bedeutendsten Wirtschaftszweigen in Deutschland. Mit rund 460 Millionen Verträgen bieten die deutschen Versicherer für private Haushalte, Selbstständige, Institutionen und Unternehmen Schutz gegen (fast) alle Risiken. Darüber hinaus stehen die Versicherungsgesellschaften den Banken in nichts nach. Mit einem Volumen von rund 1,4 Billionen Euro Anlagegelder gehört diese Branche zu den größten institutionellen Investoren in Europa.

Die Versicherungsbranche steht für:

1. Versicherungsschutz
2. sichere Arbeitsplätze
3. wichtiger Wirtschaftsfaktor
4. nachhaltige Investitionen
5. solide Kapitalanlagen

Wer auch im Beruf nach Sicherheit verlangt, der ist als Mitarbeiter in der Versicherungsbranche extrem gut aufgehoben. Das gilt insbesondere für den Verkaufsaußendienst, der natürlich selten mit den Hufen kratzt, wenn eine Versicherungsagentur einen Arbeitsplatz ausschreibt. Die guten Berater sitzen „fest im Sattel" und erfreuen sich hoher Einkommen. Sie zu erreichen ist nicht einfach. Schon gar nicht, wenn die Suche nach einem Außendienstmitarbeiter nur als eine temporäre Aufgabe gesehen wird. Die Suche nach kompetenten Mitarbeitern ist aus meiner Sicht eine (Agentur-)Lebensaufgabe – je nach Größe der Agentur. Kein Bildhauer wird behaupten, dass der letzte Schlag vor Fertigstellung seiner Arbeit der entscheidende ist. Es sind die vielen Tausend ungezählten Schläge mit Hammer und Meißel zuvor, die ein Kunstwerk entstehen lassen. Mit der Besetzung von Arbeitsplätzen verhält es sich ähnlich. Es ist nicht nur die eine Stellenanzeige in der Lokalpresse, die zum Erfolg führt, sondern die vielen einzelnen Prozesse, die die Arbeit in Ihrer Agentur mit sich bringt.

Mit Blick auf die Personalpolitik wird hier von „Employer Branding" gesprochen. Die englische Bezeichnung steht für „Markenbildung als Arbeitgeber". Der Begriff geht zurück auf einen Fachartikel von Tim Ambler und Simon Barrow, der 1996 im Journal of Brand-Management erschien. Hinter „Employer Branding" steht folgendes Ziel:

> *„Die Attraktivität des Arbeitgebers soll sich gegenüber Wettbewerbern positiv abheben. Zum einen für Mitarbeiter, die bereits im Unternehmen arbeiten, zum anderen für potenzielle Mitarbeiter."*

Wenn Sie gute Außendienstmitarbeiter für Ihre Agentur gewinnen wollen, müssen Sie zunächst einen Blick auf Ihr Unternehmen werfen. Fragen Sie sich, ob Sie sich als potentieller Bewerber um die von Ihnen ausgeschriebene Stelle bewerben würden. Beantworten Sie diese Frage auch mit Blick auf:

- die Unternehmenskultur
- die Kernkompetenz Ihrer Agentur
- die Positionierung
- die Marke
- Ihr USP
- das Arbeitsklima
- die Qualifizierungsmöglichkeiten
- die Vereinbarkeit mit Beruf und Familie

Fragen nach Ihrer Kernkompetenz, nach Ihrer Positionierung, nach Ihrem USP und dem Arbeitsklima müssen aus dem Stegreif beantwortet werden können (Stichwort: Elevator Pitch). Diese Fragen werden Ihnen von erfolgreichen Außendienstmitarbeitern gestellt. Darüber hinaus müssen Sie davon ausgehen, dass die Verdienstmöglichkeiten angesprochen werden. Das alles kommt zur Sprache, sobald ein Bewerber das Gespräch mit Ihnen sucht. Zuvor müssen Sie sich um ihn „bewerben". Auch hier sollten Sie andere Wege in der Ansprache gehen als die klassischen. Eine davon könnte eine Stellenausschreibung mit folgendem Text sein: *„Liebe Versicherungsberater im Außendienst, ich bewerbe mich heute als Ihr neuer Chef. Ich heiße Max Mustermann und bin genauso gerne für mein Team wie für meine Kunden da. Bitte rufen Sie mich einfach an. Ich freue mich, Sie schon bald kennen zu lernen."*

Dennoch, gute Außendienstmitarbeiter wechseln nicht nach Gusto ihren „Arbeitgeber". Mit einer „einfachen" Stellenausschreibung ist es häufig nicht getan. Es bedarf zum einen größerer Anstrengungen, um den Richtigen für diesen Job zu finden. Zum anderen muss ihnen mehr geboten werden als nur ein „krisensicherer" und gut bezahlter Job. Wertschätzung, der sprichwörtliche Wohlfühlfaktor und die Wahrhaftigkeit des „Marken"-Versprechens spielen eine zentrale Rolle bei der Entscheidungsfindung wechselbereiter Außendienstmitarbeiter.

„Eine attraktive „Arbeitgebermarke" beinhaltet materielle wie immaterielle Elemente. "

Je mehr Sie sich dessen bewusst sind, desto interessanter sind Sie als Arbeitgeber. Dann werden die geeigneten Bewerber sagen: *„Ja, genau hier, in dieser Agentur, will ich arbeiten!"*

Viele meiner Anregungen, die Sie bis hierher gelesen haben, sind geeignet, auch Außendienstmitarbeiter zu rekrutieren. Dennoch sollten Sie sich allein darauf nicht verlassen. Nehmen Sie darüber hinaus weitere Maßnahmen in Angriff, um den Besten für den ausgeschriebenen Außendienst-Arbeitsplatz für Ihre Agentur zu gewinnen. Sprechen Sie durchaus Branchenfremde an, getreu dem Motto: „Nur wer wagt, gewinnt." Schauen Sie sich hierzu z. B. in einem Autohaus, Möbelhaus, Kleidungsfachgeschäft oder Handy-Shop um. Überall gibt es gute bis sehr gute Verkäufer. Wenn sich die Möglichkeit ergibt, mit potentiellen Bewerbern aus diesen Branchen zu sprechen, dann unterbreiten Sie ihnen ein Angebot. Keine Sorge in Sachen Qualifikation. Wenn die Fähigkeit des Verkaufens bei den von Ihnen in Augenschein genommenen „Kandidaten" vorhanden ist, dann verfügen diese auch über das Talent, sich z. B. vom Handy-Verkäufer auf Versicherungsberater „umschulen zu lassen". Prüfen Sie die Möglichkeit, ob Sie diesen Bewerbern die Ausbildung bezahlen (Stichwort: Motivation).

Ohne Umschulung läuft es hingegen bei unzufriedenen Versicherungsmaklern. Sie sind sehr gut ausgebildet. Somit bringen sie alles mit, was für eine gewinnbringende Zusammenarbeit erforderlich ist. Darüber hinaus müssen Sie keine Abwerbeaktionen starten. Einige Makler sind bereit, sich beruflich zu verändern. Aufgrund der gestiegenen administrativen Anforderungen, die der Gesetzgeber einfordert, sind sie aus verständlichen Gründen vielfach nicht mehr in der Lage, gewinnbringend zu arbeiten. Häufig können sie die Herausforderungen aus eigener Kraft nicht mehr meistern. Da mag der Umsatz für sie allein (inkl. Familie) ausreichen. Doch reicht er nicht für zwei. Können die Anforderungen nur durch die Schaffung eines neuen Arbeitsplatzes umgesetzt werden, muss der Makler fortan das Geld für besagte „Zwei" verdienen. Ein Back-Office-Mitarbeiter bringt sich nicht immer ins Verdienen. Diese Formulierung bitte ich nicht misszuverstehen. Jeder gute Mitarbeiter ist sein Geld wert. Allerdings macht es aus Sicht eines Agenturinhabers einen Unterschied, ob ein Mitarbeiter für das Back-Office eingestellt wird, der aus dem Umsatz des Agenturinhabers bezahlt wird. Im anderen Fall bringt sich ein Außendienstmitarbeiter durch seine Vertragsabschlüsse ins umgangssprachliche Verdienen. Er wird aus den Provisionen bezahlt, die er mehr oder weniger selbst verdient hat.

4.1.3.2 Gratifikationen für Mitarbeiter

Nach einer Studie[52] der Barmer GEK ist den Arbeitnehmern das Betriebsklima wichtiger als der Lohn. Danach ist für 71 Prozent der Beschäftigten in Deutschland das Verhältnis zu Kollegen und zum Chef am wichtigsten, um im Berufsleben zufrieden zu sein. Das ist ihnen sogar wichtiger als eine Bezahlung, die ihrer Leistung angemessen ist. Die spielt nur für jeden Dritten die wichtigste Rolle (35 Prozent). Selbst die Sicherheit am Arbeitsplatz muss dem guten Verhältnis innerhalb der Belegschaft weichen. Mit gerade einmal 11 Prozent war „Safety first" im Betrieb wichtiger als ein gutes Betriebsklima. Für gerade einmal acht Prozent der Befragten stand die Vereinbarkeit von Familie und Beruf an erster Stelle, um sich täglich am Arbeitsplatz wohlzufühlen.

Dennoch klafft zwischen Wunsch und Wirklichkeit eine riesige Lücke. Die Arbeiter und Angestellten wünschen sich ein gutes Betriebsklima, tatsächlich aber finden sie selbiges immer seltener vor. Nach einer Studie des Marktforschungsinstituts Gallup[53] bemängeln 69 Prozent der Befragten, dass ihre Firma kein Interesse an ihnen als Mensch zeige. Nur 19 Prozent der Befragten erklärten, für gute Arbeit Lob und Anerkennung zu ernten. Aufgrund dieser Situation hat fast jeder sechste der deutschen Arbeitnehmer innerlich gekündigt. Mit anderen Worten: Diese Mitarbeiter sind körperlich, nicht aber geistig anwesend. Somit ergibt sich nach Angaben von Gallup an den Arbeitsplätzen folgende Situation:

- Mit 16 Prozent sind nur wenige aller Arbeitnehmer bereit, sich freiwillig für die Ziele ihrer Firma einzusetzen.

- 67 Prozent der Deutschen machen nur „Dienst nach Vorschrift".

- 17 Prozent haben „innerlich gekündigt".

- Mitarbeiter, die innerlich gekündigt haben, fehlen im Schnitt 3,5 Tage pro Jahr mehr als engagierte Mitarbeiter. Zudem verhalten sie sich destruktiv, wollen sogar dem Unternehmen schaden.

Der Schaden, der durch demotivierte Mitarbeiter allein in deutschen Unternehmen jährlich verursacht wird, liegt nach Angaben von Gallup bei 124 Milliarden Euro[54].

Die innere Kündigung eines Mitarbeiters ist in der Regel hausgemacht. Sie geht häufig auf Defizite in der Personalführung zurück. Womit sich meiner Meinung nach die Redensart „Der Fisch fängt vom Kopf an zu stinken" bestätigt. Im Falle einer inneren Kündigung kündigt der Mitarbeiter nicht gegenüber der Firma, sondern gegenüber seinem Chef. Deshalb sucht er für gewöhnlich keinen neuen Job, sondern „erträgt" den Umstand so lange, bis sich intern etwas ändert oder ihm ein neuer Arbeitsplatz angeboten wird.

So weit muss es gar nicht kommen.

Der Psychologie-Professor Albert Bandura von der Stanford-Universität fand heraus[55], dass Mitarbeiter, die von ihren Vorgesetzen gelobt werden, motivierter sind, sich höhere Ziele stecken, sich stärker verpflichtet fühlen, teilweise sogar bessere Fähigkeiten entwickeln, was sich wiederum auf ihre Leistung positiv auswirkt. Wissenschaftler führen aus, wie wichtig das Loben ist. Im „Fehlzeiten-Report", der vom Wissenschaftlichen Institut der AOK (WidO) in Kooperation mit der Universität Bielefeld und der Beuth Hochschule für Technik Berlin erstellt wurde[56], wird der Beweis erbracht, dass durch ein regelmäßiges Lob sich ein besseres Selbstwertgefühl und damit ein besseres Bewusstsein bei den „gelobten Mitarbeitern" entwickelt. Die Forscher gehen sogar einen Schritt weiter und bestätigen, dass „Nörgel-Chefs" nicht nur nerven, sondern auch krank machen können.

Wenn Mitarbeiter gut informiert werden und ihre Leistung anerkannt wird, haben sie weniger gesundheitliche Beschwerden. Obwohl es so einfach ist, jemandem anerkennend auf die Schultern zu klopfen, scheint es eher eine Ausnahme zu bleiben. Immerhin gaben 54,5 Prozent der Befragten an, selten bzw. niemals ein Lob für ihre Arbeit zu hören. Diese mangelnde Anerkennung führt nicht nur zu höheren Fehlzeiten, sondern auch zu einer hohen Fluktuation im Unternehmen[57]. Daher gilt:

Loben Sie Ihre Mitarbeiter – täglich!

Doch bleiben Sie sich selber treu, indem Sie die loben, die aufgrund ihrer Leistungen wirklich gelobt werden sollten. Maßregeln Sie die Mitarbeiter, die noch auf dem Weg zu guten Leistungen sind. Wenn Sie Anlass zur Kritik haben, dann stellen Sie sich dieser Herausforderung und suchen das Gespräch mit dem Mitarbeiter. Unter vier Augen und nicht vor „versammelter Mannschaft". Nichts erniedrigt Menschen mehr, als vor anderen vorgeführt zu werden.

Ein Lob ist für viele Mitarbeiter Balsam für ihre Seele. Aber nur, wenn es sich um ein echtes Lob handelt und nicht um ein oberflächliches, so nach dem Motto: „*Das haben Sie gut gemacht. Weiter so.*" Vorgesetzte loben nicht nur Ergebnisse, sondern auch das Engagement des Mitarbeiters, und das in aller Öffentlichkeit. Zudem leben sie als „Chef" vor, was sie von anderen erwarten. Darüber hinaus kommunizieren sie regelmäßig mit ihren Mitarbeitern.

Nur wenige Unternehmer schenken dem Wunsch der Menschen nach Identifikation Beachtung. Wer als Chef darauf setzt, nur deshalb zufriedene Mitarbeiter zu haben, weil er ihnen das Gehalt pünktlich zahlt, wird selten eine positive Grundstimmung erzeugen. Ein echtes Wir-Gefühl für die Agentur entwickelt sich nur, wenn sich Mitarbeiter gerecht behandelt fühlen, leistungsgerecht entlohnt werden, sie am Entscheidungsprozess beteiligt und im Rahmen ihrer Fähigkeiten bestmöglich eingesetzt werden. Durch diese Harmonie erst kann sich die Identifikation entwickeln, die wir von den Fußballstadien dieser Welt kennen: „Ich bin stolz darauf, Mitglied dieses Vereins zu sein."

In der Analogie zu Ihrer Branche:

„Ich bin stolz darauf, Teil dieser Agentur zu sein.“

Wenn Ihre Angestellten das Gefühl haben, eine sinnvolle Aufgabe zu erfüllen und Sie sie mit den notwendigen Kompetenzen ausstatten, kommen Sie dem nach, wonach sie verlangen. Denn Geld allein macht nicht glücklich. Beschäftigte gaben selten ihr Bestes nur für das reine Grundgehalt. Zu diesem Ergebnis kommt auch eine Studie des Fraunhofer Institutes für Arbeitswissenschaft und Organisation. Wer als Unternehmer auf immaterielle Gegenleistungen setzt, mobilisiert am ehesten die verborgenen Energiereserven der Mitarbeiter. Das wird immer wichtiger, denn im Zuge der Globalisierung werden loyale Mitarbeiter immer wichtiger.

Hier einige „immaterielle“ Zuwendungen:

Obstflatrate

„Ein Apfel täglich, keine Krankheit quält dich“, lehrt eine Redensart. Obst und Gemüse halten den Körper fit. Richten Sie für Ihre Mitarbeiter eine „Obstflatrate“ zur freien Verfügung ein. Stellen Sie jeden Tag einen prall gefüllten Obstkorb ins Büro, an dem sich Ihre Mitarbeiter kostenlos und zu jeder Zeit frei bedienen können.

Bahncard

Statten Sie Ihre Mitarbeiter mit einer BahnCard aus, die auch privat genutzt werden darf. Die Geste zählt. Sie müssen nicht gleich die „teuerste" Variante wählen.

Betriebliche Altersvorsorge

„Der Schuster hat die schlechtesten Leisten", unkt eine Redensart. Als Versicherungsberater sollten Sie Ihre Mitarbeiter in Sachen Altersvorsorge mehr unterstützen. Arbeitnehmer haben einen gesetzlichen Anspruch auf eine betriebliche Altersvorsorge. Überraschen Sie Ihre Mitarbeiter mit einem höheren Zuschuss.

Persönlichkeitsseminare

„Weiter durch Bildung". Spendieren Sie Ihren Mitarbeitern nicht nur fachlich bezogene Seminare, die sie ohnehin besuchen müssen. Beteiligen Sie sich an Seminaren in Sachen Persönlichkeit, Erfolg, Motivation, Rhetorik, etc.

Fitness-Studio

„Wer nicht jeden Tag etwas für seine Gesundheit aufbringt, muss eines Tages sehr viel Zeit für die Krankheit opfern", war sich Sebastian Kneipp sicher. Weil Gesundheit so wichtig ist, könnten Sie Ihren Mitarbeitern ein Monatsabo für ein Fitnessstudio zukommen lassen.

Zielsichere, kommunikationsfähige und motivierte Belegschaften sind in der Zukunft erfolgreich. Und damit auch die Agenturen, die dadurch einen entscheidenden Wettbewerbsvorteil haben. Die Bindung guter Mitarbeiter an das Unternehmen wird zukünftig eine der zentralen Aufgaben darstellen. Um diese großen Herausforderungen zu meistern, braucht es besondere Aktivitäten.

Diese Aktivitäten kosten Sie ein wenig Geld. Sie nicht anzubieten dagegen ein Vielfaches an Geld, weil Umsatz und Gewinn noch immer an jedem einzelnen Mitarbeiter hängen. Deshalb gilt auch hier Goethes Feststellung in „Wilhelm Meisters Wanderjahre": *„Ein einziges Glied, das in einer großen Kette bricht, vernichtet das Ganze."* Und noch etwas ist wichtig: Sprechen Sie mit Ihren Mitarbeitern über Ihre Ziele, über Unternehmensziele, etc. Das ist die Basis des Erfolgs, von der der Softwarepionier und Unternehmensgründer der Software AG, Peter Page[58], sagt:

> *„Wichtigste Komponente des Erfolges ist es, eine Umgebung zu schaffen, wo gearbeitet wird, um ein Ziel zu erreichen, und nicht, um mit etwas beschäftigt zu sein. Für jedes Vorhaben sollte am Beginn eine „Zielprojektion" stehen, die eine Vorstellung von dem angestrebten Ergebnis vermittelt. Nur wenn jeder Beteiligte das Ziel kennt, kann er sich für seine Erreichung entsprechend einsetzen."*

4.1.3.3 Arbeitsklima

„Es ist nichts beständiger als die Unbeständigkeit", sagte der deutsche „Ausnahme"-Philosoph Immanuel Kant vor etlichen hundert Jahren. Nach dieser Doktrin handeln die Japaner. Unter dem Begriff „Kaizen" haben sie die Philosophie der ewigen Veränderung auf ein Wort reduziert. Dieser Begriff setzt sich zusammen aus »Kai« für Veränderung und »Zen« für „zum Besseren". Kaizen ist keine Methode, sondern eine Denkweise. Wer einmal mehr nachdenkt als andere, erntet am Ende den Erfolg. Kaizen bedeutet in erster Linie eine sichtbare Veränderung. Dabei spielt es keine Rolle, ob es sich um die Erweiterung von Funktionen eines Elektrogerätes handelt oder die Umorganisation innerbetrieblicher Hierarchien. *„Die Botschaft von Kaizen heißt, es soll keinen Tag geben ohne irgendeine Verbesserung im Unternehmen"*, schreibt der Autor des Buches „Kaizen", Masaaki Imai, der diese Denkweise in Deutschland bekannt gemacht hat[59]. Aus seiner Sicht ist es vor allem die Aufgabe des Managements, dieses Prinzip im Unternehmen durchzusetzen und zu einem wesentlichen Element des Unternehmens zu machen. Aber auch alle anderen Mitarbeiter müssen über Verbesserungen nachdenken und diese in ihrem Umfeld umsetzen. Mit diesen Veränderungen ist nicht immer eine Qualitätsverbesserung verbunden. Vielmehr geht es aus japanischer Sicht darum, dem Anwender eines Gebrauchsgegenstandes durch leichte konstruktive Veränderungen einen erweiterten Nutzwert zu schaffen. Das sichert Arbeitsplätze, weil die Kosten gesenkt und die Gewinne erhöht werden. Henry Ford (1863-1947) stellte dazu folgende Berechnung an: *„Sparen Sie zehn Schritte am Tag für zwölftausend Mitarbeiter. Damit erhalten Sie 50 Meilen an überflüssiger Handarbeit und vergeudeter Energie, die eingespart werden können."*

Niemand kennt die Schwächen eines Unternehmens so gut wie die Mitarbeiter, die Tag für Tag an den entscheidenden Stellen wirken und arbeiten. Es ist extrem wichtig, dass Führungskräfte auf diese Mitarbeiter hören. Sie sind die besten und vor allen Dingen billigsten Unternehmensberater. Sie sind es, die dabei helfen, dem Unternehmen Millionen Euro einzusparen, wie das Beispiel Volkswagen zeigt. Europas größter Automobilhersteller spart durch Verbesserungsvorschläge der eigenen Mitarbeiter Millionen ein. Der Erfindergeist der Beschäftigten war allein 2012 rund 119 Millionen Euro wert. In dem Jahr reichten 60.653 Mitarbeiter an den deutschen Standorten ihre Ideen ein. So viele wie nie zuvor. Doch nicht nur für den Hersteller haben sich die Vorschläge rentiert, sondern auch für die Mitarbeiter. Für ihre Verbesserungstipps erhielten sie rund 21,1 Millionen Euro Prämien[60]. Damit ist ein betriebliches Vorschlagswesen ein echter Gewinntreiber und bestätigt einmal mehr ein Sprichwort:

„Gespart ist verdient!"

Wann haben Sie das letzte Mal mit Ihren Mitarbeitern und Kollegen über die Möglichkeiten von Verbesserungen gesprochen? Verbesserungen, die in erster Linie das Verhältnis zwischen Ihrer Agentur und Ihren Kunden befeuern.

4.1.4 Agenturstandort

„Sehen", so sagen es Philosophen, *„ist das Tor zur Welt."* Tatsächlich erhalten wir Menschen etwa 80 Prozent aller Informationen über die Augen. An der Verarbeitung dieser Eindrücke ist unser Gehirn mit einem Viertel seiner Gesamtleistung beteiligt. Das zeigt, welchen Stellenwert das Sehen einnimmt. Ob wir wollen oder nicht, wir achten immer erst auf das Äußere, um uns dann den sogenannten inneren Werten zuzuwenden.

Deshalb stimmt sie, die Redensart: *„Kleider machen Leute."* Das allein reicht im Beruf des Versicherungsberaters nicht aus. Hier ist die Kleidung nur ein Bestandteil einer längeren Wirkungskette. Es versteht sich von selbst, dass Sie Wert auf Ihr Äußeres legen. Diese Äußerlichkeiten betreffen aber nicht nur Ihre Person, sondern im Besonderen Ihren Geschäftssitz. Hier wie dort gilt Goethes Einschätzung:

„Wie du kommst gegangen, so wirst du auch empfangen."

Diese Erkenntnis reduziert sich meiner Meinung nach nicht nur auf unsere persönliche Erscheinung, sondern im Besonderen auch auf alles, was mit uns zu tun hat. Siehe hierzu auch meine Ausführungen in meinem Booklet (auch als E-Book erhältlich): *„Mit diesen sieben Erfolgsfaktoren als freier oder gebundener Versicherungsberater zur lokalen Marke"* (hier Kapitel: Der Geschäftssitz muss zu Ihrem Anspruch passen).

Eine Agentur, die mit einem eigenen Ladengeschäft oder gut sichtbaren Büroräumen (also keine Räume im sechsten Stock eines Mehrfamilienhauses) aufwartet, strahlt Sicherheit und Vertrauen aus. Für Hilfe- wie Ratsuchende ein wichtiges Signal. Zeigt es doch, dass der lokale Versicherungsberater immer für seine Kunden da ist.

Eine einladende, gepflegte Optik ist das Tor zu mehr Umsatz und Gewinn:

Setzen Sie, so weit möglich, am Point of Sales (POS) auf visuelle Effekte. Nach Angaben des Fachverbandes für Außenwerbung e. V. sagen 84 Prozent der Befragten, dass ihnen Werbung am POS aufgefallen ist[61]. 78 Prozent der Befragten begegnen Werbung am POS mindestens einmal pro Woche. Das Besondere:

> *Jeder Zweite (57 Prozent) hat sich durch Werbung am POS animieren lassen, sich für das beworbene Produkt zu interessieren oder es zu kaufen.*

Je nach Örtlichkeit empfiehlt es sich, Flaggen und Displays mit Ihren Initialen, Ihrem Firmennamen und Logo aufzustellen. Historikern zufolge soll der Mensch bereits vor 5000 Jahren angefangen haben, Symbole zu benutzen, um sich von anderen zu unterscheiden. Zunächst wurden diese in Stein gemeißelt. Im weiteren Verlauf der Zeitgeschichte nutzte der Mensch die Möglichkeit, diese Symbole mit sich zu tragen, damit sie für jedermann weithin sichtbar waren.

Mit fortschreitender Industrialisierung fanden die Symbole ihren Weg auf Fahnen und Flaggen. Ob im Rennsport, bei den Olympischen Spielen, beim Gipfeltreffen von Politikern oder in der Seefahrt – trotz modernster Technik wird weiterhin auf die „gute alte Stoff-Fahne" gesetzt.

Das zeigt, dass Fahnen für eine Kommunikation unentbehrlich sind. Über große Distanzen senden sie Zeichen und Botschaften aus. Darauf vertrauen viele Unternehmen. Überall dort, wo verkauft wird, sind Fahnen aufgestellt. Draußen wie drinnen. Weil Fahnen keine statischen Werbeträger sind, sondern sich ständig nach dem Wind ausrichten, bleiben sie dauerhaft in Bewegung, und dort, wo sich etwas bewegt, schaut der Mensch gerne hin.

Neben Fahnen und Gehsteigstoppern gehören zum Agenturstandort Schaufensterbeklebungen, Leuchtreklame so wie ein gut sichtbarer Briefkasten, in dem Rat- wie Hilfesuchende Nachrichten hinterlassen können.

Allerdings sind die Örtlichkeiten nicht immer so gegeben, dass hier problemlos die hier vorgestellten Werbemittel eingesetzt werden können. Da müssen Sie zu anderen Mitteln greifen. Gibt es z. B. Schaufenster, dann können diese mit interessanten Informationen ausgestaltet werden. Auch hier gilt: Wer etwas bewegt, bewegt andere! Stellen Sie z. B. ein gut sichtbares Werbelaufband mit aktuellen Informationen ins Fenster. Oder einen Fernseher, der mit interessanten Bildern die Neugierde der Betrachter befriedigt und sie dazu bringt, mit Ihnen ins Gespräch zu kommen. Was es am Ende auch ist, sorgen Sie für Bewegung im Schaufenster.

Für Bewegung sind Leuchtkästen weniger gut geeignet. Als „Eye-Catcher" indes schon. Wenn sie gut sichtbar und während der Dunkelheit gut beleuchtet sind, werden sie von Vorbeigehenden wahrgenommen. Im besten Fall hängen Sie unterhalb des Leuchtkastens eine Prospektbox auf, in der Sie Ihre Visitenkarte oder einen DIN A-Lang-Prospekt (Leporello) zur Mitnahme anbieten. Interessenten öffnen hierzu oberhalb den Deckel, der das Innenleben vor Feuchtigkeit schützt, ziehen sich die Information heraus, um später zu Hause weitere Entscheidungen auf Basis neuer Informationen zu treffen.

4.2 Kundenbindung

*„Gewinne messen, wie gut
wir den Kunden dienen. "*

Ken Meirose
US-amerikanischer Manager

Das Kundenvertrauen in eine Marke zu erreichen, ist ein langwieriger Prozess. Es zu verlieren, ein kurzer. Deshalb reicht es heute allein nicht mehr aus, einen Vertrag „unter Dach und Fach" zu bringen. Mit der Vertragsunterschrift beginnt die Verpflichtung, sich fortwährend um den Kunden zu kümmern und sich so bei ihm als „Marke" dauerhaft zu positionieren. Je besser sich ein Kunde betreut fühlt, desto weniger ist er bereit, den Anbieter zu wechseln. Letzteres passiert häufiger denn je. Schon seit Jahren beobachten verschiedene Institutionen, dass Kunden immer öfter bereit sind, ihren Versicherungspartner zu wechseln.

So meldete z. B. Ende September 2014 das Marktforschungsunternehmen Yougov[62], dass sich rund acht Millionen Kunden in Deutschland mit dem Gedanken trügen, ihre Autoversicherung zu wechseln! Dieses Ergebnis ist erdrückend, zeigt es doch, dass sich kein Versicherungsberater mehr auf seinen Erfolgen ausruhen kann. Er und sein Team müssen sich fortwährend um ihre Kunden kümmern. Dadurch können sie zwar nicht jeden Wechsel verhindern, dennoch erfahren sie früh genug von den Absichten ihrer Kunden. Das gibt ihnen die Möglichkeit, mit geeigneten Maßnahmen rechtzeitig gegenzusteuern.

Es mag viele Gründe für einen Wechsel des Versicherungsanbieters geben. Am Preis allein kann es meiner Meinung nach nicht liegen. Durchschnittlich um 4,2 Prozent verteuerte sich 2014 nach Angaben der oben zitierten Studie der Preis für eine Auto-Haftpflichtversicherung. Zusammengerechnet kosten den Versicherungsnehmer der Haftpflichtschutz und die Kaskoabsicherung rund 323 EUR. Bei der angegebenen Preiserhöhung von 4,2 Prozent reden wir somit über einen Betrag von rund 12 EUR. Dieser Betrag kann es kaum sein, der einen Kunden dazu bringt, seine Versicherung zu wechseln. Wobei ich an dieser Stelle deutlich sagen muss, dass es durchaus höhere Preisunterschiede geben kann, einfach deshalb, weil Kunden nicht ihre Einsparpotenziale nutzen. Das erkennen sie häufig erst, wenn sie sich die Mühe machen und viele Versicherungen miteinander vergleichen. Sie als lokaler Versicherungsberater können diesen Prozess begleiten, indem Sie offen und ehrlich mit Ihren Kunden kommunizieren.

Eine Herausforderung, die zu meistern ist. Dennoch glauben nicht wenige Versicherungsberater, ihr Erfolg hänge ausschließlich am Preis. Sie glauben, dass sie nur günstiger sein müssen als ihr Wettbewerber, damit der Kunde unterschreibt. *„Euch geschehe nach eurem Glauben"*, heißt es bereits in der Bibel. Wie an anderer Stelle in diesem Buch geschrieben, entscheiden Sie durch Ihr Denken, welche Möglichkeiten sich Ihnen bieten bzw. welche Chancen auf Sie zukommen. Für den einen ist das Glas halb leer, für den anderen halb voll. Die „alte" Lebensweisheit bestätigt sich durch Ihr Denken. Je mehr Sie davon überzeugt sind, gute Kunden Ihr Eigen zu nennen, desto größer ist die Wahrscheinlichkeit, von diesen Kunden umgeben zu sein. Vice versa von schlechten, wenn Sie glauben, Ihr Glas sei immer nur halbleer.

Sind Sie davon überzeugt, dass Ihre Kunden nur deshalb kaufen, weil Sie „der billige Jakob" sind, dann bekommen Sie auch nur die Kunden, die mit Ihnen ausschließlich über den Preis verhandeln. Dadurch haben Sie keine realistische Chance, sich als Marke zu positionieren. Darüber hinaus leben Sie mit der ständigen Angst, den Kunden wieder zu verlieren. Es braucht nur ein anderer Versicherungsberater einen noch besseren Preis zu bieten, dann wechselt der Kunde. Wer sich nur über den Preis verkauft, ist buchstäblich verraten und verkauft.

Das Problem liegt ganz woanders. Kunden wechseln weniger wegen des Preises, sondern aus Mangel an Wertschätzung. In Kapitel 4.1.3 „Personalmarketing" haben Sie gelesen, dass Mitarbeiter auf ein Lob von Ihnen warten. Kunden sind da nicht anders. Auch sie wollen ein Lob in Form einer Wertschätzung. Der Preis einer Versicherungspolice ist wichtig, aber längst nicht das alleinige Entscheidungskriterium. Nur zu 58 Prozent bestimmt er die Zufriedenheit eines Versicherungskunden. Mit 42 Prozent beeinflussen Serviceleistung und Kundenkontakte die Zufriedenheit des Versicherungsnehmers. Das sagt eine Studie[63] des Forschungsunternehmens MSR Consult. Wer nicht will, dass seine Umsätze und damit sein Gewinn verkümmern, der muss sich um seine Kunden kümmern. Dass ich diese Aufforderung im aufgeklärten 21. Jahrhundert an dieser Stelle überhaupt bringen muss, macht nachdenklich. Es zeigt sich nämlich, dass Wunsch und Wirklichkeit extrem auseinanderklaffen. Obwohl jeder Versicherungsberater weiß, dass Kundenbetreuung der Schlüssel zum nachhaltigen Erfolg ist, vernachlässigen nicht wenige ihre Kunden. Nur so kann ich das Ergebnis der Studie[64] *„Was Versicherungskunden wirklich wollen"* von einer der weltweit führenden Managementberatungen, Bain & Company, deuten. Die Grundlage dieser Studie aus dem Jahre 2012 bilden mehr als 2.500 Interviews, die die Beratungsgesellschaft mit privaten Kunden der Versicherungen in Deutschland geführt hat. Neben 18 traditionellen Anbietern zählten dazu auch fünf Direktversicherer. Die Befragten bildeten einen repräsentativen Schnitt der deutschen Bevölkerung, der sämtliche Alters-, Berufs- und Einkommensgruppen erfasst. Das Ergebnis ist eindeutig wie ernüchternd:

„Die Zahl der unzufriedenen Kunden überwiegt!"

Die von Bain & Company über alle Versicherungen hinweg erhobene Net Promoter® Score (NPS) zur Messung der Kundenloyalität liegt bei minus acht Prozent. Das bedeutet, dass es deutlich mehr Kritiker als besonders begeisterte und loyale Kunden (sogenannte Promotoren) gibt.

Als einer der Hauptgründe machten die Erheber der Studie fest:

„Viele Kunden fühlen sich allein gelassen und missverstanden."

Wörtlich heißt es in der Studie:

„…nach einem Vertragsabschluss herrscht zum Teil jahrelange Funkstille."

Diese Feststellung ist, wie erwähnt, aus 2012. Mehr als zwanzig Jahre zuvor kam der als Mundpropaganda-Experte bekannt gewordene Jerry Wilson aus den USA zum gleichen Ergebnis. Seinerzeit ging er der Frage nach, aus welchen Gründen Unternehmen Kunden verlieren. Das Ergebnis war eindeutig. 68 Prozent der „verlorenen" Kunden fühlten sich nicht gut aufgehoben. Sie hatten das Gefühl, nicht geachtet zu werden. Deshalb verließen sie das Unternehmen. Bei nur 9 Prozent war der Preis die Ursache für einen Wechsel.

Bain & Company schreibt in der Studie, dass zahlreiche Versicherte die Positionierung und das Leistungsversprechen ihres Anbieters nicht verstehen würden. Darüber hinaus klafft eine zum Teil erhebliche Lücke zwischen den eigentlichen Bedürfnissen der Versicherten und dem tatsächlichen Angebot. Während die Kunden in erster Linie

- Fairness
- individuelle Betreuung und
- empathischen Service bei jeder Interaktion

erwarten, setzen die Anbieter auf Tarife und schlanke Strukturen. Dieser „falsch geeichte Kompass" führt dazu, dass die Erwartungen der Kunden unerfüllt bleiben und in der Folge deren Unzufriedenheit wächst[65]. Als ich von diesem Ergebnis erfuhr, wurde ich nachdenklich. Denn fünf Jahre zuvor lieferte das Management- und IT-Beratungsunternehmen Steria Mummert Consulting AG Zahlen, die das Ergebnis der Studie aus 2012 eindrucksvoll bestätigen. Mit anderen Worten: Es hat sich nichts geändert – trotz Kenntnis der Lage.

Die Autoren der Consulting-Agentur befragten 2007 die Versicherungsgesellschaften, was sie als die wichtigste Herausforderung der nächsten Monate sehen würden. Für 24 Prozent der Befragten standen das Entwickeln von neuen Produkten und Tarifen sowie das Beobachten der Konkurrenz an erster Stelle. Nur acht Prozent, und damit nur jede zwölfte Versicherungsgesellschaft, sah ihre Herausforderung darin, Kunden zu binden und zu betreuen.

Das sehen die Versicherer als Herausforderung:

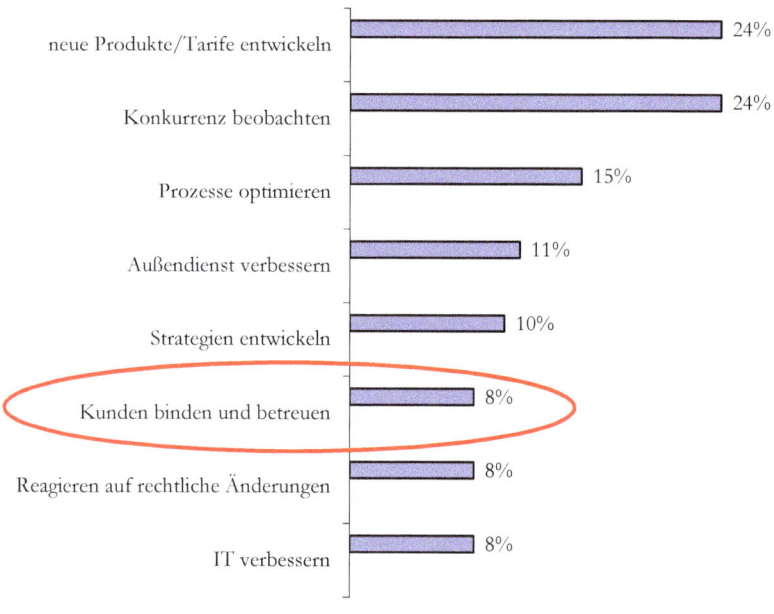

(Quelle: Steria Mummert Consulting)

Für viele Versicherungsgesellschaften ist die Entwicklung neuer Produkte und Tarife wichtiger, als Kunden zu binden und zu betreuen. Eine solche Haltung erschließt sich mir nicht.

Natürlich müssen Tarife und Strukturen sein. Doch an Ihnen ist es, diese in eine „verständliche" Sprache umzusetzen, damit der Kunde versteht, was gemeint ist. Am Ende sucht jeder Kunde seinen Vorteil. Diesen wird er kaum eigenständig aus dem Tarifdschungel herausarbeiten können. Sie müssen es für ihn tun. Dann stimmt die Beziehung zwischen Ihnen beiden.

Die Autoren der Studie aus dem Hause Bain & Company liefern auch gleich den Lösungsansatz zur Überwindung der erwähnten Probleme. Sie schreiben, dass die Versicherungsanbieter wieder lernen müssen, ihre bestehende Kundenbasis zu begeistern. Sie nennen mehrere Erfolgsfaktoren, von denen ich nur die erstgenannte erwähnen möchte, weil sie bestätigt, worum es in diesem Buch geht:

„Klare Positionierung und Emotionalisierung der Marke. "

Hier haben wir den empirischen Beweis, dass Sie als lokaler Versicherungsberater die Fäden in den Händen halten. Sie „als lokale Marke" geben der „weit entfernten Marke" ein Gesicht und damit den Menschen vor Ort ein gutes Gefühl, die richtige Entscheidung getroffen zu haben. Je besser Ihnen das gelingt, desto loyaler sind Ihre Kunden, die so Stammkunden werden. Das wiederum spart Ihnen viel Zeit und Geld. Denn die Neukundenakquise zählt zu den größten Kostentreibern im Kundenmanagement. Prof. Dr. Armin Töpfer von der Technischen Universität in Dresden fand heraus, neue Kunden zu gewinnen ist bis zu 600 Prozent teurer, als vorhandene zu halten.

Begeistern Sie Ihre Kunden, indem Sie immer wieder Ihre Wertschätzung zum Ausdruck bringen. Bieten Sie den Service, den so viele Ihrer Kollegen noch immer nicht bieten. Die Kunden verlangen nach Ihnen und Ihren Dienstleistungen. Das bestätigen auch die Marktforscher von YouGov Psychonomics in ihrer Studie. Die Mehrheit der Befragten hält Leistungen und Service der Assekuranzen für wichtiger als den Preis. Der Aussage:

„Wenn ich das Gefühl habe, bei meiner Versicherung in guten Händen zu sein, ist der Preis für mich zweitrangig",

stimmten mehr als die Hälfte der Versicherungskunden zu. „*Letztlich*", so die Aussage der Forscher, „*suchen die meisten Kunden nicht nach billigen, sondern nach möglichst hochwertigen Versicherungsleistungen zu einem attraktiven Preis.*"

Im Folgenden lesen Sie, wie Sie als Marke diesem Anspruch gerecht werden.

4.2.1 Kundeninformation

Machen wir uns nichts vor: Geschäft geht immer vor! Wenn ein Interessent mit einem Abschluss winkt, muss dieser potentielle Kunde vorrangig bedient werden. Das hat die höchste Priorität. Ich kenne keinen Versicherungsberater, der diesen Abschluss vor sich herschiebt, nur um zunächst bestehende Kunden anzurufen, um sich in Erinnerung zu bringen. Was aber, wenn permanent Kunden mit Abschlüssen „drohen"? Dann könnte genau das passieren, was es eigentlich zu verhindern gilt: Bestehende Kunden, die keinen aktuellen Bedarf haben, werden vernachlässigt. Sie haben schnell das Gefühl, man kümmere sich nicht ausreichend um sie.

Damit genau das nicht passiert, müssen Sie den Kontakt aufrechterhalten. Dazu ist es nicht immer erforderlich, persönlich zum Telefonhörer zu greifen oder vor Ort vorstellig zu werden. Wichtig ist, dass Sie „im Gespräch bleiben". Dazu eignen sich Infobriefe und Kundenjournale. Sie ersetzen nie das „Face to Face-Gespräch", sie können aber die Zeit bis dahin überbrücken, sodass der Kunde das Gefühl hat, es wird sich um ihn gekümmert. Vorausgesetzt, und das ist extrem wichtig, Sie versorgen Ihren Kunden mit Informationen, die für ihn von Nutzen sind. Das Versenden von „gedrucktem Papier" mit ein paar Alibi-Informationen ist nicht nur kontraproduktiv, sondern trägt sogar zur Enttäuschung des Kunden bei. Hat er das Gefühl, dass er mit Allerweltinformationen versorgt wird, die ihn zudem noch nicht einmal ansatzweise interessieren, fühlt er sich „verschaukelt" und nicht richtig verstanden. Gerade das „richtige Verstehen" ist so extrem wichtig, wie eine Umfrage von AchieveGlobal[66] bestätigt. Das Unternehmen befragte mehrere tausend Verbraucher in Asien, Europa und Amerika nach ihren Erfahrungen mit Unternehmen. Neben vielen Antworten stach eine besonders hervor:

> *„In allen untersuchten Ländern betonten die Studienteilnehmer, dass angehört und respektiert zu werden wichtiger ist als die Lösung des eigentlichen Problems."*

Wertschätzung ist eine extrem wichtige Seelennahrung, ohne die der Mensch eingeht wie eine Primel. Deshalb suchen wir nach Anerkennung und erwarten sie natürlich in erster Linie von denen, denen wir unsere Aufmerksamkeit schenken, z. B. als Kunde dem Versicherungsberater.

Lassen Sie mich an einem Beispiel verdeutlichen, wie wir Menschen allesamt „gestrickt" sind. Stellen Sie sich bitte vor, Sie sind zu einer Party geladen. Sie kleiden sich entsprechend, fahren hin und erleben einen ausgelassenen Abend mit weiteren über einhundert geladenen Gästen. Ein paar Tage später erhalten Sie von Ihrem Gastgeber eine E-Mail. In dieser Mail bedankt er sich bei Ihnen und allen anderen für den wunderbaren Abend. Als kleine Aufmerksamkeit sendet er Ihnen ein Foto, auf dem alle an diesem Abend anwesenden Gäste abgelichtet sind. Sie öffnen die Datei und betrachten das Foto. Wohin wandert als Erstes Ihr Blick? Wen werden Sie als Erstes auf dem Foto suchen? Sich selbst! Ihr erster Blick gilt Ihnen. Erst wenn Sie sich gefunden haben, öffnet sich der Blick für alle anderen.

Ob wir wollen oder nicht, wir sind Egoisten – durchaus im positiven Sinne. Wir denken immer erst an uns, danach an die anderen. Diese Kenntnis sollten Sie bei Ihren Kundeninformationen nie aus den Augen verlieren. Versetzen Sie sich zunächst in die Situation Ihrer Kunden und fragen Sie sich, wenn Sie Kunde Ihrer Agentur wären, welche Informationen Sie vom Absender erwarten würden. Im übertragenen Sinne ist es das, was die Indianer sagen: *„Großer Geist, bewahre mich davor, über einen Menschen zu urteilen, ehe ich nicht eine Meile in seinen Mokassins gegangen bin."* Mit anderen Worten: Erst wenn wir in die Schuhe unserer Kunden schlüpfen, erkennen wir ihre Bedürfnisse und Wünsche.

Ihre Antwort liefert Ihnen das Thema, über das Sie Ihre Kunden dann informieren können.

Beispiel eines Kundenbriefes:

Kundenbriefe wie -journale sollten Sie in regelmäßigen Abständen versenden. Ich werde häufig gefragt, in welcher Form diese Informationen am sinnvollsten transportiert werden sollten. Eine Frage, die in diesen Zeiten nicht wirklich überrascht. Angesichts von Internet, E-Mail und Smartphone gehen nicht wenige davon aus, dass diese

„Medien" die einzig effektiven sind, wenn es darum geht, Kunden mit Informationen zu versorgen. Ich kann das nicht bestätigen, weil mir hierzu keine Studien vorliegen. Was ich aber bestätigen kann, ist, dass wir immer seltener in der Lage sind, alle E-Mails zu lesen, die uns da täglich ins Haus flattern. Nach einer repräsentativen Befragung[67] des IT-Branchenverbands Bitkom gehen durchschnittlich 18 Mails pro Tag bei jeder beruflichen E-Mail-Adresse in Deutschland ein. 2011 waren es nur 11 Nachrichten. Dabei ist die Verteilung des Mail-Aufkommens recht unterschiedlich, denn jeder zehnte Berufstätige erhält täglich 40 oder mehr dienstliche Mails. Es erscheint kaum noch vorstellbar, dass jede Mail gelesen wird. Insofern müssen Sie sich die Frage stellen, wie groß die Chance ist, dass Ihr Kundenjournal oder Ihr Infobrief in Form einer E-Mail wirklich gelesen wird. Die Wahrscheinlichkeit, dass sie untergeht, ist groß. Denn wir „Leser" selektieren nach Dringlichkeit. Eine Nachricht, die zeitnah bearbeitet werden muss, erfordert mehr unsere Aufmerksamkeit als eine eingehende E-Mail mit Informationen aus dem Versicherungsbüro. Insofern müssen Sie andere Wege gehen, um Ihre Informationen an den Mann und die Frau zu bringen.

Wie an anderer Stelle schon über die Visitenkarte gesagt, so gilt auch bei Infobriefen wie Kundenjournalen:

Machen Sie Informationen begreifbar!

Mithilfe des gedruckten Papiers geben Sie Ihren Kunden greifbare Informationen. Hier ist weniger mehr. Statt, wie im E-Mail-Marketing üblich, Informationen inflationär einzusetzen, indem im Wochentakt verschickt wird, versenden Sie Ihre gedruckten Informationen in monatlichen oder vierteljährlichen Abständen. Sie müssen dafür zwar Porto und Produktion zahlen, doch zahlt sich dieser Mehraufwand aus. Denn Ihre Kunden bekommen die Informationen „schwarz auf weiß" und nicht virtuell. Sie müssen dazu nicht am Computer sitzen und lesen. Darüber hinaus müssen sie diese Informationen auch nicht ausdrucken. Das spart Tinte, Toner und Zeit. In jedem Fall aber ist Ihr Wissen „beGREIFbar". Weil der Tastsinn einer der wichtigsten ist, werden Ihre Informationen viel besser „abgespeichert". Mit anderen Worten: Ihr Kunde erinnert sich viel öfter an Sie.

Kundenjournal:

Ausgabe Nr.3/2013

WWK Blickpunkt

NEUES VON DER STARKEN GEMEINSCHAFT.

EDITORIAL

Liebe Kundinnen, liebe Kunden,
die Tage werden kürzer, die Temperaturen sinken. Aber auch der Herbst lässt sich in vollen Zügen genießen – zum Beispiel beim Wandern. Mehr dazu lesen Sie in dieser Ausgabe. Kommen Sie gut durch die kalte Jahreszeit – bei Fragen bin ich gerne für Sie da!

R. Hoffmann

Ihr
Ronny Hoffmann

SICHERE FAHRT DURCH DEN WINTER.

Wenn die ersten Fröste knistern, wird auch das Auto stärker strapaziert. Wer ein paar Vorkehrungen trifft, vermeidet gefährliche Schlitterpartien und andere unliebsame Pannen.

AUF PROFIL UND ALTER ACHTEN Winterreifen sind unbedingtes Muss und seit 2010 Pflicht auf deutschen Straßen. Experten empfehlen, mit den Winterreifen von Oktober bis Ostern zu fahren. Denn wegen ihrer speziellen Gummimischung und feinen Lamellen haften sie besser als Sommerreifen. Die Profiltiefe der Pneus sollte mindestens 4 mm betragen. Spätestens nach sechs Jahren ist ein Wechsel angesagt. Daher beim Neukauf unbedingt darauf achten, dass die Reifen noch nicht länger als drei Jahre beim Händler lagern. Das Produktionsjahr lässt sich an den letzten zwei Ziffern der sogenannten DOT-Nummer an der Flanke ablesen. Dort sollten auch das M+S-Zeichen (Matsch und Schnee) sowie eine Schneeflocke nicht fehlen. Und immer alle vier Reifen wechseln!

Sonst gerät der Wagen schneller ins Schleudern.

FROSTSCHUTZ UND BATTERIE Bevor der erste Frost kommt, unbedingt überprüfen, ob genügend Frostschutzmittel im Kühl- und Scheibenwischwasser ist. Minustemperaturen schränken auch die Kapazität der Batterie ein. Deshalb beispielsweise die Heckscheibenheizung bei freier Sicht gleich wieder ausschalten. Wenn der Wagen nur mit Mühe anspringt, ist eine neue Batterie wohl die beste Wahl. Für Notfälle sollten Starterkabel im Kofferraum nicht fehlen.

EISFREIE SCHLÖSSER Wer bei klirrender Kälte nicht vor verschlossenen Autotüren stehen will, beugt mit Schließzylinder-Öl dem Einfrieren der Schlösser vor.

Natürlich hilft auch Schlossenteiser. Der sollte dann aber nicht im Handschuhfach liegen! Mit speziellen Mitteln auf Glycerin- oder Silikonbasis werden Türdichtungen bei Frost nicht spröde. Damit die Scheibenwischblätter nicht anfrieren, einfach die Wischarme wegklappen. Oder gleich die Scheibe mit einer Frostschutzmatte abdecken, dann entfällt auch das anstrengende Kratzen.

EISKRATZER, HANDFEGER & CO Zu jeder Winterausrüstung gehören Eiskratzer, Handfeger und, wenn es in die Berge geht, auch Schneeketten. Ein paar warme Decken sind ebenfalls nützliche Mitfahrer, denn immer wieder kommt es während starker Schneefälle zu langen Staus. Trotz aller Vorkehrungen gilt: Vorsichtig fahren!

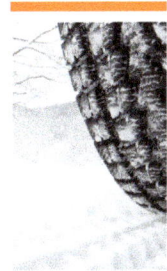

Das „eigene" Kundenbuch

Nicht nur mit einem gedruckten Kundenjournal machen Sie Wissen „beGREIFbar", sondern im Besonderen mit einem gedruckten Buch. Ihr Wissen können Ihre Leser im übertragenen Sinne anfassen (sie nehmen das Buch in ihre Hände). Damit werden viel mehr Sinne aktiviert als beim „Surfen" im Internet. Somit bleibt das Gelesene auch viel länger in den Köpfen der Leser. Damit haben Sie als Autor einen „festen Platz" im Bewusstsein Ihrer Leser bzw. Kunden. Ihr eigenes Buch ist somit die beste Langzeitwerbung mit kaum nachlassender Intensität. Zudem steht ein Buch für Vertrauen, Zuverlässigkeit und Glaubwürdigkeit.

Nun kann nicht jeder ein Fachbuch schreiben. Doch verzichten sollte niemand auf die beste Langzeitwerbung für seine Versicherungsagentur. Auch Sie nicht. Ein Buch, das Ihre Handschrift trägt, lässt Sie an jedem Wettbewerber vorbeiziehen. Ihr Buch vermittelt Kompetenz, weist Sie als Experten aus und sorgt so für nachhaltige Kundenbindung. Wobei der Begriff „Buch" nicht ganz richtig ist. Es sind eher „Booklets", also kleinere Bücher, die auf ein paar Dutzend Seiten komprimiertes Wissen wiedergeben.

Wenn Sie sich als lokaler Versicherungsberater spezialisiert haben, dann veröffentlichen Sie als Herausgeber ein Fachbuch zu diesem Thema. Wann immer der Leser zu „Ihrem Buch" greift, wird er sich an Sie erinnern. Einfach deshalb, weil ein Buch einen nachhaltigen Eindruck hinterlässt. Dadurch steigt die Chance, dass Ihr Kunde bei Bedarf, insbesondere an den Wendepunkten seines Lebens, auf Sie zukommen wird, um sich „sicher" beraten zu lassen.

Natürlich komme ich nicht auf der sprichwörtlichen Brennsuppe dahergeschwommen. Neben den klassischen Werbemöglichkeiten ist inzwischen das E-Mail-Marketing bzw. die Korrespondenz via E-Mail unverzichtbar. Doch so wie nicht nur „Print" ausreicht, um Kunden umfänglich zu betreuen, so reicht „E-Mail" allein ebenfalls nicht aus. Heute entscheidet das Mix der verschiedenen Kommunikationsmöglichkeiten über Hopp oder Top. Es geht nicht um so oder so, sondern um „sowohl als auch". Somit verhält es sich hier, wie es einst der griechische Universalgelehrte Aristoteles (384 – 322 v. Chr.) formulierte: *„Das Ganze ist mehr als die Summe seiner Teile."*

Nach Angaben der europäischen Statistikbehörde Eurostat haben im Juni 2014 rund 78 Prozent der Deutschen die E-Mail als den digitalen Nachfolger des Briefs benutzt.

„Das Leben besteht zu drei Vierteln daraus, sich sehen zu lassen",

sagte der US-amerikanische Regisseur Woody Allen. Ich verstehe darunter auch, dass Sie eben alle Kommunikationskanäle nutzen müssen, die Ihnen in dieser modernen Welt zur Verfügung stehen. So auch die Möglichkeit der Kundenbefragung.

Der deutsche Philosoph Immanuel Kant forderte mit der lateinischen Aufforderung „Sapere aude" (= „Wage es, weise zu sein") im übertragenen Sinne uns Unternehmer auf, den Mut zu haben, weise zu sein. Um weise zu sein, müssen wir unsere Kunden fragen. Wir müssen sie nach ihrer Meinung über unseren Service befragen. Das fällt nicht jedem Versicherungsberater leicht. Zu groß ist die Angst, sich eine negative Bewertung abzuholen. Doch wer sich so verhält, verhält sich wie der Vogel Strauß, der lieber den Kopf in den Sand steckt, als sich der Realität zu stellen. „Weise" werden Sie nur, wenn Sie wissen, wie es um Ihre persönliche Reputation und die Ihrer Versicherungsagentur bestellt ist. Je mehr Informationen Sie darüber haben, desto zielgerichteter können Sie Ihre Kunden bedienen. Genau das erwarten sie von Ihnen. Insofern ist auch eine negative Kritik eine positive. Dass wir sie uns nicht wünschen, steht auf einem anderen Blatt. Doch mit einem negativen Feedback bekommen wir einen Spiegel vorgehalten, der uns zeigt, an welchen Stellen wir noch nachbessern müssen, damit am Ende der Kunde zufrieden ist. Denn merke: *„Wer sich über Kritik aufregt, zeigt, dass sie berechtigt ist."*

Machen Sie es Ihren Kunden so leicht wie möglich, eine Bewertung über Sie und Ihr Team abzugeben, durch vorgefertigte Karten:

Ich möchte wissen, was Sie denken!

Lieber Max Mustermann,

eine gute, kompetente und verständliche Beratung, die genau auf Ihre Lebenssituation und Bedürfnisse eingeht: Das ist das Ziel meiner Arbeit. Denn ich möchte Ihnen zusammen mit der Itzehoer als starker Ansprechpartner zur Seite stehen – und Sie durchs Leben begleiten.

Damit ich meine Arbeit so gut wie möglich machen kann, bin ich auch auf Ihre Beurteilung angewiesen. Denn wenn ich weiß, was ich in Zukunft noch verbessern kann, profitieren Sie als Erstes davon.

Deshalb bitte ich Sie herzlich, sich ein paar Minuten Zeit zu nehmen, um die anhängende Karte auszufüllen und an mich zurückzuschicken oder bei mir abzugeben.

Ich freue mich auf Ihre Antwort und Ihre Bewertung! Natürlich stehe ich Ihnen bei Rückfragen gerne auch telefonisch oder per E-Mail zur Verfügung.

Beste Grüße

Ihre Silvia Langbehn

PS: Wenn Sie die Antwortkarte persönlich bei mir vorbeibringen, erhalten Sie als Dankeschön eine kleine Überraschung!

Silvia Langbehn, Otto-Peschel-Straße 1; 21745 Hemmoor; Tel.: 04771 642610, langbehn@itzehoer-vl.de, www.langbehn.itzehoer-vl.de

Ich freue mich auf Ihre Bewertung!

MEIN ANSPRECHPARTNER IST …						SCHADENFÄLLE WERDEN …					
für mich eine Vertrauensperson.	☐	☐	☐	☐	☐	schnell und termingerecht bearbeitet.	☐	☐	☐	☐	☐
zuverlässig.	☐	☐	☐	☐	☐	reibungslos und unbürokratisch abgewickelt.	☐	☐	☐	☐	☐
kompetent.	☐	☐	☐	☐	☐						
DIE BERATUNG …						**ALLGEMEINE BEWERTUNG**					
ist gut und klar verständlich.	☐	☐	☐	☐	☐	Insgesamt fühle ich mich gut aufgehoben.	☐	☐	☐	☐	☐
berücksichtigt meine persönliche Situation.	☐	☐	☐	☐	☐	Ich würde die Itzehoer weiterempfehlen.	☐	☐	☐	☐	☐
DAS BÜRO …						**ICH HABE FOLGENDE WÜNSCHE/ANREGUNGEN:**					
hat eine angenehme Atmosphäre.	☐	☐	☐	☐	☐						
hat gute Öffnungszeiten.	☐	☐	☐	☐	☐						

(Bei Bedarf können Sie gerne noch ein zusätzliches Blatt für Ihre Anmerkungen verwenden.)

4.2.2 Kunden-Ereignisse

Geburtstag, Hochzeit, Geburt des Familiennachwuchses, Abitur, Berufsstart oder ein Arbeitsjubiläum sind nur einige von vielen persönlichen Ereignissen im Leben von uns Menschen. Sie als lokaler Versicherungsberater verfügen über einen Datensatz, der Ihr Datenschatz ist. Hier sind viele wichtige persönliche Daten Ihrer Kunden hinterlegt. Bei vorausschauender Planung wissen Sie somit um wichtige Termine im Leben Ihrer Mandanten. Nutzen Sie diese Gelegenheiten, indem Sie sich an diesen Tagen zu den Gratulanten zählen.

Je nach Ereignis ist nicht immer das persönliche Erscheinen oder ein Telefonat vonnöten. Da reicht manchmal auch das geschriebene Wort. Dabei geht es nicht so sehr um das Geschriebene, sondern um die Botschaft, die Sie mit diesem Schreiben überbringen: *„Schau*

her, Herr Kunde, ich denke an dich." Die Geste zählt – die kommt an, wie z. B. diese Karte zur Geburt eines Kindes:

Alles Gute für Ihr Baby.

Max Mustermann, Generalagentur Max Mustermann-Langername
Musterstraße 12 · 34567 Musterstadt

Familie
Michaela Mustermann
Richard-Wagner-Straße 1a
23456 Musterort

Ihre Schweizer Versicherung.

Es kann auch ein „Baby-Paket", bestehend aus Karte und Spielzeug, sein. Sie erinnern sich: Machen Sie sich als Marke „beGREIFbar". Mit einem Spielzeug geschieht genau das.

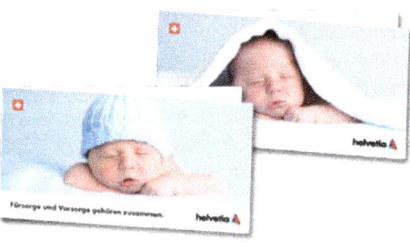

Das Gros der Deutschen hält an der „guten alten Postkarte" fest. Einer Forsa-Umfrage[68] zufolge halten nur 14 Prozent der Deutschen Postkarten in Zeiten von Facebook & Co. für überholt.

Bitte nehmen Sie sich ein wenig Zeit, zumindest für die wichtigsten Kunden Ihrer Agentur. Schreiben Sie die Grußworte handschriftlich auf eine Postkarte oder einen Briefbogen. Eine Geste, die „ins Auge sticht", angesichts von Karten mit eingedrucktem Standardtext aus dem Computer. Bitte nicht missverstehen, denn auch hier gilt: „The last, but not the least", denn an die „weniger wichtigen" Kunden versenden Sie Glückwunschkarten dem Anlass entsprechend, mit schönen Motiven und gedrucktem Text sowie Unterschrift.

Ob ein paar wenige handgeschriebene Sätze oder wunderschöne Motive, mit diesen Aktionen geben Sie Ihrem Gruß eine ganz persönliche Note. Ihre Kunden deuten Ihre Geste als besondere Wertschätzung. Diese „Kundeneinschätzung" ist von langer Dauer.

Es müssen nicht immer die bekannten Anlässe sein, die Sie zu Papier und Tinte greifen lassen. Es gibt viele interessante Anlässe, die weniger in unseren Köpfen sind. Nehmen Sie diese zum Anlass und überraschen Sie so Ihre Kunden durch eine besondere Form der Aufmerksamkeit. Ich denke hier z. B. an Namenstage. Wie an anderer Stelle beschrieben, hören wir Menschen nichts lieber als unseren eigenen Vornamen. Im Internet finden Sie alle Informationen über die Namensherkunft, sodass es für Sie ein Leichtes ist, Ihren Kunden mit Wissenswertem über seinen Vornamen zu versorgen. Über den Vornamen »Thomas« könnten Sie diese Informationen zusammenfassen (auch ich habe sie aus mehreren Quellen zusammengetragen):

> *„Thomas ist ein männlicher Vorname und bedeutet »Zwilling«. Seine Herkunft geht auf die Bibel zurück. Zwischen 1954 und 1971 gehörte dieser Name in Deutschland zu den häufigsten Vornamen und nahm von 1955 bis 1956 oftmals den Spitzenplatz ein. Michael und Andreas schafften es hin und wieder, Thomas auf den zweiten Platz zu*

verdrängen. Thomas ist bisher auch international populär. Seit einiger Zeit steht er in vielen Ländern dieser Welt wieder in den Hitlisten der beliebtesten Vornamen."

Von seinem Vornamen gibt es mehrere Varianten: Tom; Tomasz (polnisch); Tommaso (italienisch); Thömmes (rheinisch).

Der älteste der zahlreichen Heiligen namens Thomas ist als großer Skeptiker in die Kirchengeschichte eingegangen. Der Apostel Thomas wollte angeblich nicht glauben, was er nicht mit eigenen Augen sehen und mit Händen greifen konnte. Den Mitaposteln glaubte er die Erscheinung des Auferstandenen erst, nachdem er seinen Meister und Herrn tatsächlich gesehen und seine Wundmale berührt hatte. Die Überlieferung besagt, dass er in Indien den Märtyrertod gestorben ist. Sein Fest wird am 21. Dezember gefeiert.

Prominente mit dem Namen Thomas:

Thomas Mann (Schriftsteller)
Thomas Alva Edison (Erfinder u. a. der Glühbirne und Gründer von GE General Electric)
Thomas Anders (Modern Talking)
Thomas Cook (Tourismus -Pioneer)
Thomas Gottschalk (Entertainer)
Thomas Jefferson (3. US-Präsident)

Nur beispielhaft hier einige Daten zu den Namenstagen: 1. Januar: Maria; 7. Januar: Reinhold; 2. Februar: Bodo; 21. März: Christian.

Keine Sorge, Ihnen gehen die Namenstage nicht aus. Kaum ein Tag hat nur einen Namen, die meisten drei oder vier. So ist z. B. der 26. Februar der Namenstag von Gerlinde, Ottokar, Edigna, Denis und Mechthild.

4.2.3 Saisonale Ereignisse

Weihnachten, Neujahr, Nikolaus, Ostern oder Karneval, diese saisonalen Ereignisse sind ideale Anlässe, sich bei seinen „treuen Kunden" ein weiteres Mal in „gute" Erinnerung zu bringen. Entweder durch eine Zeitungsanzeige oder Ähnliches:

Trotz Selfie, WhatsApp und Facebook verschicken einer Studie[69] zufolge 73 Prozent der Deutschen persönlich verfasste Karten zu Weihnachten. Dabei greift jeder Zweite zu einer neutralen Karte und unterschreibt:

Silvia Langbehn
wünscht frohe Weihnachten!

Itzehoer
Versicherungen

Versehen Sie solche Karten mit einer handschriftlichen Botschaft Ihrerseits. Das hinterlässt im wahrsten Sinne des Wortes nachhaltigen Eindruck.

> In einer Studie[70] gaben 86 Prozent der Befragten an, dass sie sich ganz besonders über persönliche Weihnachtspost freuen.

Daraus folgt: Wer eine schöne Weihnachtsgrußkarte wählt und sie mit einem persönlichen wie handschriftlichen Gruß verfasst, trifft auf die Sympathie seines Kunden.

Weihnachtskarte:

Liebe Kundin, lieber Kunde,

wir wünschen Ihnen und Ihren Lieben ein schönes, besinnliches Weihnachtsfest. Genießen Sie die Festtage und kommen Sie gesund und glücklich ins neue Jahr!

Herzliche Grüße,

Silvia Langbehn & Team

Vertrauensfrau
Silvia Langbehn
Otto-Peschel-Straße 1
21745 Hemmoor
Tel. 04771 642610
langbehn@itzehoer-vl.de

Herrn
Max Mustermann
Musterstraße 1
12345 Musterstadt

Dabei müssen Sie sich beim Schreiben gar nicht über Gebühr anstrengen. Viel wichtiger als das geschriebene Wort ist die Geste. Je persönlicher Sie jemanden kennen, desto emotionaler dürfen Sie schreiben. Bedanken Sie sich für die gute Zusammenarbeit im zurückliegenden Jahr. Wünschen Sie Ihren Kunden und seinen Angehörigen eine gute Zeit (nicht nur aufs Jahr begrenzt) und Gesundheit.

4.2.4 Geschenke

„Kleine Geschenke erhalten die Freundschaft", lehrt eine Redensart, die ich wie folgt ergänze: *„und sorgen für Aufmerksamkeit."* Auch wenn Sie aus gutem Grund auf Ihren Erfolg stolz sein dürfen, so dürfen Sie dabei nie vergessen, dass Ihr Erfolg auch immer von anderen Menschen abhängt. Gäbe es ihn nicht, den Versicherungskunden, der bereit ist, Ihr Angebot anzunehmen, gäbe es auch nicht Ihren Erfolg. Ohne einen funktionierenden Markt könnten Sie kein einziges Produkt verkaufen. Seien Sie also dankbar für die Umstände, die Ihnen dieses Leben schenkt, damit Sie heute so erfolgreich sein dürfen. Geben Sie von dem, was Sie erhalten haben, auch immer wieder ein Stück ab an die Gesellschaft. So wie es alle Generationen vor Ihnen auch schon getan haben.

Die bekannteste Form dieses Gebens ist der „Zehnte". Diese Regel besagt, dass Sie von allem, was Sie einnehmen, regelmäßig den zehnten Teil einem guten Zweck zuführen. Der Gedanke des Zehnten findet sich in allen großen Kulturen wieder, wie z. B. bei den Phöniziern und Karthagern, Griechen und Römern, Babyloniern und Persern. Sir Winston Churchill sagte: *„Für unseren Lebensunterhalt ist wichtig, was wir verdienen. Für unseren Lebensinhalt, was wir geben."*

Bedanken Sie sich bei Ihren Kunden für ihr Vertrauen. Selbst wenn Sie die beste Leistung bieten, ist es noch immer nicht selbstverständlich, dass bei Ihnen der Vertrag geschlossen wird. Ihr Erfolg ist nicht nur ein Ergebnis Ihrer Fähigkeiten und Aktivitäten, sondern auch ein Zusammenspiel der Umstände. Umstände, die das Leben oder das Schicksal – so wie Sie es nennen wollen – bestimmen, auf die kein Mensch Einfluss nimmt. Genau deshalb sollten Sie Ihren Erfolg nie als etwas Selbstverständliches ansehen. Sie haben Erfolg, weil sich alles wie ein Puzzle zur richtigen Zeit, am richtigen Ort und mit den richtigen Beteiligten zusammengeführt hat. Dafür sollten Sie dankbar sein.

Dankbarkeit ist die höchste Form geistiger Vollendung. Sie bedanken sich zu jeder Gelegenheit, auch gegenüber Ihrem Leben. Danke sagen, Dankbarkeit empfinden, das fällt leider noch vielen Menschen besonders schwer. Zu oft verbinden sie es mit Zwang aus Kindertagen („Sag danke!", „Du solltest dankbar sein!", „Ist das der Dank für all meine Mühen?") und überflüssigen Floskeln. Darum aber geht es nicht. Sie dürfen weder aufrechnen noch vergleichen im Leben. Jeder hat sein sprichwörtliches Päckchen zu tragen. Niemand kann sich seinem Schicksal entziehen, aber er kann damit anders umgehen, und genau darum geht es. Inzwischen ist diese These empirisch belegt. Die amerikanischen Forscher Robert A. Emmons[71] und Michael E. McCullough behaupten: *„Wer Dankbarkeit empfindet und äußert, ist glücklicher. Dankbare Menschen berichten seltener über körperliche Beschwerden. Sie sind optimistischer, enthusiastischer, entschlossener."*

Also bedanken Sie sich bei Ihren Kunden, dass sie Ihre Kunden sind. Einfach so und in Momenten, in denen Ihr Kunde am allerwenigsten damit rechnet. Zu bestimmten Ereignissen etwas verschenken, das kann jeder. Aber außerhalb von Jubiläen, Erfolgen und Verdiensten ein Geschenk zu machen ist die hohe Kunst der Kundenbindung. Wobei Sie dabei nicht einfach mit der Tür ins Haus fallen dürfen. Ihr Geschenk muss schon einen Bezug zur Situation haben. Einen Kunden, der vor einiger Zeit bei Ihnen eine Lebensversicherung abgeschlossen hat, könnten Sie z. B. mit einem Bonsai-Baum überraschen. Das japanische Wort „Bonsai" (zu Deutsch: Anpflanzung in der Schale) geht zurück auf den chinesischen Begriff penzai[72]. So wurde ein Aspekt der Kunstform der penjin genannt. Nach altem chinesischen Verständnis ist Penjin die Kunst, eine Harmonie zwischen den Naturelementen, der belebten Natur und dem Menschen in miniaturisierter Form darzustellen. Die belebte Natur wird hierbei meist durch einen Baum dargestellt. Somit steht ein Baum für Leben und damit für eine Lebensversicherung. Steht dieser Bonsai auf dem Küchentisch Ihres Kunden, wird er sich gerne an Sie und Ihre Geste erinnern.

Haben Sie einem Kunden eine Baufinanzierung vermittelt, könnten Sie ihm zum Einzug einen „echten" Baum schenken – so er über einen eigenen Garten verfügt. Nicht nur in Anspielung an Martin Luther, der einst sagte: *„Auch wenn ich wüsste, dass morgen die Welt zugrunde* *geht, würde ich heute noch einen Apfelbaum pflanzen.* "Es könnte ja der erste Baum sein, den Ihr Kunde dank Ihres Geschenkes in seinen neuen Garten pflanzt. In wenigen Jahren trägt dieser Baum Früchte, so wie Ihr Engagement, und dann wird Ihr Kunde sich mit jedem Apfelbiss an Sie erinnern. Mit Verlaub: Sie sind mir vielleicht eine Marke. Eine Marke, die sich durch solche Geschenke immer wieder in gute Erinnerung bringt.

Die Liste von „Dankbarkeitsgeschenken" ließe sich unendlich fortführen. Aber auch so wird deutlich, dass Kreativität gefragt ist, die in Abhängigkeit zu Ihrer Kundenklientel steht.

Doch Vorsicht ist geboten. Bewegen Sie sich bitte nur in einem preislich überschaubaren Rahmen. Denn teure Geschenke kommen weniger gut an. Studien[73] belegen, dass Geschenke jenseits der 20 EUR nur mit Bauchschmerzen vom Beschenkten angenommen werden, insbesondere bei geschäftlichen Kontakten. In einer Studie sagte nur ein Viertel der Befragten, dass auch teure Geschenke willkommen sind und bedenkenlos angenommen werden. Mehr als die Hälfte hält solche Gaben jedoch für unpassend. Im schlimmsten Fall passiert das, was einst Elvis besungen hat: „Return to sender". Die Beschenkten verweigern die Annahme eines Geschenkes und senden es an den Adressaten zurück. Im Fußball würde man hier von einem Eigentor sprechen.

Wer den Beschenkten beeindrucken will und nachhaltig positiv in Erinnerung bleiben will, darf hier nicht zu tief in die Tasche greifen. Das müssen Sie auch nicht. Bedienen Sie sich Ihrer Kreativität und Sie punkten. Zudem sind sich Experten sicher, dass es viel besser ist, Zeit in die Pflege der Kunden zu investieren als über überproportionale Geschenke nachzudenken.

Übrigens: Auch wenn wir uns freuen, ein Geschenk auspacken zu dürfen, mich eingeschlossen, so gibt es Zeiten, in denen wir bereit sein sollten, auf Geschenke zu verzichten, um anderen den Vortritt zu lassen. Es gibt in der Welt so viele Menschen, denen es so schlecht geht, dass sie dringend auf Hilfe angewiesen sind. So könnten Sie z. B. einen Betrag ausloben, den Sie als zweckgebundene Spende bedürftigen Menschen zukommen lassen. Diese Entscheidung teilen Sie Ihren Kunden in einer Weihnachtskarte mit einem ansprechenden Motiv mit. Ich bin mir sicher, diese werden Ihren Schritt begrüßen.

4.3 Lokale Bekanntheit

„Nicht, dass man dich nicht kennt, sei deine Sorge.
Sorge dafür, dass du des Kennens wert bist."

Konfuzius (551-479)
Chinesischer Philosoph

Kontakte bringen Kontrakte (lat. für Verträge). So einfach und doch so schwierig. Jeder Versicherungsberater wünscht sich ausreichend Kontakte, damit er Kontrakte eingehen kann. Doch fliegen ihm diese Kontakte nicht so einfach zu, solange er sich nicht eindeutig als lokaler Versicherungspartner positioniert hat. Kontakte ergeben sich für den, der sich, wie mehrfach erwähnt, klar positioniert und so als Marke einen Namen hat. Das ist der Weg, um sich aus der Masse der Anbieter hervorzuheben und von einem breiten Publikum wahrgenommen zu werden.

Nach Angaben von Stiftung Warentest gibt es in Deutschland etwa doppelt so viele Versicherungsvertreter wie niedergelassene Ärzte. Im Vermittlerregister des Deutschen Industrie- und Handelskammertages (DIHK) sind rund 247.000 Versicherungsvermittler eingetragen[74]. Mit anderen Worten: Sie als Versicherungsberater arbeiten in einem heiß umkämpften Markt mit einer sehr hohen Dichte an Wettbewerbern. Das darf Sie nicht davon abhalten, neue Kunden zu gewinnen. Doch ist der Weg zu neuen Vertragsabschlüssen häufig mit sehr vielen Stolpersteinen gepflastert, sodass es primär darauf ankommt, Wege zu gehen, die weniger Fallen bereithalten.

Um im Wettbewerb bestehen zu können, ist eine eindeutige Positionierung unabdingbar. Aus meiner Sicht ist das der Dreh- und Angelpunkt für Ihren beruflichen Erfolg. Ich höre häufig von Versicherungsberatern, dass sie an ihrem Talent als Berater arbeiten, indem sie sich in Rhetorik und Kommunikation üben. Sie lernen alles über Akquise, feilen an der richtigen Verhandlungstechnik und trainieren die richtige Einwandbehandlung. Das alles ist so falsch nicht. Doch worüber will ein Versicherungsberater verhandeln, wenn er keine Kunden hat? Oder wenn er einen Kunden hat, für den er nur einer von vielen Anbietern ist, weil es ihm an Profil fehlt. Dann bleibt doch nur der Verkauf über den Preis, und was das für eine Agentur und eine dauerhafte Kundenbindung bedeutet, ist hinlänglich bekannt.

Verhandeln können Sie nur, wenn Sie zum einen Gesprächspartner haben und zum anderen potenzielle Kunden, die um Ihre Dienstleistung wissen und sie schätzen. Damit Letzteres gelingt, müssen Sie aus der Masse der Anbieter deutlich heraustreten. Deshalb arbeitet ein guter Versicherungsberater zunächst an seiner Positionierung in Verbindung mit dem Aufbau (s)einer Marke. Danach kümmert er sich um die vertrieblichen Herausforderungen. Das alles stärkt die Positionierung, die Sie zur lokalen Marke „reifen" lässt.

Diesen Weg gehen Unternehmer anderer Branchen auch, weil sie wissen, dass es immer auf das lokale Umfeld ankommt. So sagt z. B. in einem Interview[75] der Gründer und geschäftsführende Gesellschafter der Semcoglas Holding GmbH, der ein Unternehmen mit 20 Standorten mit 1.500 MitarbeiterInnen führt und auf die Herstellung von Glas spezialisiert ist, Folgendes:

„Die regionale Verantwortung ist wichtig, schließlich kennen unsere Mitarbeiter vor Ort ihre Kunden am besten. Auf diese Weise gelingt es uns, immer die passende Lösung zu finden. "

Hier zeigt sich, dass es in Sachen „lokale Marke" keinen Unterschied macht, um welche Branche es sich handelt. Entscheidend ist die Präsenz vor Ort. Hier wird die passende Lösung gefunden und selten in einer Konzernzentrale. Diese kann wichtige Akzente setzen und mit Produktideen aufwarten, doch am Ende entscheidet der lokale Kunde.

4.3.1 Imagewerbung

„Guten Tag, Herr Kunde. Ich wollte mich mal bei Ihnen als Ihr neuer An-sprechpartner für alle Versicherungsangelegenheiten vorstellen und fragen, ob Sie derzeit Bedarf an einer Beratung haben." Es braucht nicht viel Fantasie, um sich die Antwort des Kunden bei dieser geschlossenen Frage vorzustellen. Er wird mit an Sicherheit grenzender Wahrscheinlich-keit mit einem klaren „NEIN" antworten. Damit hat sich der Versi-cherungsberater möglicherweise längerfristig um neue Abschlüsse gebracht. Dabei geht es weniger um die „richtig" gestellte Frage, sondern mehr um die Person, die diese Frage stellt. *„Dass wir mitei-nander reden können, macht uns zu Menschen"*, stellte der deutsche Philo-soph Karl Jaspers (1883-1969) fest. Menschen reden gern und viel, insbesondere dann, wenn sie die Chance haben, mit einer Persön-lichkeit zu sprechen. Das kann eine lokale oder aber eine Person des öffentlichen Lebens sein. Deshalb besetzen die TV-Sender ihre Cha-rity-Shows, in denen via Telefon Spenden für verschiedene Projekte eingesammelt werden, mit Prominenten. Säßen hier „Leute von der Straße", dürfte die Zahl der Anrufer deutlich geringer ausfallen und damit auch die Spendensumme. Die Spender wollen persönlich mit einer der bekannten Persönlichkeiten sprechen. Das lässt sie spontan zum Telefonhörer greifen. Wer kann später schon von sich sagen, persönlich mit Thomas Gottschalk gesprochen zu haben?

Ob Thomas Gottschalk oder jeder andere Prominente, ihnen allen ist gemeinsam, dass sie sich als Marke aufgebaut haben. Am Anfang waren sie „Nobodys", die froh waren, überhaupt ein Engagement zu erhalten. Viele der bekannten Zeitgenossen haben zudem vorher in weniger spektakulären Berufen gearbeitet. Thomas Gottschalk war Lehrer, Roland Kaiser Maurer, Andy Borg Kfz-Mechaniker und Ste-fan Raab Schlachter. Doch nutzten sie ihr Talent anderweitig, wofür wir sie heute so sehr bewundern. Ihr Weg zum Erfolg war mit Si-cherheit alles andere als leicht. Aber sie haben nie aufgegeben. Des-halb stehen sie heute „ganz oben". Sie haben es geschafft, sich als „Marke" zu positionieren. Das wirkt sich am Ende auch auf den Verdienst aus. Als Thomas Gottschalk 1987 die Sendung „Wetten dass…" übernahm, erhielt er pro Sendung umgerechnet „nur"

12.000 EUR[76]. Später dürfte es um ein Vielfaches je Ausstrahlung mehr gewesen sein.

In ähnlicher Position befinden Sie sich als lokaler Versicherungsberater, der am Beginn seiner Karriere steht. Auch Sie müssen hart an sich als Marke arbeiten. Gewinne wie Rückschläge zu verarbeiten gehört genauso dazu wie die Kundenakquise. Sie werden viel öfter ein NEIN Ihres Kunden hören als ein Ja. Doch jedes Nein verkürzt den Weg zum Ja. Je mehr Sie sich als Marke einen Namen gemacht haben, desto öfter werden Sie ein Ja Ihres Kunden hören. Denn mit Ihrer Bekanntheit nimmt die Bereitschaft ratsuchender Versicherungskunden zu, mit Ihnen und nicht mit der Konkurrenz zu sprechen.

4.3.1.1 Positionierung

Bei der Positionierung geht es darum, ein eigenes auf Sie abgestimmtes Marketingkonzept aufzubauen, damit Sie als lokale Marke wahrgenommen werden. Um dieses herausragende Ziel zu erreichen, müssen Sie sich zum einen Ihrer Stärken wie Schwächen bewusst sein. Zum anderen sind gute Kenntnisse des lokalen Marktes, der die Rahmenbedingungen vorgibt, von größter Wichtigkeit. Sie haben „nur" diesen Markt. Somit haben Sie gar keine andere Wahl, als sich mit diesem Markt auseinanderzusetzen. Dabei entscheidet auch Ihre Sicht der Dinge. Eine gerne erzählte Metapher ist die von den zwei Verkäufern, die von ihrem Verkaufsleiter in die Wüste geschickt werden, um dort Schuhe zu verkaufen. Beide treffen zeitgleich in einem orientalischen Dorf ein und stellen fest, dass die Einwohner allesamt barfuß laufen. Niemand trägt Schuhe. Während der eine Verkäufer resigniert seinen Verkaufsleiter anruft, um ihm mitzuteilen, dass hier kein einziges Paar Schuhe verkauft werden könne, jubiliert der andere. Er bittet den Verkaufsleiter, unbedingt die Produktion zu erhöhen. Er konnte den Dorfbewohnern Sandalen verkaufen, damit sie ihre geschundenen Füße vor Steinen und Geröll besser schützen können. Die Ausgangsbedingungen sind in beiden Fällen dieselben, doch werden sie unterschiedlich bewertet.

Deshalb kann ich Ihnen verbindlich sagen, dass es keine gesättigten Märkte gibt. Der Gründer von Toys ´R´Us, Charles Lazarus, spricht mir aus dem Herzen: „*Solange ich lebe, ist der Markt nicht gesättigt.*" Bei Drucklegung dieses Buches lebt er noch. Es sind Veränderungen, die über ein Unternehmen entscheiden können, nicht das Schicksal an sich. Mutig sich den Veränderungen zu stellen und die richtigen Entscheidungen zu treffen, das ist es, worauf es ankommt. Nicht nur heute, sondern zu allen Zeiten. Bis heute bestätigt sich, was der griechische Philosoph Heraklit von Ephesus vor rund 2.500 Jahren feststellte: „*Panta rhei*" (= alles fließt). Weil alles ständig in Bewegung ist, wird es ihn nie geben, den Tag, an dem alles perfekt ist und Sie nichts mehr tun müssen. Nicht an diesem und jedem weiteren Tag. Das ist eine Illusion. Das Leben ist ein dynamischer Prozess und Sie als Versicherungsberater sind mittendrin – im besten Fall im Kreise

Ihrer Kunden. Erkennen Sie die Chancen, die sich dadurch ergeben, und reduzieren Sie Ihre Bedenken. Sehen Sie keine Probleme, wo es keine gibt. Akzeptieren Sie Veränderungen als Teil des Lebens. Lernen Sie damit umzugehen, dass Kunden gehen, während neue dazukommen. Solange Sie sich selbst treu bleiben, so lange brauchen Sie sich um die Zukunft Ihres Berufsstandes keine Gedanken zu machen. Sie müssen sich nur den Herausforderungen stellen und im besten Fall schon Entwicklungen bzw. Trends vor allen anderen erkennen. Das fordert auch der amerikanische Pionier objektorientierter Programmierung, Alan Kay: *„Erfinde die Zukunft, das ist die sicherste Methode, sie vorauszusagen."*

So gab es z. B. Anfang des 18. Jahrhunderts die ersten Nachfragen nach Hosenträgern. Ende des 18. Jahrhunderts waren sie für Männer ein allgemein übliches „Kleidungsstück". Man(n) trug Hosenträger. Gut möglich, dass auch damals schon Märkte besetzt waren und die Nachfrage zurückging. Das änderte sich mit Beginn des 20. Jahrhunderts. Da gingen die Männer dazu über, Gürtel statt Hosenträger zu tragen. Kluge Verkäufer erkannten den Trend und boten fortan Hosenträger und Gürtel an. Andere glaubten eher an eine kurzfristige Moderscheinung und verpassten so den Anschluss. Und wer den Anschluss verpasst, dessen Geschäft steht häufig vor dem „Absch(l)uss". Hier zeigt sich, dass es extrem wichtig ist, sich täglich den Märkten zu stellen, auch wenn Sie heute nicht wissen, was morgen dabei herauskommt. Mit einem Schmunzeln muss ich an dieser Stelle an den deutschen Physiker Georg Christoph Lichtenberg (1742-1799) denken: *„Es ist nicht gesagt, dass es besser wird, wenn es anders wird. Wenn es aber besser werden soll, muss es anders werden."*

Ihre vornehmliche Aufgabe als lokaler Versicherungsberater ist es, für Ihre End- und Gewerbekunden die passende Risikoabsicherung sicherzustellen. Dabei steht die persönliche Beratung im Vordergrund. Durch diese Analyse erkennen Sie, wie es um die Risikoabsicherung Ihrer Mandanten bestellt ist. So kann es unter Umständen notwendig sein, zu den bereits bestehenden Versicherungen anderer Anbieter weitere hinzuzufügen, um die Risikolücke komplett zu schließen. Darüber hinaus werden Sie auf Kunden treffen, die noch keine Risikovorsorge getroffen haben. Hier bieten Sie die komplette Absicherung aus „einer Hand an". Ihre Beratung ermöglicht so den Verkauf der Policen.

Viele Versicherungsberater haben, wie an anderer Stelle ausgeführt, häufig ein Problem mit dem Begriff „verkaufen". Deshalb wollen nicht wenige ihre Kunden „beraten". Einmal von einer kostenpflichten Honorarberatung abgesehen, bringt die reine Beratung keinen Umsatz, sondern nur der Vertragsabschluss, und der muss meiner Meinung nach verkauft werden.

Entscheidend ist hierzu Ihre Denkhaltung. Wenn Sie verkaufen wollen, den Begriff aber nicht mögen, beraten Sie stattdessen. Bei dieser Einstellung besteht allerdings die Gefahr, dass Sie mehr Beratungs- und weniger Verkaufsgespräche führen. Wollen Sie dagegen weniger beraten, dafür mehr verkaufen, könnte es sein, dass Sie sich zu sehr am Preis orientieren. Mit anderen Worten: Sie drehen sich im Kreis, denn Berater können nicht verkaufen. Verkäufer können aber beraten. Der Idealtypus ist somit der

beratende Verkäufer!

Damit ihm das gelingt, muss er sich neben seiner Positionierung auch den Bedingungen des lokalen Marktes stellen. Hier muss er im übertragenen Sinne die Saat auslegen, damit das Geschäft zu blühen beginnt. Dabei entscheidet die Qualität der Saat über Hopp oder Top. Will ein Bäcker Backwaren von höchster Qualität verkaufen, müssen die pflanzlichen Backzutaten auf gesundem Boden gewachsen sein. Wollen Sie Ihre Kunden mit dem besten Angebot begeistern, dann müssen auch Sie die besten „Zutaten" liefern.

Um im Bilde zu bleiben, sind die wichtigsten Zutaten für eine erfolgreiche „Marken-Positionierung":

- Kernkompetenz beweisen
- persönliche Besonderheit herausstellen
- herausragende Leistungen bieten
- klare Abgrenzung zum Wettbewerb
- verlässliche Geschäftspartner (= renommierte Versicherungsgesellschaften) im Hintergrund

Darüber hinaus müssen Sie sich für eine der beiden Möglichkeiten entscheiden:

- Spezialist
- Generalist

Der Spezialist ist nicht der sprichwörtliche Fachidiot, der seine Kunden mit ZDFs (Zahlen, Daten und Fakten) langweilt. Genauso wenig, wie ein Generalist der „*Alles und nichts-Könner*" ist. Wobei auch ein Generalist ein Spezialist sein kann - je nach Größe seiner Agentur. Womit klar ist, dass es keine „Schwarz oder weiß"-Situation gibt, sondern eine „Sowohl als auch"-Möglichkeit.

Der Generalist ist der lokale Versicherungsberater, der in Sachen Produktangebote ein breiteres Spektrum anbietet als der Spezialist. Dadurch ist er in der Lage, seinen Kunden unterschiedliche Leistungen anzubieten, die natürlich auch nachgefragt werden müssen.

Der Spezialist ist ein Versicherungsberater, der für gewöhnlich ein Versicherungsthema bedient. Jemand also, der sich mit seinem Angebot und dem damit verbundenen Wissen mehr in die Tiefe entwickelt hat und weniger breit aufgestellt ist als der Generalist. Letzterer hat den Vorteil, dass er in der Regel keine Angebote feilbieten muss, die stark erklärungsbedürftig sind. Dadurch kann er schneller auf Kundenanfragen reagieren und Geschäfte zum Abschluss bringen. Er lebt allerdings mit der Gefahr, eher gegen einen Wettbewerber ausgetauscht zu werden als der Spezialist. Dieser hebt sich deutlich von den Leistungen der Wettbewerber ab.

Ob jemand als Generalist oder eher als Spezialist arbeitet, ist auch abhängig von den lokalen Bedingungen. In Städten jenseits von 100.000 Einwohnern ist der Spezialist häufiger anzutreffen als in kleineren Gemeinden. Aber auch hier gilt:

Ob Generalist oder Spezialist – Sie müssen sich
immer bestmöglich positionieren!

Für Ihre Positionierung sind zunächst drei wichtige Fragen zu beantworten:

1. Was ist meine Zielgruppe?

2. Wie unterscheide ich mich von den anderen lokalen Versicherungsberatern?

3. Warum sollte der Kunde mit mir zusammenarbeiten?

Und, können Sie diese Fragen aus dem Stegreif beantworten? Wenn ja, ist das sehr gut, denn für Ihren Erfolg ist es wichtig, dass Sie innerhalb von weniger als einer Minute sagen können, was Sie zu sagen haben. Es ist das Zeichen einer zu einhundert Prozent stimmigen Identifikation mit Ihrem Beruf, Ihren Zielen, Ihren Visionen und Ihrer Leidenschaft. Die Amerikaner haben dafür einen Begriff: „Elevator Pitch". Frei übersetzt steht diese Bezeichnung für „Aufzugspräsentation". Vereinfacht ausgedrückt bedeutet das nichts anderes, als in sehr kurzer Zeit mit ganz wenigen Worten seine wichtigsten Botschaften auszudrücken – ganz im Sinne einer bekannten Redensart: *„In der Kürze liegt die Würze."* Der Begriff geht auf eine Metapher aus Übersee zurück. Je nach Höhe eines amerikanischen Towers dauert die Fahrt mit einem Aufzug für gewöhnlich zwischen 45 und 60 Sekunden. Ergibt sich die Situation, nutzen clevere Angestellte die Aufzugsfahrt dazu, ihren Vorgesetzten ein interessantes Projekt zu präsentieren, und zwar in weniger als 60 Sekunden. Um im Bild zu bleiben: Sie sollten (müssen) in der Lage sein, in weniger als 60 Sekunden Ihre Markenbotschaft überzeugend zu präsentieren, sodass sie von allen verstanden wird. Das gelingt Ihnen am ehesten, wenn Sie zwei Voraussetzungen erfüllen:

1. Sie verhalten sich wie ein Gepard.
2. Sie haben ein USP.

Lassen Sie mich diese beiden etwas fremd wirkenden Anforderungen erläutern.

1. Sie verhalten sich wie ein Gepard

Sicher haben Sie schon einmal einen Gepard gesehen. Vielleicht in einer TV-Tierdokumentation beobachtet, wie dieses Tier Futter für seine Jungen besorgt. Dann haben Sie gesehen, dass der Gepard sich häufig einer riesigen Herde von Gazellen vorsichtig nähert. Hunderte dieser Tiere weiden oder treffen sich an einem Wasserloch. Mit anderen Worten: Das Buffet aus Sicht des Gepards könnte nicht besser bestückt sein. Doch hat er nun die Qual der Wahl. So viele Tiere bedeuten viele Gelegenheiten, eine Menge an Möglichkeiten und schier unendliche Chancen. Wenn Sie nun genau hinschauen, werden Sie sehen, dass sich der Gepard nicht wie ein gewöhnliches Jagdtier verhält. Er rennt nicht einfach blindlings in die Herde, um sich dann irgendein Tier zu greifen. Das Gegenteil ist der Fall. Er konzentriert sich auf ein einziges Tier. Dazu zieht er sich zunächst zurück, um aus sicherer Entfernung das bunte Treiben innerhalb der Herde zu beobachten. Diese Beobachtung dient nur einem Zweck: exakt das Tier zu finden, das er heute erlegen möchte. Dieses eine Tier und kein anderes. Hat er sein Opfer entdeckt, sprintet er los, und zwar gewaltig. Der Gepard ist das schnellste Landtier der Welt. Die geschmeidig gebaute Großkatze erreicht beim Jagen ein Tempo von 100 Stundenkilometern und braucht dafür gerade einmal drei Sekunden.

Nun jagt die Katze mit Höchstgeschwindigkeit dieser einen Gazelle hinterher. So schnell, dass unser menschliches Auge Probleme hat zu folgen. Würden wir uns das Geschehen in Zeitlupe anschauen, würden wir er-

kennen, dass der Gepard bei der Jagd nach dieser einen Gazelle an vielen anderen Gazellen vorbei rennt, teilweise extrem nahe, so dass es für ihn ein Leichtes wäre, das anvisierte Tier laufen zu lassen, um das nächstbeste zu schnappen. Er ignoriert sie alle. Die Katze ist ganz auf ihr Ziel fixiert. So sehr, dass keine andere Gelegenheit, so reizvoll sie auch sein mag, sie ablenken kann.

Der Gepard ist klug genug zu wissen, dass er den ganzen Tag vergeblich auf Jagd sein wird, wenn er eine Gazelle laufen lässt, um einer anderen hinterher zu rennen. Für seinen Nachwuchs wäre das ein echtes Problem. Er würde im schlimmsten Fall verhungern. Der Gepard lehrt uns, wie wichtig es ist, sich immer nur auf ein Ziel zu konzentrieren und daran festzuhalten, gleichgültig, was auch kommen mag. Sich nicht von anderen Gelegenheiten ablenken zu lassen, sondern den Fokus auf das einmal festgelegte Ziel zu richten. Ihr Ziel ist es, sich als lokale Marke zu positionieren. Also verfolgen Sie es mit der gleichen Intensität wie ein Gepard.

2. Sie haben ein USP

Wirklich abheben werden Sie sich von Ihren Mitbewerbern nur durch ein USP, ein Akronym, das sich aus den englischen Begriffen „unique, selling, proposition" zusammensetzt. Frei übersetzt ins Deutsche steht es für „*Alleinstellungsmerkmal*". Haben Sie ein solches? Wenn ja, welches? Erfolgreiche Marken-Unternehmen fragen sich jeden Tag:

„Welchen Vorteil hat mein Kunde, wenn er mein Angebot annimmt?"

Diese Frage ist extrem wichtig und Sie sollten darauf eine Antwort haben. Fragen Sie sich, was Ihre Stärke als lokaler Versicherungsberater ist. Fragen Sie sich dann, ob Ihre Kunden wissen, wo Ihre Stärken liegen. Was für Sie selbstverständlich ist, ist es häufig für andere nicht. Deshalb gilt auch hier die Frage: „Welche Herausforderungen, Probleme, Sorgen und Engpässe haben meine Kunden, die ich aufgrund meiner Fähigkeiten und Stärken beseitigen könnte?"

Wenn Sie Ihre Stärken kennen, dann werden Sie folgende Fragen häufig mit einem klaren „Ja" beantworten (müssen):

- Sind Sie Lösungsdenker und weniger Bedenkenträger?
- Können Sie Ziele formulieren und erreichen?
- Erkennen Sie Chancen vor allen anderen?
- Sind Sie gern unter Menschen?
- Lieben Sie das Gespräch mit Menschen mehr als die Arbeit hinter dem Schreibtisch?
- Kennen Sie die Schwächen Ihrer Mitbewerber?
- Sind Sie bereit, Risiken einzugehen?
- Können Sie Ihre Vorteile gegenüber dem Wettbewerb überzeugend vortragen?
- Können Sie mit Stress umgehen?
- Bereiten Ihnen Probleme keine schlaflosen Nächte?
- Können Sie vorbehaltlos auf Kunden zugehen?
- Können Sie an jedem Ort und zu jeder Zeit fremde Menschen ansprechen?
- Können Sie auch ohne Bestandskunden ein Geschäft aufbauen?
- Können Sie vor einer Gruppe von Menschen sprechen?

- Sind Sie kreativ?
- Vertreten Sie Ihre Meinung auch gegen den Mainstream?
- Können Sie konstruktiv mit Kritik/Beschwerden umgehen?
- Können Sie sich in Vertragsverhandlungen mit Ihrem Produktpartner gut verkaufen?
- Können Sie mit Fehlern umgehen?

Je öfter Sie auf diese Fragen mit einem „Ja" geantwortet haben, desto erfolgreicher sind Sie im Umgang mit Kunden und Interessenten. Bleiben Sie sich an dieser Stelle treu, indem Sie Ihre Schwächen reduzieren und Ihre Stärken pflegen und ausbauen. Letzteres ist möglich, wenn Sie sich auch weiterhin ständig weiterbilden. So lange, bis alle Finger gleich lang sind. Wissen Sie, wann das der Fall ist? Nun, falten Sie bitte einmal Ihre Hände. Sie werden sehen, dass in diesem Zustand alle Finger gleich lang sind. Wann aber falten Sie, abgesehen vom Gebet, die Hände? Im Tod! Somit ist klar: Wir Menschen lernen so lange, bis uns der Tod erlöst.

Lernen Sie auch von Ihren Wettbewerbern. Richtig beobachtet sind sie echte „Entwicklungshelfer". Sie helfen Ihnen, sich noch besser zu entwickeln. So gut, dass Sie die Konkurrenz hinter sich lassen. Das gelingt allerdings nur, wenn Sie sich nicht nach unten orientieren, sondern immer nach oben. Schauen Sie zu den Wettbewerbern auf, die dort sind, wo Sie noch hinwollen. Von der Konkurrenz, die Sie bereits überholt haben, können Sie nichts mehr lernen. Denen sind Sie zum Vorbild geworden. Nun brauchen Sie neue Vorbilder, denn, Sie erinnern sich, „Panta Rhei" (= alles fließt; siehe hierzu meine Einlassungen am Anfang dieses Kapitels).

„Vorbilder helfen uns, eine Lebenslinie zu finden, nämlich das zu tun, wozu wir am besten in der Lage sind", sagt Biopsychologe Prof. Dr. Peter Walschburger von der Freien Universität Berlin[77]. Einer Studie[78] zufolge haben rund 80 Prozent der befragten Führungskräfte in ihrem Leben ein Vorbild. Die Studie ging zum einen der Frage nach, wel-

che Bedeutung Vorbilder heute haben. Zum anderen wurde untersucht, ob sich Unterschiede zwischen Frauen und Männern feststellen lassen. Letzteres konnte verneint werden. Bezüglich der wünschenswerten Charaktereigenschaften unterscheiden sich die Vorbilder männlicher und weiblicher Führungskräfte kaum.

Über folgende Charaktereigenschaften sollten Vorbilder verfügen:

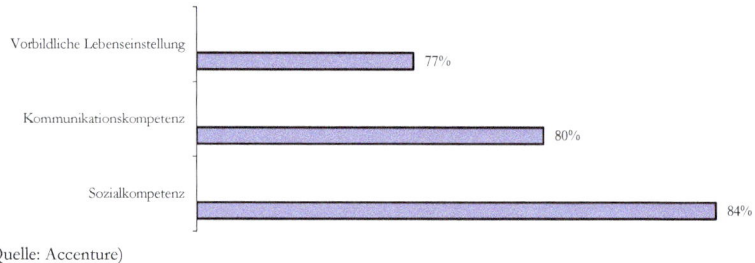

(Quelle: Accenture)

Dazu heißt es in der zitierten Studie weiter:

> *„Eben möglichst viel von allem. Ein Vorbild als jemand, von dem man sowohl persönliche Integrität als auch Professionalität erwartet und der schon heute die Schuhe trägt, die einem selbst noch einige Nummern zu groß sind."*

Dabei geht es um Nachhaltigkeit. Mit kurzlebigen Idolen wie Society-Größen können die Befragten wenig anfangen. *„Was wir als Vorbilder brauchen, sind Fixsterne statt Sternschnuppen"*, heißt es in der Studie weiter, denn im Zuge der Globalisierung und Individualisierung mag sich die Gesellschaft auch permanent wandeln, doch *„Werte überdauern Moden."*

Ich habe keine Ahnung, an welchem Wendepunkt Ihres Lebens Sie zu diesem Buch gegriffen haben. Der eine steht vor der Entscheidung, ob er den Beruf des Versicherungsberaters wählen soll. Der andere ist schon seit Jahren in dieser Funktion tätig, während der Nächste nicht weiß, was er wissen soll. Deshalb habe ich diesen Ratgeber so breit und umfänglich aufgestellt, damit möglichst alle Fragen aus unterschiedlichen Positionen heraus beantwortet werden. Deshalb muss ich auch die Frage beantworten, welche Versicherungsgesellschaft Sie als Ihren Partner an Ihrer Seite wählen sollten, wenn Sie bis heute diesbezüglich noch keine Entscheidung getroffen haben. Bevor ich mich hierzu detailliert äußere, möchte ich vorab sagen, dass es wichtig ist, seinem Gefühl zu folgen. Der Name einer Versicherungsgesellschaft löst Unterschiedliches in uns aus. Je besser Sie sich bei einem Namen fühlen, desto sicherer ist es, dass es sich hier um einen Partner handelt, mit dem Sie Ihre Ziele am ehesten erreichen. Wobei klar gesagt werden muss, dass es keine Garantien im Leben gibt. Insofern kann man sich nur auf Basis des Augenblicks entscheiden. Deshalb können die folgenden Ausführungen auch nur als „Wegweiser" und weniger als „Gesetz" gesehen werden bzw. so möchte ich sie auch verstanden wissen.

Auswahlkriterien:

- Wie bekannt ist die Gesellschaft?
- Wie ist es um die Reputation bestellt?
- Wie breit ist die Gesellschaft aufgestellt?
- Welche Sparten werden von der Gesellschaft abgedeckt?
- Wo liegt der Schwerpunkt des Produktangebotes?
- Welches Ranking nimmt die Gesellschaft ein?
- Wie wird in der Presse über das Unternehmen berichtet?
- Wie sieht die Unternehmenspolitik aus?
- Welche Produkte werden angeboten?
- Sind Ihre Vorstellungen und die der Gesellschaft kompatibel?
- Wie viele Versicherungsberater sind deutschlandweit für die Gesellschaft tätig?
- Wo findet sich der nächste „Kollege"?
- Wie sieht die Provisionierung aus?
- Gibt es einen Bestand, der übernommen werden kann?

- Wie ist dieser Bestand bestückt?
- Wie sehen die Weiterbildungsangebote aus?
- Wie ist es um die Betreuung bestellt?
- Wie sieht die vertriebliche Unterstützung vor Ort aus?
- Wie unterstützt der Innendienst den Außendienst?
- Welche Ziele verfolgt das Unternehmen kurz-, mittel- und langfristig?
- Wer sind die persönlichen Ansprechpartner?
- Wie hoch ist die Mitarbeiterfluktuation?
- Wie sind die Geschäftszeiten?
- Wie ist der Support ausgestattet?

Getreu dem Aschenputtel-Prinzip *„Die Guten ins Töpfchen, die Schlechten ins Kröpfchen"* wird sich der Kreis der für Sie infrage kommenden Gesellschaften deutlich verkleinern, nachdem obige Fragen beantwortet wurden. Am Ende bleibt eine überschaubare Anzahl potentieller „Kandidaten" übrig, die nun von Ihnen noch genauer in Augenschein genommen werden müssen. Um nicht Gefahr zu laufen, sich für eine Gesellschaft zu entscheiden, in der Kollegen bewusst oder unbewusst in Ihrem Bestand wildern, sollten Sie mit diesen Fragen auf das Unternehmen zugehen:

- Wer ist der erfolgreichste Versicherungsberater im näheren Umfeld des ausgeschriebenen Bestandsgebiets?
- Wie sind die „Kollegen" untereinander vernetzt?
- Wie hoch ist das Durchschnittsalter der Kollegen?
- Ist in nächster Zeit mit größeren Veränderungen bei einigen Agenturen zu rechnen?
- Wer ist hier der „Anführer" bzw. Meinungsmacher?
- Gab es in der Vergangenheit Belege dafür, dass sich „Kollegen" nicht an die Vereinbarungen gehalten haben und in fremden Gebieten „gewildert" haben?
- Wie werden Konflikte gelöst?

Sowie diese Fragen zufriedenstellend beantwortet wurden, werden weitere Gesellschaften von Ihnen ausselektiert. Das reduziert den Kreis der für Sie infrage kommenden Versicherungsgesellschaften ein weiteres Mal. Daraus ergeben sich weitere Fragen:

- Wie viele Kunden können übernommen werden?
- Wie sieht die Vertragsdichte bei den Kunden, die Sie übernehmen, aus („Cross-Selling-Quote")?
- Wie setzt sich der Bestand zusammen (Private, Selbstständige, Behörden, etc.)?
- Welche Berufsgruppen sind primär vertreten?
- Wie hat sich der Umsatz in den letzten drei Jahren entwickelt?
- Wie verteilt sich der Umsatz (A-, B- und C-Kunden)
- Wie viele Verträge (in Stück) gibt es?
- Wie hoch ist der Bestand in Euro?
- Wie hoch ist die Fremdvertragsquote?
- Wie zahlen die Kunden?
- Wie hoch ist die Zahlungsstörung?
- Wie hoch ist die Schadenquote?
- Wie hoch ist die Stornoquote?

Von besonderem Interesse ist für Sie die Restlaufzeit bestehender Sachversicherungen. Finanzielle Sicherheit geben Ihnen Verträge mit längeren Restlaufzeiten. Da können Sie durchaus annehmen, dass hier das Geld noch Jahre „fließen wird" – vorausgesetzt, der Kunde fühlt sich bei Ihnen wohl. Mit anderen Worten: Sie verfügen über ein so genanntes passives Einkommen, um das Sie sich temporär weniger kümmern müssen. Interessanter sind für Sie Verträge mit noch kurzen Restlaufzeiten. Das ist eine interessante Möglichkeit, das Gespräch mit dem Kunden zu suchen, um mit ihm über die Weiterführung bzw. Verlängerung des Vertrages zu sprechen. Müßig zu erwähnen, dass Sie aus diesem Gespräch weitere hilfreiche Details von und über Ihren Kunden erfahren. Daran können Sie dann ganz gezielt Ihre Up-Selling-Aktionen ausrichten.

Apropos Kunden. Einmal angenommen, eine gute Fee bringt sich vor Ihrer Agentur in Position. Durch den Zauber ihres Feen-Stabes lässt sie Geld vom Himmel regnen. Für sechzig Sekunden bietet sie Ihnen die Möglichkeit, es aufzufangen. Sobald ein Schein den Erdboden berührt, löst er sich auf. Nur das Geld, welches Sie mit Ihren Händen greifen, bleibt Ihnen erhalten. Sehr schnell stellen Sie fest, dass es alle möglichen Euro-Scheine sind, die da vom Himmel regnen. Vom 5-Euro-Schein bis zum 500-Euro-Schein. Wie erwähnt, haben Sie nur 60 Sekunden Zeit, so viel Geld einzusammeln, wie Sie können. Deshalb werden Sie Ihre gesamten Aktivitäten auf die 200- und 500-Euro-Scheine ausrichten und versuchen, davon so viele wie möglich zu ergattern, während Sie die restlichen „kleineren" Scheine vollends ignorieren. Ein kluger Schachzug von Ihnen, denn so bekommen Sie mit derselben Anstrengung einen viel höheren Betrag.

Genauso verhält es sich mit Ihren Kunden. In Ihrem Bestand werden Sie etliche Hundert haben. Um im Bilde zu bleiben, haben Sie 5-Euro-Kunden, 100-Euro-Kunden und 500-Euro-Kunden. Also Kunden, mit denen Sie so gut wie keine Umsätze fahren, und Kunden, die Ihnen richtig viel Geld einbringen. Konzentrieren Sie sich deshalb verstärkt auf die so genannten A-Kunden (= 500-Euro-Schein) und weniger auf die C-Kunden (5-Euro-Schein-Kunden). Doch bleiben Sie wachsam. Nur weil ein C-Kunde bei Ihnen wenig bis gar keinen Umsatz macht, muss er kein „Kleiner" sein. Sie müssen also beizeiten prüfen, welches Potenzial sich hinter jedem einzelnen Kunden verbirgt. In erster Linie sind es hier Kunden, zu denen Sie noch keinen persönlichen Kontakt hatten.   .

Um es noch einmal deutlich hervorzuheben: Konzentrieren Sie sich bei Ihren Bemühungen zunächst immer auf die A-Kunden. Diese müssen die beste Betreuung von Ihnen erhalten. Sie sind es, die Ihnen den Umsatz bringen. Sorgen Sie dennoch dafür, dass die B- und C-Kunden nicht vernachlässigt werden. Doch halten Sie sich hier mit extremen Bemühungen zurück. Einfach deshalb, weil Sie nicht aus allen C-Kunden A-Kunden machen können. Das liegt in der Natur der Sache.

Erfolgreiche Verkäufer handeln nach dem „Pareto-Prinzip". Der italienische Soziologe Marquis Vilfredo Pareto (1848-1923) fand 1897 heraus, dass 20 Prozent der italienischen Familien 80 Prozent des italienischen Volksvermögens besaßen. Eine Verhältnismäßigkeit, die sich bis heute auf andere Systeme übertragen lässt. So stellte Pareto z. B. fest, dass im Handel 20 Prozent des Warenbestandes 80 Prozent des Umsatzes bringen, während 20 Prozent der Kunden 80 Prozent des Umsatzes machen, aber 80 Prozent der Kunden nur 20 Prozent Warenumsatz schaffen. Er stellte ferner fest, dass 80 Prozent des Wohlstandes eines Landes in den Händen von 20 Prozent der Bevölkerung liegen.

Pareto Prinzip:

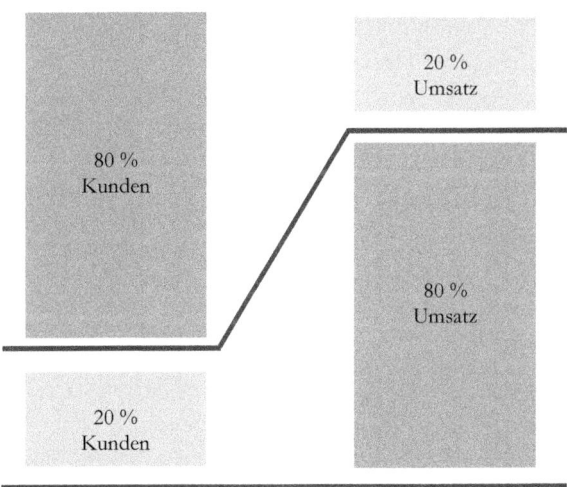

Erfolgreiche Versicherungsberater konzentrieren sich auf die zwanzig Prozent der Kunden (A-Kunden), weil sie mit ihnen achtzig Prozent ihres Umsatzes erwirtschaften. Natürlich vernachlässigen sie auch nicht die restlichen Kunden. Hier ist der Zeitaufwand am höchsten, der Verdienst am wenigsten, dennoch können daraus langfristig noch interessante neue Kontakte entstehen.

Die Konzentration im Sinne von Pareto auf A-Kunden ist extrem wichtig, genauso wichtig wie die Auswahl der Zielgruppe. Nicht nur Zeit ist etwas Relatives, sondern auch ein Produkt. Was hilft es Ihnen, sich auf A-Kunden zu konzentrieren, wenn Sie nur ein Versicherungsprodukt anbieten (ich übertreibe bewusst) mit einer jährlichen Prämienzahlung von 150 EUR? Selbst wenn Sie eine Bestandsprovision von 30 Prozent erhalten würden (auch hier übertreibe ich), verdienen Sie daran 45 EUR im Jahr, mithin 3,75 EUR im Monat. Hier trifft die Redensart *„Zum Leben zu wenig, zum Sterben zu viel."* zu. Sie kämen sich bei diesen Aktivitäten vor wie ein Hamster im Hamsterrad. Den ganzen Tag in Bewegung und doch nicht wirklich vorangekommen, geschweige denn, etwas verdient zu haben.

Deshalb ist es so wichtig, sich auf eine Zielgruppe zu konzentrieren, der Sie ein möglichst breites Angebot präsentieren können. Dann werden Sie neben einer günstigen Haftpflichtversicherung auch andere Versicherungsprodukte verkaufen können, die Ihnen mehr Umsatz bringen.

Damit keine Irritationen aufkommen. Es ist nicht die Frage, wer zuerst da war, das Huhn oder das Ei. In der Analogie stellt sich somit nicht die Frage, ob Sie erst die Klassifizierung der Kunden in A-, B- und C-Klassen vornehmen und sich dann Gedanken machen sollen über Ihre Zielgruppe. Es ist wichtig, dass Sie beides gleichzeitig tun. Sich Ihrer Zielgruppe bewusst zu sein und dabei darauf zu achten, mit wem Sie hier das bessere Geschäft tätigen können.

Sich auf eine Zielgruppe zu spezialisieren heißt nicht, alles andere liegenzulassen und dieses Feld dem Wettbewerber zu überlassen. Sich auf eine Zielgruppe zu spezialisieren bedeutet in erster Linie, als Experte wahrgenommen zu werden. Der Experte ist es, der die besonderen Lebensumstände, Probleme, Sorgen, Herausforderungen, Möglichkeiten, Visionen und Ziele seiner Zielgruppe kennt. Als Experte sprechen Sie im übertragenen Sinne die Sprache Ihrer Kunden. Sie können sozusagen auf Augenhöhe mit ihnen kommunizieren. Das schafft Vertrauen. Die Zielgruppe fühlt sich von Ihnen besser verstanden. Dadurch kommen Sie wiederum leichter ins Geschäft. Wenn Ihre Zielgruppe die Spediteure sind, dann werden Sie sich hier als Spezialist für Transportversicherungen einen Namen machen können. Wie erwähnt, bedeutet dieses nun nicht, dass Sie als Experte nur noch diese Gruppe bedienen. Schließlich könnte der Spediteur verheiratet sein, weshalb er für seine Familie Versicherungen benötigt, die eben nichts mit dem Transportgewerbe zu tun haben. Doch wenn Sie hier einen guten Job machen, dann werden Sie Ihren Kunden und im besten Fall selbst seine Mitarbeiter versichern. Wichtig ist, dass Sie sich in Ihrer Zielgruppe gut und wohlfühlen.

Die Konzentration auf die „richtige" Zielgruppe ist der wichtigste Baustein zum Erfolg. Damit stellt sich die Frage, wie Sie die richtige Zielgruppe „finden". Durch Ihre Begeisterung, von der der US-amerikanische Autopionier Henry Ford (1863-1947) in diesem Zusammenhang sagte: *„Begeisterung ist das Blitzen in deinen Augen, der Schwung deines Schrittes, der Griff deiner Hand, die unwiderstehliche Willenskraft und die Energie zur Ausführung deiner Ideen."* Sie können nur begeistert sein, wenn Sie etwas gerne tun. Also müssen Sie die Aufgaben und Menschen finden, mit denen Sie sich gern beschäftigen und umgeben. Daraus entwickelt sich dann Ihre Zielgruppe.

Ohne Begeisterung für die Aufgaben werden Sie scheitern. Denken Sie an meine Ausführungen zum Thema Körpersprache (Kapitel 4.1.1 Geschäftsausstattung). Es soll auf dieser Welt mehr als 6.000 Sprachen geben, aber nur eine, die fast alle Menschen verstehen: die Körpersprache. Von der die Pantomime Samy Malcho sagt: *„Deine Zunge kann lügen, dein Körper nicht."* Wenn Sie in der falschen Zielgruppe „unterwegs" sind, dann ist die Gefahr groß, dass Ihr Gesagtes nicht zur Sprache Ihres Körpers passt. Mit anderen Worten: Sie wirken authentischer, und genau das spüren Ihre Kunden. Früher hätte man Sie als Seelenverkäufer bezeichnet. Das sind Menschen, die ihre Seele gegen Geld verkaufen, aber nicht von dem, was sie tun, beseelt sind. Fehlt es an Leidenschaft, dann schafft das Leid(en). Sie müssen Ihren Beruf aber mit Leidenschaft ausfüllen, um Erfolg zu haben. Also wählen Sie die Branche bzw. Zielgruppe, in der Sie sich, mit Verlaub, sauwohl fühlen. Dann ist es für Sie ein Leichtes, gute Geschäfte unter Dach und Fach zu bringen. Die Auswahl ist riesengroß. Nur beispielhaft möchte ich einige nennen:

- Familien (jung, alt, Mehrgenerationenhaus)
- Auszubildende und Studenten
- Immobilienbesitzer, Vermieter, Mieter
- Unternehmer, Führungskräfte, Manager
- Ärzte (niedergelassene, angestellte)
- Bauhauptgewerbe (Maurer, Hoch- und Tiefbau)
- Baunebengewerbe (Tischlereien, Elektroinstallation)
- EDV-Dienstleister
- Behörden
- Kirchen
- Landwirte (Farmer, Bio-Höfe, Gärtnereien, Blumenhäuser)
- Rechtsberatende Berufe (Rechtsanwälte, Richter)
- Schulen (Grundschulen, Real- und Hauptschulen, Gymnasien, Universitäten, private Bildungseinrichtungen (z. B. Altenpflege))
- Senioren
- Beratende Berufe (Steuerberater, Unternehmens- und Wirtschaftsberater)
- Einzelhandel (Textilien, Haushaltswaren)
- Gesundheitsberufe (Apotheker, Drogerien, Reformhäuser, Hebammen, Hörgeräteakustiker)
- Vereinsmitglieder (Kleintierzüchter, Breitensportvereine, u. a. Fußball, Handball, Volleyball, Basketball) sowie „Spezialsportvereine" (u. a. Golf, Segeln oder Reiten)

Möglicherweise ist in Ihrem Versicherungsbestand die eine oder andere Zielgruppe überproportional zum Rest vertreten. Dann ist es ein Leichtes, sich hier weiterhin zu engagieren, so die Gruppe zu „Ihnen passt" (Wohlfühlcharakter). Im anderen Fall müssen Sie Ihre Zielgruppe, die bisher wenig bis gar nicht vertreten ist, direkt angehen. Anregungen hierzu liefert Ihnen das „Haus der lokalen Marke".

Um nicht den Rahmen dieses Buches zu sprengen, muss ich mich in Sachen „Positionierung" auf das Wesentliche konzentrieren. So Sie mehr zu diesem spannenden Thema lesen wollen, empfehle ich Ihnen zwei wertvolle Bücher. Da ist zum einen das Buch von Peter Sawtschenko: „Positionierung – das erfolgreichste Marketing auf unserem Planeten" (ISBN-13: 978-3897495067). Zum anderen „Positioning: Wie Marken und Unternehmen in übersättigten Märkten überleben" von Al Ries und Jack Trout (ISBN: 978-3800637904).

4.3.1.2 Sympathiegewinnung

„Begegnest du jemandem, der ein Gespräch wert ist, und du versäumst es, mit ihm zu reden, dann hast du einen Menschen verfehlt. Begegnest du jemandem, der kein Gespräch wert ist, und du redest mit ihm, dann hast du deine Worte verfehlt. Weise ist, wer stets den richtigen Menschen und die richtigen Worte findet", sagte schon Konfuzius. Und der deutsche Schriftsteller Wilhelm Busch (1832-1908) empfahl:

> *„Wer im Dorfe oder Stadt seine Kundschaft wohnen hat, der sei freundlich und bescheiden, denn das mag die Kundschaft leiden."*

Doch nicht immer ist es in der Welt in Sachen Freundlichkeit gut bestellt. Gestresste Versicherungsberater, die in launigen Momenten das Herz auf der Zunge haben, beklagen sich häufig über den zunehmenden Konkurrenzkampf, den Druck aus der Konzernzentrale, über die steigenden Ansprüche der Kunden, die Hektik, die Staus, die Umsatzziele, die Mitarbeiter, etc. pp. Wie sagt es ein Kalenderspruch so treffend?: *„Das Leben kann so richtig schlecht sein, man muss sich nur Mühe geben."* Wie öfter erwähnt, entstehen viele der Probleme im Kopf, weshalb sie auch nur hier gelöst werden können. Entkrampfen Sie sich diesbezüglich. Eine Redensart sagt: *„Lächle und die Welt lächelt zurück."* Glauben Sie, dass Ihre Sorgen weniger werden, wenn Sie darüber grübeln? Natürlich nicht. Was also hindert Sie daran, diese Sorgen ernst zu nehmen und gleichzeitig zu lächeln? Niemand. Nur Sie allein entscheiden, ob Sie sich von diesen Sorgen und Problemen unterkriegen und sich dadurch den Tag vermiesen lassen. Sie können auch darüber lächeln, um so einen schönen Tag zu erleben, denn: *„Ein Hund, der mit dem Schwanz wedelt, bezieht keine Prügel."* Was also hindert Sie daran, freundlich zu sein und dem Leben die guten, positiven Seiten abzugewinnen? Dann lassen sie nach, die schlechten Nachrichten.

Es gibt noch immer Menschen, die regen sich darüber auf, dass es regnet. Sie könnten dies auch lassen, denn dem Regen ist es egal, wie wir Menschen auf sein Verhalten reagieren. Es wird so lange regnen, wie es regnen soll. Alles hat seine Zeit. Über den Regenwolken wartet die Sonne, und die wird sich immer durchsetzen. Also entschleunigen Sie Ihren Arbeitsalltag, indem Sie sich eben weniger über muffelige Kunden, unzufriedene Konzernchefs und nervige Konkurrenz aufregen. Bleiben Sie freundlich und gelassen, und Sie ziehen wie ein Magnet mehr das Gute in Ihr Leben. Einfach ausprobieren, nur dann werden Sie selbst erleben, was ich meine.

Ich habe einmal von einem Interview gelesen, das ich an dieser Stelle wiedergeben möchte. Ob es stimmt, kann ich heute nicht mehr sagen, dennoch folgt daraus für mich eine wunderbare Metapher, die beweist, was möglich ist für den, der an sich glaubt. Eine Reporterin traf sich mit einem männlichen erwachsenen Zwillingspaar. Der eine war als erfolgreicher Rechtsanwalt in eigener Kanzlei tätig, der andere lebte von staatlicher Unterstützung in einer verwahrlosten Wohnung. Das wenige Geld wurde fast ausschließlich für Alkohol ausgegeben. Die Reporterin fand heraus, dass der Vater ebenfalls Alkoholiker war. Als sie ihre Frage an die beiden Männer richtete, warum sie sich so unterschiedlich entwickelt hatten, obwohl sie Zwillinge waren, antworteten beide gleichzeitig und wie aus der Pistole geschossen: „Bei dem Vater!" Mit anderen Worten: Sie suchten die „Schuld" für ihr Leben bei ihrem Vater, aber eben auf unterschiedliche Art, wie sie differenzierter nicht hätte ausfallen können. Für den Alkoholiker war klar, dass er genetisch vorbelastet war, sodass er, wie sein Vater, zur Flasche greifen musste. Seiner Meinung nach blieb ihm gar nichts anderes übrig. Sein Bruder, der Rechtsanwalt, hielt ebenfalls den Vater für schuldig. Doch statt zu resignieren, nahm er sich ihn zum Vorbild und schwor, niemals so enden zu wollen, sondern einfach das Beste aus seinem Leben zu machen. Gegen alle Widerstände schaffte er es zum erfolgreichen Rechtsanwalt.

„Wir sind, was wir immer wieder tun", sagte der griechische Philosoph Aristoteles (384-322). Aber sind wir auch zufrieden mit dem, was wir tun?

Sie, nicht die anderen, haben es in der Hand, was aus Ihnen wird. Mit Ihrem Denken legen Sie die Saat für Ihren Erfolg, insbesondere im Umgang mit Ihren Kunden. Ich will es einmal ganz vorsichtig ausdrücken: *„Jeder hat die Kunden, die er verdient."*

Es geht nicht darum, die Welt zu idealisieren und nur das Beste in ihr sehen zu wollen, wenn ringsherum die Menschen im Elend leben. Es geht darum, einen realistischen Blick auf unsere Möglichkeiten zu haben. Wir können nicht die ganz große Welt verändern, aber in unserem kleinen Mikrokosmos, da können wir sehr viel tun. So Recht hatte er, der österreichische Lyriker, Erich Fried (1921-1988), mit seiner Feststellung:

„Für die Welt bist du irgendjemand, aber für
irgendjemand bist du die Welt."

Seien Sie für Ihre Kunden die Welt. Geben Sie immer Ihr Bestes. Eine Umfrage des Magazins „Geo"[79] ergab, dass körperliche Attraktivität nur ein Kriterium ist, jemanden schön zu finden. Viel wichtiger aber sind Humor und Intelligenz:

- 57 % Humor
- 49 % Intelligenz
- 38 % körperliche Attraktivität
- 35 % Selbstbewusstsein
- 30 % Bildung
- 25 % persönlicher Stil
- 14 % Stimme
- 10 % familiäre Herkunft
- 8 % Beruf

Behalten Sie Ihre Freundlichkeit, egal wie stürmisch es mitunter auch zugehen mag in Ihrem Leben. Lächeln Sie, es macht Sie sympathisch. Darüber hinaus müssen Sie sich weniger anstrengen. Bis zu 300 verschiedene Muskeln werden bei einem Lachvorgang aktiviert. Allein das Hochziehen der Mundwinkel wirkt sich positiv auf die Gesundheit aus. Schon der griechische Aristoteles erkannte: *„Lachen* *ist eine körperliche Übung von großem Wert für die Gesundheit.*" Insgesamt sind stressige Situationen durch ein Lachen viel leichter zu ertragen. Dieser „Lachschutz" geht sogar so weit, dass das körpereigene Immunsystem gestärkt wird. Lachen führt zu Harmonie. Und diese Harmonisierung geht einher mit der Freisetzung von körpereigenen, ja fast Euphorie erzeugenden Suchtstoffen. Das heißt, wir sind ein regelrechtes chemisches Reservoir. In uns stecken wunderbare Substanzen. *„Wir müssen sie nicht kaufen, nur lernen, sie freizusetzen"*, resümiert Prof. Dr. Hinderk Emrich von der Medizinischen Hochschule Hannover[80].

Wer lächelt, gewinnt!

Der Lachforscher Heiner Uber stellt fest:

> *„Im Lachen bekommen wir einen Vorschuss an Vertrauen. Eine potenziell bedrohliche Situation wird aufgelöst, Einverständnis signalisiert. Menschen, die sich anlachen, gehen aufeinander zu und gewinnen einander."*

Ein freundliches Lächeln ist so einfach und noch dazu kostenlos. Bemühen Sie sich aktiv um Sympathiegewinnung, indem Sie authentisch sind. Haben Sie immer ein Lächeln auf den Lippen – aber nur, wenn es vom Herzen kommt. Ihr Gegenüber merkt sehr schnell, ob Ihr Lächeln echt oder gekünstelt ist (Stichwort: Körpersprache). Ich bin mir sicher, wenn Sie die Regeln aus diesem Ratgeber bis hier angewendet haben, dann haben Sie bereits Ihre Zielgruppe gefunden und die A-, B- und C-Kunden selektiert. Mit anderen Worten: Sie sollten jetzt rundherum zufrieden sein, weil die Basis für Ihren Erfolg stimmt. Deshalb dürfen Sie heute ganz besonders freundlich sein. Morgen auch und übermorgen sowieso. Und damit immer. Das erwarten Kunden heute von Ihnen! So freundlich, dass es, wie erwähnt, von ganzem Herzen kommt.

Diese Freundlichkeit führt zu Folgendem:

- Das Vertrauen der Kunden wird gefestigt.
- Die Bindung der Kunden an das Unternehmen stabilisiert sich.
- Der berufsbedingte Stress wird reduziert.
- Die Chance, weiterempfohlen zu werden, steigt.

Selbstredend muss diese Freundlichkeit nicht nur von Ihnen ausgehen, sondern auch von Ihren Mitarbeitern. Letztere können Sie nicht zur Freundlichkeit zwingen. Ein Sprichwort sagt: *„Sie können keinen Hund zur Freundlichkeit prügeln."* Er muss es von sich aus wollen. Drohen Sie niemandem, sondern gehen Sie mit gutem Beispiel voran und zeigen Sie, dass es sich lohnt, im Sinne der Firma zu handeln. Ihren Mitarbeitern können Sie Verhaltenstipps im persönlichen Umgang mit Ihren Kunden und am Telefon vermitteln. Machen Sie deutlich, wer am Ende den Arbeitsplatz finanziert – nämlich der Kunde, von dem der ehemalige Generaldirektor des Nestlé-Konzerns sagte: *„Der wahre Präsident des Unternehmens ist der Konsument."* Belohnen Sie Ihre Mitarbeiter, wenn sie einen guten Job machen. Im Kapitel 4.1.3.2 „Gratifikationen für Mitarbeiter" haben Sie von meinen Empfehlungen gelesen, wie Sie Ihre Mitarbeiter „bei Laune" halten können. Was wichtig ist, wie nun auch Wissenschaftler der Friedrich-Schiller-Universität Jena gemeinsam mit Kollegen aus Münster und Australien empirisch nachgewiesen haben. Die Entscheidung des Kunden zu kaufen hängt ihrer Meinung nach entscheidend davon ab, ob er zuvorkommend bedient wurde[81]. Ist das Lächeln des Verkäufers nur gespielt, kauft der Kunde nicht. Krampfhaft freundlich zu sein, hilft somit gar nicht.

> *„Stark ausgeprägte Kundenorientierung gepaart mit einem echten Lächeln sorgt für zufriedene Kunden, die gern wiederkommen und das Geschäft weiterempfehlen",*

sagen die Autoren der Studie.

Weiter führt einer von ihnen, der Jenaer Sozialpsychologe, Simon Brach, aus:

„Ist die Beratung zwar kompetent, aber die Freundlichkeit nur aufgesetzt, fühlt sich der Kunde dennoch nicht als König [...] Bisher ging man davon aus, dass Dienstleistungsmitarbeiter immer lächeln sollten, egal wie sich selbst gerade fühlen. "

Die Ergebnisse der Studie zeigen: Krampfhaft freundlich zu sein ist nicht zielführend. Sogar das Gegenteil ist der Fall: Der Kunde hat nichts davon. Bei den Mitarbeitern sorgt das ständige Vortäuschen von Gefühlen zusätzlich für mehr Stress und schnellere Erschöpfung. Somit gilt:

„Der erste und wichtigste Mensch, den es zu gewinnen gibt, sind Sie selbst. "

Dann können Sie andere gewinnen. Direkt oder durch Werbung:

Kein Mensch kann sich „sein Geburtshaus" aussuchen und damit auch nicht die ersten Lebensjahre. Das gilt es als unverrückbar zu akzeptieren. Genauso wie die Fehler, Pleiten, Pech und Pannen.

Aber auch die Erfolge, Talente, Fähigkeiten, Anlagen, etc. Kein Mensch ist vollkommen. Stehen Sie zu sich selbst. Sagen Sie „Ja" und nie „Ja, aber…" Denn im Kern bleiben Sie bei allen Aktivitäten und Veränderungsprozessen ein Individuum mit eigener DNA und damit das, was Sie als Mensch ausmacht. Sie sind ein Individuum, das eigene Entscheidungen treffen kann und darf. Je klarer Sie sich dessen bewusst sind, desto mehr ruhen Sie in sich selbst. Diese Ruhe wiederum strahlen Sie aus. Sie wirken auf andere selbstsicher und, wie sinnig, beruhigend. In diesen hektischen Zeiten sehnen sich Kunden genau danach.

Freundlichkeit beginnt darüber hinaus nicht nur im direkten Dialog mit anderen. Freundlichkeit heißt auch, den Kunden jederzeit freundlich zu empfangen, auch wenn weder Sie noch Ihre Mitarbeiter im Büro anwesend sind. Was wie ein Widerspruch klingt, ist schnell geklärt. Es gibt gerade in ländlichen Gegenden „Ein- bzw. Zwei-Mann-Versicherungsagenturen". Ist der „Chef" im Außendienst, bleibt häufig nur der Anrufbeantworter, der die Gespräche ratsuchender Kunden aufzeichnen soll. Ein Relikt aus längst vergangenen Zeiten, das bis heute noch nicht ausgestorben ist. Für mich eine Katastrophe. Heute kann sich niemand mehr leisten, seine Kunden mit einer Maschine sprechen zu lassen. Sie auch nicht! Dank der modernen Technik gibt es viele Möglichkeiten, im Sinne der Kunden zu reagieren.

Sie haben zwei Möglichkeiten, Ihre Freundlichkeit und damit das Willkommen anrufender Kunden unter Beweis zu stellen. Sie leiten das eingehende Gespräch auf Ihr Handy um. Solange Sie allein sind, können Sie den Anruf entgegennehmen. Was aber, wenn Sie in einem Kundengespräch und gerade im Begriff sind, eine Police zu verkaufen? Wollen Sie diesen Verkaufsprozess unterbrechen, indem Sie an Ihr Handy gehen? Ein Fauxpas, weil Ihnen das eingehende Telefonat offensichtlich wichtiger ist als das Gespräch mit dem leibhaftig vor Ihnen sitzenden Kunden. Peinlicher können Sie sich nicht verhalten. Das Handy muss in Vertragsverhandlungen ausgestellt sein, damit niemand das Face to Face-Gespräch stört. Das ist die höchste Form der Wertschätzung und nicht das demonstrativ auf den Tisch gelegte, neueste Smartphone. Deshalb sollten Sie die zweite Möglichkeit nutzen: Leiten Sie eingehende Telefonate während Ihrer Abwesenheit auf einen externen Dienstleister um, der in Ihrem Namen die Gespräche annimmt und so dem Kunden den Eindruck vermittelt, dass jemand für ihn da ist, auch wenn der Chef nicht im Hause ist. Wie gesagt, die moderne Technik macht es möglich. Machen Sie regen Gebrauch davon, zumal die Kosten gering sind.

Reklamation = Reklame

Auf den ersten Blick sind Reklamationen etwas sehr Unangenehmes. Insofern fragt man sich, wie der Südtiroler Wirtschaftspsychologe und Psychotherapeut Dr. Elmar Teutsch diese Behauptung aufstellen kann[82]:

> *„Reklamationsmanagement heißt, aus einer Reklamation Reklame machen!"*

Wenn wir die Betonung auf Management legen, werden wir verstehen, warum eine Reklamation auch eine Werbung sein kann.

Weil wir Menschen sind und keine Maschinen, machen wir Fehler. Das liegt in der Natur der Sache, denn wer arbeitet, macht Fehler. Wer nicht arbeitet, macht keine Fehler. Damit ist klar: Es lebe die Unvollkommenheit. Gleichwohl mögen wir keine Fehler, weil sie uns als Schwäche und Unfähigkeit ausgelegt werden können. Wer so denkt, denkt, dass alle anderen perfekt sind, nur er selbst nicht. Irrtum. Niemand ist perfekt („nobody is perfect"). Fehler werden wir nie ganz verhindern können, aber unseren Umgang damit. Insbesondere dann, wenn Kunden aufgrund von Mängeln oder Fehlern auf uns zu kommen. Dann ist es sehr wichtig, sofort zu reagieren. Das bedeutet nicht immer, gleich eine Lösung parat zu haben. Wichtig ist, den Kunden und sein Problem ernstzunehmen und ihn über den Fortgang der weiteren Entwicklung auf dem Laufenden zu halten.

Wenn jemand mit unserem Verhalten nicht einverstanden ist, übt er Kritik. Das ist gut so – aber nur, wenn zuerst mit uns darüber gesprochen wird. Insbesondere dann, wenn es ein Kunde ist, der Anlass zur Beschwerde hat und das aus gutem Grund. In Kapitel 2.0 (Menschen machen Marken) zitierte ich aus einer Doktorarbeit, dass negative Erfahrungen an 8,25 Personen weitergegeben werden. Zu einem ähnlichen Ergebnis kommt die Studie des Instituts für Marketing and Consumer Research der Wirtschaftsuniversität Wien[83]. Danach spricht ein unzufriedener Konsument im Schnitt mit zehn weiteren Personen über sein Erlebnis.

Eine Reklamation ist ein Feedback, welches wir aus verständlichen Gründen nicht mögen. Wir wollen als Mensch geliebt und nicht getadelt werden. Dennoch sollten Sie für eine Reklamation „dankbar" sein. Durch dieses negative Feedback bekommen Sie die Chance, Ihre Schwächen, Fehlbarkeit oder vielleicht auch Ihre Arroganz zu entdecken. Wenn etwas entdeckt wird, dann ist das die Möglichkeit, etwas zu verändern. Wenn uns etwas nicht bewusst ist, laufen wir Gefahr, jeden Tag dieselben, mit Verlaub, dummen Fehler zu machen. Somit ist eine Reklamation eine Chance, uns zu verbessern bzw. an den Punkten zu arbeiten, wo wir, bzw. unsere Agentur, Schwächen aufzeigen.

> *„Kleinigkeiten sind es, die Perfektion ausmachen, aber Perfektion ist alles andere als eine Kleinigkeit."*
>
> Sir Frederick Henry Royce (1863-1933)
> Gründer von Rolls-Royce

Somit ist ein reklamierender Kunde ein sehr wertvoller Kunde. Er weist uns nicht nur auf unsere Fehler hin, sondern er gibt uns eine zweite Chance für „unsere" Beziehung. Wäre sie ihm egal, würde er einfach wegbleiben wie so viele andere Kunden, die, aus welchen Gründen auch immer, nicht den Mut haben zu reklamieren. Genau diese Kunden sind deshalb so gefährlich für Ihre Versicherungsagentur, weil sie in ihrem Groll schlecht über Sie reden. Das allein ist schon ein Problem. Doch es kommt noch schlimmer. Denn der Dienstleistungsmanagement-Experte Prof. Dr. Bernd Stauss fand heraus:[84]

> *„Die allerwenigsten Kunden beschweren sich – denn die meisten kommen bei Unzufriedenheit gar nicht erst wieder, sondern wechseln direkt zur Konkurrenz."*

Deshalb wage ich die kühne Behauptung, dass eine gegen null tendierende Reklamationsquote alles andere als erstrebenswert ist. Augenscheinlich bedeuten weniger Reklamationen weniger Arbeit und Ärger. Aber nur auf den ersten Blick. Tatsächlich bedeuten sie Verluste! Verärgerte Kunden wandern in solchen Fällen kommentarlos zur Konkurrenz. Gibt es keine Reklamationen, gehen wertvolle Informationen „verloren". Diese Feststellung darf nun nicht dazu führen, die Quote verärgerter Kunden in die Höhe zu treiben. Ein gesundes Verhältnis zwischen Umsatz und Reklamation ist wichtig.

Deshalb ist eine Reklamation auch die Chance auf Reanimation. Eine Reklamation haucht einer „verletzten" Beziehung oder Partnerschaft wie Unternehmer/Kunde-Beziehung neues Leben ein. Die Beziehung wird im übertragenen Sinne reanimiert. Deshalb sollten Sie in reklamierenden Kunden keine Querulanten sehen, die nur ein Ventil suchen, um ihrem Ärger Luft zu machen. Reklamationen oder Probleme sind unangenehm. Wer wollte das bestreiten? Wenn nun ein Kunde sich die Mühe macht zu reklamieren, dann sollten Sie ihm mit größtmöglicher Wertschätzung entgegentreten. Nicht nur, weil Sie dadurch eine zweite Chance bekommen, sondern im Besonderen, weil der Kunde dadurch auch signalisiert, dass ihm an einer weiteren Zusammenarbeit mit Ihnen gelegen ist. Würde er sich sonst auf den Weg machen und Arbeit und Zeit in Kauf nehmen, um Ihnen von seinem Problem zu erzählen?

Doch so weit muss es erst gar nicht kommen!

Erfolgreiche Versicherungsberater überlassen nichts dem Zufall. Schon gar nicht warten sie darauf, dass sich Kunden beschweren. Für sie ist wichtig, dass sich ihr Kunde mit seiner Entscheidung nicht nur einige Wochen gut fühlt, sondern für immer. Deshalb kümmern sie sich im Rahmen ihrer Möglichkeiten dauerhaft um ihn. Natürlich auch im eigenen Interesse, ganz besonders in den Tagen nach dem Verkauf, um dem Kunden die *Kaufreue* zu nehmen.

Wir kennen diese Form von Reue. Wann immer wir Geld ausgeben, sind wir Menschen von Zweifeln geplagt. Diese verfliegen auch nicht mit dem Kauftag. Selbst dann nicht, wenn wir im Besitz der von uns gewünschten Ware oder Dienstleistung sind. Zweifel sind wie Sorgen, von denen der deutsche Schauspieler Heinz Rühmann (1902-1994) sagte: „*Sorgen ertrinken nicht im Alkohol. Sie können schwimmen.*" Kurzum: Wir Konsumenten beschäftigen uns einige Tage gedanklich mit unserer Entscheidung. Auch wenn wir den Vertrag unterschrieben haben, so hinterfragen wir ständig, ob diese Entscheidung richtig war. Erfolgreiche Versicherungsberater wissen um diese „selbstzerstörerischen" Kräfte, mit denen sich ein Kunde nach einer Kaufentscheidung herumplagt. Deshalb suchen sie in den Tagen nach der Vertragsunterschrift das Gespräch mit ihm.

Das Gespräch – nicht die Kommunikation.

Dieser Unterschied ist mir sehr wichtig. Inzwischen glauben viele Versicherungsberater, die Sorgen und Ängste ihrer Kunden mit einer E-Mail aus der Welt zu schaffen. Das ist aus meiner Sicht falsch. Darin sieht der Kunde sich nur als „einer unter vielen" bestätigt.

Verantwortungsbewusste Versicherungsberater greifen deshalb zum Telefonhörer und sprechen mit dem Kunden. Sie bestätigen ihn in seiner Entscheidung, warten mit neuen Informationen auf und präsentieren eine „Belohnung". Diese „Belohnung" ist wichtig, weil sie beim Beschenkten Glücksgefühle auslöst. *Schuld* daran ist das körpereigene Rauschmittel Dopamin. Dieses wird u. a. dann freigesetzt, wenn der Mensch „überrascht" wird. Diese Substanz regt besonders die Zentren im Gehirn an, die das Verhalten, die Motivation und die Lernfähigkeit steuern.

Gutscheinheft

Kunden verlangen zu allen Zeiten nach Anerkennung, nicht nur in der „Reklamationsphase". Diese Wertschätzung können Sie ihnen entgegenbringen, ohne dafür tief in die Tasche greifen zu müssen. Im Zeitalter von Handy mit Flatrate können Sie etwas verschenken, was aus meiner Sicht unbezahlbar ist: Zuwendung. Diese einfache Möglichkeit, mit dem Kunden zu „kuscheln", wird so gut wie gar nicht genutzt. Das ist bedauerlich, denn „preiswerter" geht es aus meiner Sicht kaum noch. Und so ganz nebenbei erfahren Sie, wie zufrieden Ihr Kunde mit Ihnen, mit Ihrer Agentur und mit der von Ihnen vertretenen Versicherungsgesellschaft ist. Das bedeutet auch, dass Sie so die Zahl der Reklamationen verringern können. Wäre der Kunde mit Ihrer Leistung nicht zufrieden, er würde es Ihnen in diesem „Call of Kuscheln" erzählen.

Neben einem „Call" können Sie ihm auch ein Gutscheinheft zukommen lassen. Kunden, die über Sie ein „Gutscheinheft mit Angeboten lokaler Unternehmen" erhalten, bekommen hier bei Vorlage eines Gutscheins z. B. einen Einkaufsrabatt. Damit lösen Sie während des Bezahlvorgangs einen „Dopamin-Schub" aus, weil der Kunde Geld spart. Das löst Glücksgefühle aus. Natürlich wird er diese mit Ihnen als seinen lokalen Versicherungsberater in Verbindung bringen. Sie sind es ja, der ihm durch „Ihr Gutscheinheft" vielseitige Vergünstigungen einräumt.

4.3.1.3 Leistungsportfolio

„In der Beschränkung zeigt sich erst der Meister", schreibt Goethe in seinem Gedicht „Das Sonett". Eine Feststellung, an der sich bis heute nichts geändert hat. Das zu verstehen ist für Laien häufig schwierig, weshalb sie nicht selten von Abzocke sprechen, um ihre eigene Unwissenheit zu negieren. Lassen Sie mich das an einem Beispiel verdeutlichen. Ein guter Rechtsanwalt verlangt für ein paar Gesprächsminuten nicht selten einen dreistelligen Betrag. Telefonische Auskünfte kosten sogar rund 4 Euro die Minute. *„In der Kürze liegt die Würze"* ist ebenfalls eine Redensart, die keineswegs von Tütensuppenherstellern stammt. Auch hier fragt sich der Verbraucher, warum so wenig gewürztes Trockenpulver in einer repräsentativen Verpackungstüte so teuer sein muss. Diese Liste kostspieliger Beispiele ließe sich unendlich weiterführen, doch auch so fragt sich mancher, ob wir immer öfter „abgezockt" werden. Mit Sicherheit nicht! Wer sich hier als, mit Verlaub, Abzock-Opfer sieht, hat das dahinter stehende Angebotsprinzip nicht verstanden, das ich an einem alltäglichen Beispiel skizzieren möchte.

Ein Elektriker wird zu einem Kunden gerufen, der den Ausfall der Stromversorgung in seinem Haus beklagt. Der Handwerker eilt zum Sicherungskasten und hat mit wenigen Griffen das Problem beseitigt. Danach präsentiert der „Retter in der Not" seine Rechnung über 75,85 EUR. 75 EUR für seine Dienstleistung und 85 Cent für ein Ersatzteil. Zahlbar sofort. Darüber ist der Kunde alles andere als erfreut: *„Ich soll Ihnen 75 Euro zahlen dafür, dass Sie ein Ersatzteil von 85 Cent ausgetauscht haben?"* *„Natürlich"*, sagt der Elektriker, *„die 85 Cent sind für das Material, die 75 Euro für das 'Gewusst wie'."*

Was wäre die Welt ohne den Spezialisten? Ein Haufen von Dilettanten, die stundenlang nach der Lösung des Problems suchen, ohne je fündig zu werden.

Beschränkung im Sinne von Konzentration bedeutet Erfolg. Wer immer nur alles will, hat am Ende nichts. Wer sich hingegen auf eine

Zielgruppe spezialisiert, erntet den Erfolg. Einfach deshalb, weil er sich als Experte positioniert und sich damit über den Wettbewerber erhebt. Bleibt dieser Schritt aus, droht der Gang in die Bedeutungslosigkeit. Etwas, was nicht nur Versicherungsagenturen erleben, sondern auch andere Anbieter.

Wer kennt ihn nicht, den Werbeslogan *„20 Prozent auf alles, außer auf Tiernahrung"*? Jahrelang warb die Baumarktkette Praktiker mit diesem Werbespruch um deutsche Heim- wie Handwerker. Doch die Rabattschlacht gegen die Konkurrenz wie Obi, Hornbach und Bauhaus ging nach hinten los. Es folgte der Konkurs. Insgesamt hatte Praktiker 20.000 Mitarbeiter, davon rund 11.000 in Deutschland. Der Konzern betrieb rund 430 Bau- und Heimwerkermärkte in neun Ländern. Mit in den Konkurs zog das Unternehmen auch die Tochter „Max Bahr", die für ein höherpreisiges Segment stand und weniger gefährdet war. Doch geht es in solchen Fällen häufig zu wie bei Domino-Steinen. Kippt ein Stein in dieser Aufstellung, reißt er alle anderen mit. Praktiker hatte weder ein gutes Image noch konnte es sich als Spezialist oder Experte positionieren. Es bot alles an, was die anderen Märkte auch hatten, aber eben billiger. So billig, dass die Erträge die Kosten nicht deckten. Denn dauerhaft 20 Prozent billiger als der Durchschnitt anzubieten, kommt einem wirtschaftlichen Kamikaze gleich. Genau das haben die vielen Tausend Mitarbeiter zuletzt erlebt.

Dieses Beispiel zeigt, dass Größe allein kein Garant für den Erfolg ist. Spezialisierung, Positionierung und Alleinstellungsmerkmal sind das Fundament, auf dem der Erfolg aufgebaut wird. Mit anderen Worten: Es geht darum, dass Sie als Experte wahrgenommen werden. Als Experte für Problemlösungen und nicht als „Preisexperte", der jeden Preis schlagen kann. Dann wären Sie vor Ort der „billige Jakob". Dann wird von Ihnen erwartet, dass Sie immer der Billige sein müssen. Im anderen Fall wenden sich die Kunden von Ihnen ab. Hüten Sie sich vor Preisnachlässen. Gehen Sie sorgfältig damit um. Setzen Sie diese nie inflationär ein. Denn jeder Cent, der nicht verdient wird, reduziert auch Ihr Einkommen. Am Ende haben Sie tausende von Kunden, aber nicht genug Geld in der Kasse, um Agentur wie Familie über Wasser zu halten.

Ein Experte verfügt über ein Wissen, das jeder „breit aufgestellte" Versicherungsberater nie haben kann. Ich bin davon überzeugt, dass heute, in dieser arbeitsgeteilten Welt, kein Versicherungsberater mehr seinen Kunden glaubhaft vermitteln kann, auf alle (!) Versicherungsfragen die richtige Antwort zu haben. Er wäre damit die sprichwörtliche „eierlegende Wollmilchsau", die es so nicht gibt. Wieso glauben immer noch viel zu viele Versicherungsberater, dass sie genau das sein können? Ich glaube, dass es die nackte Angst ums wirtschaftliche Überleben ist, die diese Berater dazu treibt, alles anzubieten, um ja jeden Kunden bedienen zu können. Dabei vergessen sie, dass Umsatz nicht gleich Gewinn ist. Nur dann, wenn unterm Strich etwas übrig bleibt, ist die sprichwörtliche „Luft nach oben" vorhanden. Wer sich aber „breit" aufstellt und damit nur mit oberflächlichem Wissen brilliert, läuft Gefahr, nur über den Preis zu verkaufen. Das schafft für das Unternehmen keinen Mehrwert. Wie sagt es der US-amerikanische Marketingexperte und Buchautor Al Ries (siehe Literaturempfehlung im Anhang) doch so treffend:

> *„Man kann alles verkaufen, solange es billig genug ist. Um aber wirklich Geld zu verdienen, braucht man eine starke Marke!"*

Was passiert, wenn eine einst florierende, wertvolle Marke auf „billig" setzt, um im wahrsten Sinne des Wortes um jeden Preis zu verkaufen, zeigt das traurige Beispiel der US-amerikanischen Modemarke Abercrobmie & Fitch (A&F). Eröffnete das Unternehmen in Deutschland einen Shop, mussten die Käufer mit Absperrgittern geordnet werden, um eine Überfüllung zu verhindern. Auch Monate nach der Eröffnung standen junge Menschen in langen Schlangen vor den A&F Stores. Stundenlang harrten sie aus, bis Sicherheitskräfte die Absperrung öffneten, um die nächsten zehn Kaufwilligen durchzulassen. Das war einmal. Heute wartet niemand mehr. Die langen Schlangen vor den Shops sind Geschichte. Normalität hat Einzug gehalten. Der Absturz dieser bekannten Textilmarke von Kult auf „geht gar nicht mehr" war ein schleichender Prozess. Den sprichwörtlichen Todesstoß erhielt die kalifornische Modemarke, als Shirts, Mützen und Parfüm als Sonderpostenware bei Real und Aldi „verramscht" wurden.

Daher gilt: Verkaufen Sie sich nie über den Preis. Positionieren Sie sich als Experte. Konzentrieren Sie sich auf Ihre Fähigkeiten, dann sind Sie als Marke im übertragenen Sinne „preiswert", nämlich Ihren Preis wert.

> *„Man muss sich, wenn man tatsächlich weiterkommen möchte, ausschließlich auf das konzentrieren, was man kann, und keine Gedanken an Dinge verschwenden, die man sowieso nie beherrschen wird",*

empfiehlt der deutsche Managementtrainer Boris Grundl[85].

Was nicht bedeutet, Dinge fatalistisch zu betrachten. Oft hilft auch eine Veränderung der Blickrichtung, um zu einer realistischen Einschätzung zu kommen. Da ergeht es uns dann so wie dem Narren, der einem König einen wertvollen Tipp gab: *„Der König war traurig und haderte mit seinem Leben. Er bestellte seinen Hofnarren zu sich, um sein Leid zu klagen. Es stimmte seine Majestät traurig, dass mit jeder Geburt ein Mensch in seinem Reich starb. Der Hofnarr stellte sich auf den Kopf und sagte zum König: ,Majestät sehen die Sache falsch. Verändert euren Blick so wie ich in dieser Position. Ihr kommt so zu anderen Einsichten. In diesem Fall werden Majestät sehen, dass immer dann, wenn ein Mensch stirbt, ein neuer geboren wird ..."* Die Buddhisten sagen: *„Es gibt nur eine falsche Sicht der Dinge: der Glaube, meine Sicht sei die einzig richtige."* Deshalb gilt, was der deutsche Philosoph Immanuel Kant (1724-1804) sagte: *„Du kannst, denn du sollst."*

Wann können Sie?

Ihre Antwort auf diese Frage gibt Hinweise darauf, worauf Sie sich spezialisieren sollten. Denn die Liste von „Möglichkeiten" rund um das Thema „Versicherungsschutz" ist lang:

- Haftpflichtversicherung
- Hausratversicherung
- Kfz-Versicherung
- Gebäudeversicherung
- Rechtsschutzversicherung
- Unfallversicherung
- Tierhalterhaftpflichtversicherung
- Berufshaftpflichtversicherung
- Betriebshaftpflichtversicherung
- Inhaltsversicherung
- Transportversicherung
- Schiffsversicherung
- Reiseversicherung
- Schmuckversicherung
- Event-Versicherung
- Lebensversicherung
- Baufinanzierung mit Tilgungsaussetzung gegen eine Lebensversicherung
- Rentenversicherung
- Berufsunfähigkeitsversicherung
- Kranken- und Krankenkassenzusatzversicherung
- Kfz-Versicherung
- Motorrad-Versicherung
- Boot-Versicherung
- Krankentagegeldversicherung
- Pflegeversicherung
- Versicherungen gegen schwere Krankheiten (Dread Disease)
- Betriebliche Altersvorsorge (bAV)
- Riester-Versicherung
- Rürup-Versicherung
- u. v. a.

Ein Beispiel, wie Sie Ihre Leistung darstellen können:

Das heißt nun nicht, dass Sie als lokaler Versicherungsberater ab sofort sich nur noch auf eine Versicherungsart konzentrieren sollen, um Erfolg zu haben. Es bedeutet, natürlich immer die wichtigsten Versicherungen anzubieten, damit Ihre örtlichen Kunden vor den Unbilden des Lebens geschützt sind und sich an den Wendepunkten ihres Lebens vertrauensvoll an Sie wenden können. Das sind Ihre wichtigsten Kunden.

Auch Kunden, aber eben unwichtigere, sind die, die Ihren Service nicht zu schätzen wissen. Ihnen geht es allein darum, das Beste zum billigsten Preis zu bekommen. Deshalb genieren sich diese Kunden auch nicht, Ihnen von Konkurrenzangeboten zu erzählen, die unterhalb Ihres Angebots liegen. Leistung um jeden Preis, aber nicht gegen Zahlung eines solchen, scheint ihre Devise zu sein.

Was tun? Nun, verhalten Sie sich, wie es der britische Historiker und Publizist Cyril Northcote Parkinson (1909-93) empfahl: *„Zwischen Wichtigem und Unwichtigem zu unterscheiden, bildet das Geheimnis jeden Erfolgs."*

Sie als lokale Marke haben mit solchen preisaffinen Kunden in aller Regel weniger zu tun, weil Sie eben ein „Markenprodukt" sind. Gleichwohl können Sie sich solchen Diskussionen niemals ganz entziehen. Es gibt Kunden, die schauen zunächst im Internet nach, was ihr Versicherungswunsch kosten könnte. Das Ergebnis drucken sie sich aus und legen es Ihnen, dem persönlichen „Kümmerer vor Ort", vor. Getreu dem Motto: „Friss oder stirb" fordern diese „Kunden" von Ihnen mindestens ein gleichwertiges Angebot, wenn nicht gar eines, das deutlich darunter liegt.

Üblicherweise haben Sie nun zwei Möglichkeiten, sich einer solchen Situation zu entziehen: 1. Sie lassen sich auf eine Preisdiskussion ein oder aber 2. Sie lehnen es ab, darüber zu sprechen. Das könnte dazu führen, dass Sie einen Kunden bzw. potentiellen Interessenten verlieren. Wenn Sie sich hingegen auf eine Preisdiskussion einlassen, können Sie, je nach Versicherungsgesellschaft, durchaus punkten, indem Sie Ihren Angebotspreis dem Konkurrenzangebot anpassen. Außer dass Sie den Kunden damit in Ihrem Bestand halten, hat Ihnen diese Aktion nichts gebracht. Weder Sie noch die von Ihnen vertretene Versicherungsgesellschaft wird sich mit Ihrem Vertragsabschluss zufrieden zeigen.

Umsatz um jeden Preis ist eben keine Lösung.

Deshalb ist es so wichtig, dass Sie solche Standardsituationen, die, wie erwähnt, Alltag eines Versicherungsberaters sind, konterkarieren. Positionieren Sie sich auf einem Gebiet als Experte. Da liegt Ihre Kernkompetenz, mit der Sie sich von anderen Anbietern abheben. Da wissen Sie, wie umgangssprachlich gesagt wird: Bescheid! Dieses Wissen hebt Sie aus der Masse der Anbieter. Zudem stellen Sie sicher, dass Sie auch Produkte anbieten, die für den normalen Versicherungsschutz unabdingbar sind. Ob Haftpflichtversicherung, Kfz-

Versicherung oder die Wohngebäudeversicherung, um nur einige zu nennen, müssen von Ihnen mit angeboten werden. Damit stellen Sie die Grundversorgung sicher, verdienen damit aber nicht das viele Geld. Das verdienen Sie durch die Spezialisierung.

Es ist wie mit den Sonnenstrahlen. Breit gestreut wärmen sie und richten keinen Schaden an. Gebündelt allerdings über einem Brennglas bringen sie Holz zum Brennen. Sie kennen das aus den täglichen Nachrichtenmeldungen. Im Hochsommer ist von zahlreichen Waldbränden die Rede. Häufig wurden diese durch unachtsam entsorgte Glasflaschen ausgelöst. Die Sonnenstrahlen bündelten sich hier und entzündeten so den darunterliegenden Waldboden. Eine kleine handelsübliche Glasflasche reicht aus, um mehrere tausende Quadratmeter Wald in Brand zu setzen. Somit haben wir hier den Beweis, dass nicht die Größe entscheidet, sondern die Konzentration. Womit sich im übertragenen Sinne Goethes Aussage, dass sich in der Beschränkung (= Konzentration) der wahre Meister zeigt, bestätigt.

Ohne jeden religiösen Hintergrund möchte ich Ihnen eine biblische Geschichte erzählen, die genau das eindeutig bestätigt. Da gibt es den Philister-Riesen Goliath, der sich über die Israeliten lustig macht. Inzwischen schon seit 40 Jahren. Er scheint unbesiegbar. Jeden Morgen und jeden Abend schreit er: *„Sucht jemanden aus, der gegen mich kämpfen soll. Wenn er gewinnt und mich tötet, werden wir euch dienen. Aber wenn ich gewinne und ihn töte, werdet ihr uns dienen. Na los! Sucht jemanden aus, der sich traut.“* Der alles andere als groß gewachsene David fragt ein paar Soldaten: *„Was bekommt der Mann, der den Philister tötet und Israel von dieser Schande befreit?“* Ein Soldat antwortet: *„Saul wird denjenigen reich machen. Er wird ihm seine eigene Tochter zur Frau geben.“* Die Israeliten haben Angst vor Goliath, weil er so riesig ist. Dennoch wagen einige Soldaten den Schritt und gehen gemeinsam zu König Saul. Sie teilen ihm mit, dass der kleine David gegen den großen Goliath kämpfen will. Saul sagt daraufhin zu David: *„Du kannst nicht gegen diesen Philister kämpfen. Du bist noch ein Junge und er ist schon ganz lange Soldat.“* Daraufhin antwortet David: *„Ich habe einen Bären getötet, der ein Schaf meines Vaters gerissen hat. Ich habe auch einen Löwen*

getötet. Und diesem Philister wird es genauso gehen. Gott wird mir helfen."
„*Gott wird dir helfen*", sagt daraufhin der König. Sodann macht sich
David auf den Weg. An einem Bach liest er fünf glatte Steine auf, die
er in seine Tasche steckt. Mit einer Steinschleuder in der Hand tritt
er dem Riesen entgegen. Dieser ist sich sicher, dass es für ihn ein
Leichtes sein wird, den kleinen David zu töten. „*Komm nur*", droht
Goliath, „*ich werde dich den Vögeln und den wilden Tieren zum Fraß vorwer-
fen.*" Von diesen markigen Worten lässt sich der kleine David nicht
beeindrucken. Er erwidert: „*Du kommst zu mir mit einem Schwert, einem
Speer und einem Wurfspieß. Ich aber komme zu dir im Namen Gottes. Er wird
mir an diesem Tag den Sieg geben. Ich werde dich töten!*" Nach dieser An-
kündigung läuft der kleine David in Richtung des großen Goliath. Er
nimmt einen Stein aus seiner Tasche, legt ihn in seine Handschleu-
der und spannt diese durch. Dann lässt er los. Der Stein fliegt, wie
erwartet, in Richtung Goliath. Der Stein trifft den biblischen Riesen
am Kopf. Daraufhin fällt der Riese tot um. Als die Philister realisieren, was geschehen ist, drehen sie sich alle um und fliehen. Die Israeliten jagen ihnen nach und gewinnen den Kampf.

Wie heißt es am Ende ähnlich gelagerter Geschichten? „*[...] und die
Moral der Geschichte ist, dass [...]*" In diesem Fall: Es braucht keine
Armee, um einen Riesen zu töten, sondern nur die Konzentration
auf einen Punkt (= Ziel). Der Punkt für Sie als lokaler Versicherungsberater ist Ihre Positionierung in Ihrer Zielgruppe.

Die Spezialisierung bringt es mit sich, dass Ihr Angebot nicht für jeden Kunden geeignet ist. So wie die Werbung für Hundefutter nur
die erreichen wird, die im Besitz eines Hundes sind, so wird die
Werbung für eine Versicherung auch nur die erreichen, die es be-
trifft. Somit müssen Sie sich die Frage stellen, wen Sie erreichen wollen.

Was ist Ihre Zielgruppe?

Das ist die Gruppe von Menschen, die gewisse übereinstimmende
Merkmale aufweist, wie z. B. soziale Stellung, Alter, Geschlecht,
Konsumgewohnheiten, Freizeitinteressen, Bildung, Hobby, etc.

Kennen Sie Ihre Gruppe, dann können Sie Ihr Angebot so abstimmen, dass die hier Angesprochenen sich damit identifizieren können.

Im anderen Fall können Sie sich auch als Spezialist für „gesellschaftliche Themen" positionieren. Finden Sie das richtige Angebot auf diese Herausforderungen:

- Immer mehr Menschen leben allein.

- Immer weniger Menschen werden geboren.

- Immer mehr Menschen werden älter als 80 Jahre.

- Immer mehr Menschen im Alter zwischen 35 und 45 Jahren verdienen mehr als der Durchschnitt.

- Immer mehr Menschen wünschen sich Wohneigentum.

- Immer mehr Menschen sind politikverdrossen.

- Immer mehr Menschen haben Angst vor einem Pflegefall im Alter.

- Immer mehr Menschen haben Angst vor Wohnungseinbrüchen.

- Immer mehr Menschen arbeiten immer weniger und haben immer mehr Freizeit.

- Immer mehr Menschen sind überschuldet.

- Immer mehr Menschen haben Angst um ihre Rente.

4.3.1.4 Public Relations

In §3 „Öffentliche Aufgabe der Presse" des Landespressegesetzes heißt es: „*Die Presse erfüllt eine öffentliche Aufgabe, wenn sie in Angelegenheiten von öffentlichem Interesse Nachrichten beschafft und verbreitet, Stellung nimmt, Kritik übt oder auf andere Weise an der Meinungsbildung mitwirkt.*" Von kostenloser Werbung steht da nichts. Wer Werbung haben will, muss dafür zahlen. Und das ist gut so. Denn 85 Prozent der Leser empfinden Anzeigen in der Zeitung als „glaubwürdig und zuverlässig"[86]. 80 Prozent bestätigen den praktischen Einkaufsnutzen von Zeitungsanzeigen.

Nicht immer wird Werbung gelesen. Was gelesen wird, sind Informationen. Suchen Sie den Kontakt zu örtlichen Medien und bieten Sie ihnen Artikel über Versicherungen an, die kostenlos veröffentlicht werden dürfen. Bleiben Sie unbedingt neutral. Verzichten Sie auf direkte Nennung von Produktnamen, Tarifen und Namen von Versicherungsgesellschaften. „Schleichwerbung" ist für Verlage ein teures Unterfangen. Wenn Sie diese Texte nicht selbst schreiben können, was völlig normal ist, weil Ihre Kernkompetenz weniger im schriftstellerischen dafür eindeutig im Versicherungsbereich liegt, sollten Sie nach einer Agentur Ausschau halten, die auf die Erstellung von Texten spezialisiert ist. Das kostet Sie Geld. Dennoch könnte je nach Region diese Investition geringer ausfallen als bei einer Anzeigenschaltung. In jedem Fall ist die Chance, von Millionen von Menschen gelesen zu werden, groß. Trotz Internet hat die klassische Tageszeitung nicht ausgedient, wie einige Zahlen und Aussagen[87] eindrucksvoll bestätigen:

- Nach wie vor ist die Tageszeitung mit Abstand das wichtigste Medium für die Information über den eigenen Wohnort und die nähere Umgebung. Unter allen Medien schreiben die Menschen den Zeitungen die größte lokale und regionale Kompetenz zu. Darüber hinaus halten sie die Tageszeitung für das mit Abstand glaubwürdigste Medium, wenn es um regionale und lokale Themen geht. Für 69 Prozent der Bevölkerung ist die Zeitung hier unverzichtbar, für weitere 16 Prozent zumindest sinnvoll.

- 47,5 Millionen Deutsche lesen jede Ausgabe einer täglich oder wöchentlich erscheinenden Zeitung. Das entspricht einer Reichweite von 67,4 Prozent. Der größte Anteil der Zeitungsnutzung entfällt auf die Tageszeitungen: 63,2 Prozent der über 14-Jährigen nehmen sie täglich zur Hand. Das sind 44,6 Millionen Leser Tag für Tag!

- Zeitungen erreichen ihrer Leser nicht nur off-, sondern auch online. Mehr als 30 Millionen Menschen besuchen die Internetauftritte der Zeitungen monatlich. In der Kombination aus Print- und Onlineausgabe erreichen Zeitungen rund 80,5 Prozent der Bevölkerung.

- Zeitungen werden vor dem Einkaufen gelesen. 75 Prozent der Leser haben diese gelesen, bevor sie sich auf den Weg zum Einkaufen begeben.

Doch die wichtigste Botschaft aus all den Zahlen, die ich Ihnen in diesem Abschnitt präsentiere, bestätigt, was ich fortwährend erwähne: Verankern Sie Ihre Markenbotschaft im Hirn Ihrer bestehenden wie potentiellen Kunden. Die Autoren der ZMG (Zeitungs-Marketing-Gesellschaft), Frankfurt, stellen fest:

„Zeitungen verankern Botschaften im Gedächtnis. "

Nach Meinung der Autoren der hier veröffentlichten Zahlen werden Werbekampagnen umso besser erinnert, wenn die Zeitung mit einem substanziellen Anteil im so genannten Media-Mix vertreten ist. Starke Kampagnen fallen durch Format und Farbe in der Zeitung besonders auf. Bereits mittlere Media-Mix-Anteile sorgen dafür, dass die Konsumenten diesen Impuls ohne weitere Stützung aus dem

Gedächtnis reproduzieren können. Halten wir fest: Was in der Zeitung steht, merkt man sich besonders gut, nämlich das „Wichtige" und das „Richtige", was es sich zu merken lohnt."

4.3.2 Veranstaltungen und Anlässe

„In Petersburg ist Pferdemarkt, da muss ein Mann doch hin, ich wünsch dir eine schöne Zeit...", so heißt es in einem Schlager von Katja Ebstein. Tatsächlich gehen die Menschen gerne auf Feste aller Art. Nicht nur in St. Petersburg, sondern rund um den Globus. Insbesondere in den Sommermonaten. Ob Stadtfest, Dorffest, Hafenfest, Sportlerfest, Wattrennen bei Ebbe, Sonnenwendfeiern, Schützenfest, kirchliche Feste, Kirchweih, Freimarkt, Wiesenfeste, Weinfest, Erntedankfest, Stadtläufe. Die Liste ließe sich unendlich weiterführen ob der vielen regionalen Veranstaltungen.

Nutzen Sie solche Events, um sich als lokale Marke ins Gespräch zu bringen. Wählen Sie Veranstaltungen, auf denen sich Ihre Kunden bewegen. Wie im Kapitel 4.1.4 (Agenturstandort) beschrieben, benötigen Sie dafür kein großartiges Equipment, sondern einen Point of Sales-Tresen nebst Plakat und Flaggen. Letztere sind besonders wichtig, weil Fahnen sich bewegen. Dort, wo etwas bewegt wird, bewegen sich die Zuschauer hin.

> *„Eine qualitativ hochwertige Kreation kann die Betrachtungsdauer eines Werbemittels bis auf das sechsfache steigern und die Kaufabsicht verdoppeln!"*

So lautet das Ergebnis der Studie[88] „The Power of Creation" des Online-Vermarkterkreis (OVK) im Bundesverband Digitale Wirtschaft (BVDW) e. V. Analysiert wurde in dieser Studie die Rolle der Kreation von Standard-Werbemitteln in Bezug auf Blickkontakt, Betrachtungsdauer und Sichtbarkeit. Die Daten stammen aus einer Analyse von über 270 Studien und 40.000 Befragungsteilnehmern zur Werbewirkung von Standard-Display-Werbemitteln in Bezug auf Bewertung, Kreativität, Erinnerung, Image, Kaufanreiz, Message und Attraktion.

Das zentrale Ergebnis der Untersuchung lautet:

Ob die Werbung überhaupt gesehen wird und wie lange sie den Nutzer bindet, ist zu einem großen Anteil von der Kreation abhängig.

In der Studie wurden zudem die wichtigsten Kreationselemente für eine positive Gesamtwirkung von Display-Werbung ermittelt. Als positiv haben sich dabei u. a. der Einsatz von Animation, eine erläuternde Produktdarstellung, die Anwendung von Überraschungseffekten sowie die Vermittlung von Hochwertigkeit herausgestellt. Ihr Werbeauftritt sollte nicht überladen wirken. Hier ist weniger oft mehr.

Nur beispielhaft sehen Sie hier, wie ein solcher „Messestand" gelingen kann. Wichtig ist dabei nicht die Größe, die ohnehin von der Art der Veranstaltung abhängt. Wichtig ist, dass Sie vor Ort sind und mit Ihrem Stand auffallen.

Wie in der Studie erwähnt, ist der Einsatz von Animation kontaktfördernd. Bringen Sie vorbeilaufende Besucher dazu, sich an einer Aktion an Ihrem Stand zu beteiligen, zum Beispiel durch „Spiele":

Darüber hinaus könnten Sie eine Schätzfrage stellen. Die Schätzer füllen hierzu eine Postkarte aus, nennen Name und Anschrift und tragen ein, wie viele z. B. Cent-Stücke in einem Gurkenglas aufbewahrt werden. Der Gewinner bekommt dann einen interessanten Preis. Sie im Gegenzug eine neue Adresse.

Selbige bekommen Sie auch, wenn Sie z. B. Luftballons mit Helium befüllen und Kindern die Möglichkeit geben, eine Postkarte anzuheften. Diese wird im Beisein der Eltern ausgefüllt. Eine Kopie davon behalten Sie. Danach erhebt sich der Ballon in die Luft. Nun heißt es abwarten. Im besten Fall fliegt der Ballon mehrere hundert Kilometer und der Finder der Karte sendet diese entweder an Ihre Agentur oder aber an die Adresse des Kindes. Die Presse wird darüber berichten, je weiter der Ballon geflogen ist. Deshalb gilt: Daumen drücken!

Eine andere Form der Kontaktaufnahme zu potentiellen Kunden sehe ich, wenn Sie z. B. der Experte für Pflegezusatzversicherungen und Krankenversicherungen sind. Dann können Sie auf einer Veranstaltung kostenlos Blutdruckmessen anbieten und die Werte entsprechend kommentieren. So weit, wie es rechtlich zulässig ist. Sie sind Versicherungsberater und kein Arzt.

Ich möchte ergänzen, dass es nicht immer nur Veranstaltungen sind, die Ihnen die Möglichkeit geben, sich als lokale Marke zu positionieren. Es gibt darüber hinaus extrem viele Anlässe, die Sie für neue Geschäftskontakte nutzen können. Für die Inspiration und damit die Chance auf mehr Umsatz reicht ein Blick in die Tageszeitung. Hier finden Sie die wichtigsten Anregungen, wie z. B.:

- Ihr bester Auftraggeber ist noch immer „Vater Staat". Unermüdlich ist er damit beschäftigt, nicht nur neue Vorschriften zu erlassen, sondern auch seine Leistungen an unseren Bürgern zu beschneiden. So führen Änderungen an Sozialgesetzen häufig zu weitreichenden finanziellen Einschränkungen. Die Bürger sind ratlos und brauchen Ihre Hilfe.

- Ihr Wettbewerber bietet ein neues Versicherungsprodukt. Das können Sie als Aufhänger nehmen, um mit Ihren Kunden über ein Gegenangebot zu sprechen.

- Sie lesen in der Zeitung, dass in Ihrer Gemeinde die Zahl der Wohnungseinbrüche stark zugenommen hat. Ein Grund, Ihre Kunden anzurufen, um mit ihnen über den Schutz ihres Eigentums zu reden.

- In den Sommerferien werden viele Kunden aus Ihrer Gemeinde verreisen. Auch hier braucht es nicht nur eine Empfehlung aus dem Reisebüro, wohin die Reise gehen kann, sondern Ihre Unterstützung in Sachen Absicherung. Gleiches gilt für die Winterferien. Der Fall Michael Schumacher hat gezeigt, wie schnell wir Opfer eines Unfalls in der Freizeit werden können. Damit die Kosten im Falle eines Falles übernommen werden, muss der Winterurlauber auf die Risiken wie die Chancen hingewiesen werden.

- Sie können aktuelle Statistiken zu Krankheiten und Unfällen heranziehen, um mit Ihren Kunden über den richtigen Versicherungsschutz zu sprechen.

- Die Finanzkrise und die leidige Diskussion um den Euro verunsichern die Menschen. Sie haben Angst, im Alter trotz aller Sparanstrengungen mit leeren Händen dazustehen. Auch hier können Sie mit Ihren Produkten Lösungen anbieten, die ihnen diese Angst nehmen.

- Die „Null-Zins-Politik" der Europäischen Zentralbank bestätigt die Einlassung des deutschen Schriftstellers Joachim Ringelnatz (1883-1934): *„Sicher ist, dass nichts sicher ist, selbst das nicht."* Zeigen Sie Ihren Kunden Möglichkeiten auf, wie sie ihr Geld besser anlegen können.

Diese Beispiele sind nicht an den Haaren herbeigezogen, sondern Themen täglicher Berichterstattung. Deshalb sind sie in den Köpfen der Menschen präsent. Wenn Sie diese Themen aufgreifen und Ihre Kunden darauf ansprechen, bin ich mir sicher, dass sie mit Ihnen darüber sprechen werden.

4.3.3 Sponsoring

„Der Staatshaushalt muss ausgeglichen sein. Die öffentlichen Schulden müssen abgebaut, die Arroganz der Behörden muss gemäßigt und kontrolliert werden. Die Zahlungen an ausländische Regierungen müssen verringert werden, wenn der Staat nicht bankrottgehen soll. Die Leute sollen wieder lernen zu arbeiten, statt auf öffentliche Rechnung zu leben."

Da sagt endlich ein Politiker, wo es lang geht. Das ist gut so, angesichts der über zwei Billionen Euro, die Deutschland an Schulden vor sich herträgt. Natürlich soll Deutschland auch nicht weiter an ausländische Regierungen zahlen müssen. Ansonsten geht das Land bankrott. Ach ja, auch die Hartz IV-Empfänger müssen wieder lernen, endlich eigenes Geld zu verdienen.

Ist es das, was Sie gedacht haben, nachdem Sie die obige Einlassung gelesen haben? Dann werden Sie sicher auch sagen können, welcher Politiker diese Forderungen aufgestellt hat. Natürlich, das war Cicero. Sie erinnern sich, dass es sich hierbei um den römischen Staatsmann handelt, der vor mehr als 2000 Jahren lebte. Mit anderen Worten: Den Menschen ging es offensichtlich zu allen Zeiten schlecht!

Wirklich?

Natürlich nicht. Es kommt immer darauf an, wie Sie die Welt sehen wollen. Für den einen ist das Glas halbleer, für den anderen halbvoll.

Schön, dass es sie gibt, die Menschen, die das Leben mehr von der positiven Seite sehen. Seien Sie sicher, auch diese Zeitgenossen haben schwere Stunden im Leben, doch gehen sie damit anders um. Deshalb fällt es ihnen leichter, das Leben unbeschwerter zu genießen. Zudem zeigen sie sich gegenüber dem Leben dankbarer als die Miesepeter, die geradezu besessen sind, das Schlechte zu finden.

Dankbare Menschen handeln, ungeachtet religiöser Dogmen, nach Maleachi´s Empfehlung. Der biblische Prophet aus dem Alten Testament empfahl: *„Bringe aber die Zehnten ganz in mein Kornhaus, auf dass* *in meinem Hause Speise sei, und prüfet mich, spricht der Herr, ob ich euch dann nicht des Himmels Fenster öffne und Segen über euch ergieße zum Überfluss. "*

Ob sie (sie kleingeschrieben) den Zehnten oder mehr oder weniger spenden, weiß ich nicht. Dass sie spenden, sehr wohl. Dabei zeigen sich die Deutschen regelmäßig spendabel. Allein 2013 wurden nach Angaben des Deutschen Spendenrats rund 4, 7 Milliarden Euro für den guten Zweck gespendet.

Sie als lokaler Versicherungsberater sollten ebenfalls mit gutem Beispiel vorangehen und einen Teil Ihres verdienten Geldes einsetzen, um anderen zu helfen. Dann wird sich bestätigen, was schon der österreichische Dramatiker Johann Nepomuk Nestroy (1801-1862) sagte:

„Großzügigkeit verhilft zu Ansehen. "

Wobei Ihre Spende nicht zwingend in die kirchliche Kollekte fließen muss oder heimlich an eine große Hilfsaktion, die auf der anderen Seite der Welt humanitär unterwegs ist (Sie können das natürlich darüber hinaus gerne tun). Mein Tipp:

Verbinden Sie Marketing und „Gutes tun".

Betreiben Sie in Ihrer Heimatgemeinde bzw. in Ihrem Verkaufsgebiet aktives Sponsoring. Die aus dem angelsächsischen Sprachraum kommende Bezeichnung steht für die Förderung von einzelnen Personen (z. B. Sportler), einer Personengruppe (z. B. Fußball), einer Organisation oder Veranstaltungen in Form von Geld- und/oder Sachzuwendungen sowie Dienstleistungen.

Ziel ist es, den Empfänger des Sponsorings zu fördern und dabei gleichzeitig auf das eigene Unternehmen aufmerksam zu machen. Eine für alle Seiten gewinnbringende Symbiose.

Sponsoring ist heute fester Bestandteil eines Marketingkonzepts. Es basiert auf dem Prinzip von Leistung (vom Sponsor) und Gegenleistung (vom Gesponserten). Diese Form der Öffentlichkeitsarbeit ist „Werbemittel" und Kommunikationsinstrument in einem. Deshalb werden inzwischen zweistellige Milliardenbeträge jährlich und weltweit ausgegeben.

Im Mittelpunkt des Sponsorings steht neben Umsatz- und Absatzförderung im Besonderen die Steigerung des Bekanntheitsgrades von Marken und Unternehmen. Wobei Außenstehende ein Sponsoring nicht als reine Werbung sehen. Im Fokus der Wahrnehmung steht die Förderung des Gesponserten. Dass damit mehr oder weniger unbewusst ein positives Image für den Sponsor aufgebaut wird, erschließt sich den Betrachtern nicht. Gleichwohl verfehlt es nicht die Wirkung.

Sponsoring ist keine Erfindung der Neuzeit, obgleich es in der Vergangenheit eher mit einem Makel versehen war. Die Ursprünge dieser „Werbe- und Kommunikationsform" gehen auf die 1960er-Jahre zurück. Damals wurde auf Sportveranstaltungen indirekt geworben (Schleichwerbung). Erst in den 1970er-Jahren etablierte Sponsoring sich als feste Größe in der Sportwerbung. Inzwischen ist diese Form der „Unterstützung" unverzichtbar. Weder Sport noch zahlreiche Events wären ohne Sponsoring überlebensfähig. Auch viele Institutionen, die sich ausschließlich über Spendengelder finanzieren, hätten ihre Schwierigkeiten, ohne Sponsoring über die Runden zu kommen.

Für Sie als lokaler Versicherungsberater bedeutet Sponsoring nicht, „Fördergelder" mit der sprichwörtlichen Gießkanne unters Volk zu bringen. Ihr Sponsoring muss zu Ihnen als Marke passen. Deshalb müssen Sie nach Markenbotschaftern Ausschau halten, die diesem Anspruch, den Sie als lokaler Versicherungsberater haben, gerecht werden. Das müssen nicht immer Personen wie z. B. Sportler sein. Es können und sollen Veranstaltungen, aber auch Institutionen sein, wie z. B. die Feuerwehr. Die Ausrichtung auf Institutionen ist dabei weniger gefährlich als die alleinige Konzentration auf eine Person. Gerät diese in Misskredit, kann das unter Umständen auch für Sie als Sponsor Nachteile mit sich bringen, einfach deshalb, weil Sie als

Marke mit der Person in Verbindung gebracht werden. Vor Überraschungen ist man somit alles andere als sicher, wie der Fall Marco Reus einmal mehr bewies. Der Profi-Fußballer vom BVB Dortmund warb für einen deutschen Autohersteller und eine Tankstellenkette. Dann stellte sich heraus, dass er nie eine Führerscheinprüfung abgelegt hatte. Stattdessen war er im Besitz eines gefälschten holländischen Führerscheins. Für sein Vergehen musste er teuer bezahlen. Die Richter verurteilten ihn im Dezember 2014 zu einer Geldstrafe von 540.000 EUR. Für ihn ein Klacks angesichts seines Millionengehalts. Für sein Image aber eine riesengroße Katastrophe.

Es muss schnell gehen für den Sponsor, wenn er erfährt, dass sein Schützling „out of line" ist. So auch im Falle des Radsportprofis Danilo Hondo. Als sein Sponsor, der deutsche Hersteller von Mineralwasser-Produkten Gerolsteiner, erfuhr, dass der von ihm gesponserte Sportler des Dopings überführt wurde, trennte sich das Unternehmen mit sofortiger Wirkung von ihm. Nur so schützte es sich vor einen Imageschaden. Nicht immer haben die Sponsoren es in der Hand, wie sich die Dinge entwickeln. Ein Restriskio besteht immer auf beiden Seiten. Als der mehrfache Formel 1-Fahrer a. D., Michael Schumacher, am 29. Dezember 2013 so unglücklich stürzte, dass er daraufhin ins Koma fiel, filmte seine Helmkamera das Unvorstellbare. Die „GoPro-Kamera (benannt nach dem Hersteller), die auf seinem Ski-Helm montiert war, zerbricht bei dem Sturz. Monate später lässt die Falschmeldung, die Kamera habe den Helm destabilisiert, den Aktienkurs der Herstellerfirma in den Keller stürzen.

Mit solchen Problemen dürften Sie weniger Probleme haben, wenn Sie lokale Vereine und Institutionen unterstützen. Zudem sind die Herausforderungen auf lokaler Ebene deutlich geringer als im internationalen Sport-Business. Deshalb betrachten Sie bitte die hier erwähnten Beispiele als Aufforderung, Ihre Partner sehr gewissenhaft auszusuchen. Für Sie als lokaler Versicherungsberater steht viel auf dem Spiel. Sie können nicht von gleich auf sofort die Zelte in einem Ort abbauen, um sie an anderer Stelle wieder aufzubauen. Sie sind auf Ihre Heimat und den Zuspruch der Bevölkerung angewiesen.

Bei allen denkbaren Risiken überwiegen natürlich die Vorteile des Sponsorings, wie z. B.:

- Image

Der gute Ruf des Gesponserten „färbt" auf den Sponsor ab. Außenstehende verknüpfen die Erfolge des Gesponserten mit dem Sponsor. Als z. B. der Österreicher Felix Baumgartner als erster Mensch aus einer Höhe von 39 Kilometern in Richtung Erde sprang, sah alle Welt einen roten Bullen auf seinem „Astronautenanzug". Damit bestätigt sich mit einem leichten Augenzwingern der Slogan des Sponsors: „*Red Bull verleiht Flügel.*" Als ein paar Monate später ein Google-Mitarbeiter diesen Rekord brach und aus 41 Kilometer Höhe sprang, sah man einen „schneeweißen Anzug" ohne Sponsor-Aufdruck.

- Freude

„*Die Freude ist die Mutter aller Tugenden*", war sich Goethe sicher. Tatsächlich ist es nicht nur die Förderung an sich, sondern auch die Freude, die Sie als Sponsor mit den von Ihnen Unterstützten teilen. Freude bedeutet ein positives Lebensgefühl – wer könnte das im harten Geschäftsalltag nicht gebrauchen? Ein positives Lebensgefühl wiederum bedeutet Erfolg.

- Glaubwürdigkeit

Durch das gegenseitige Vertrauen zwischen Sponsor und der von ihm gesponserten Person oder Institution erhöht sich die Glaubwürdigkeit des Förderers.

- Öffentlichkeitsarbeit

Wird über den Erfolg der Gesponserten (Person wie Institution) berichtet, kommt darüber der Sponsor ins Gespräch. Er sonnt sich somit im Erfolg der von ihm Unterstützten.

Sponsoring beginnt im übertragenen Sinne vor Ihrer Haustür und damit im unmittelbaren Umfeld. Statt nach den „ganz Großen" Ausschau zu halten, müssen Sie die Möglichkeiten vor Ort nutzen, derer es zahlreiche gibt. So sind Sie z. B. im besten Fall Mitglied in verschiedenen Vereinen, in denen Sie sich, je nach Situation, als Sponsor einbringen. Man wird Sie nicht nur wegen Ihrer beruflichen Kompetenz wertschätzen, sondern auch wegen Ihrer Aktivitäten im Verein oder vergleichbaren Institutionen. Doch Achtung: Hier ist weniger mehr. Übernehmen Sie sich nicht mit Ihrem Engagement. Nehmen Sie nur so viele „Vereinsposten" an, wie Sie im Laufe eines Jahres auch bedienen können. Ansonsten geht Ihre Rechnung nicht auf.

In Sachen Wahrnehmung sind Vereine der Königsweg bzw. Königswege, derer es hier viele gibt. Zum einen machen Sie sich als lokaler Versicherungsberater im Kreise der Vereinsmitglieder bekannt. Je nach Tätigkeit innerhalb des Vereins binden sie so die Mitglieder emotional an sich. Zum anderen kommen Sie bzw. Ihre Agentur in den Genuss „kostenloser Werbung". Die lokale Presse berichtet häufig über das örtliche Sportgeschehen. In den Printmedien in Wort, Schrift und Bild. Im Internet zusätzlich mit Filmbeiträgen. Bekleiden Sie innerhalb des Vereins z. B. einen Führungsposten, werden Sie von der Presse zu dem aktuellen Spielgeschehen interviewt. Ihr Name und ggf. Ihr Bild erscheint somit in den Medien. Treten Sie im Anzug vor die Kamera, dann kann eine Anstecknadel im Reverse auf Ihre Dienstleistung hinweisen. Im anderen Fall tragen Sie Sportlerkleidung, die mit Ihrer Werbebotschaft versehen ist (hierzu mehr im weiteren Verlauf).

Sie sollten Ihr Sponsoring allerdings nicht immer von einer aktiven Mitgliedschaft abhängig machen. So wie man nicht auf mehreren

Hochzeiten gleichzeitig tanzen kann, so kann man nicht überall Mitglied sein. Wichtig ist, dass Sie sich den (die) Verein/e heraussuchen, in der das Gros Ihrer Zielgruppe vertreten ist. Gehen Sie nur soweit Verpflichtungen ein, die Sie auch erfüllen können. Für die Außenwahrnehmung ist das sehr wichtig. Wenn die Mitglieder auf Ihr Engagement angewiesen sind, wie z. B. die Freiwillige Feuerwehr, dann dürfen Sie nicht durch Abwesenheit glänzen. Verantwortung übernehmen heißt, Verantwortung leben. Wenn Sie selbst keine Zeit finden, sich ehrenamtlich zu engagieren, dann zumindest als Sponsor, der sich z. B. um den Nachwuchs verdient macht. Sie können z. B. die Freiwillige Feuerwehr, das Deutsche Rote Kreuz, die örtliche „Tafel", die Kirchengemeinde, etc. werblich unterstützen, wie dieses Beispiel zeigt:

Denken Sie auch an die aktiven Mitglieder in der Feuerwehr, indem Sie z. B. einen „Feuerwehrball" durch weitere Werbemaßnahmen unterstützen:

Wie erwähnt sind Vereine häufig auf Spenden angewiesen. Das müssen nicht immer einseitige monetäre Zuwendungen Ihrerseits sein, ohne eine direkte Gegenleistung. Wie sagte schon Goethe so treffend?: „*Hand wird von Hand gewaschen, wenn du nehmen willst, so gib.*" Zeit ist bekanntlich Geld und so sollte auch eine Beratung nie „kostenlos" sein. Selbst wenn dafür nicht direkt bezahlt wird, so muss klar sein, dass Sie am Ende durch einen Abschluss verdienen und nicht durch „gute Beratung". Was natürlich nicht bedeutet, dass Sie einen Abschluss um jeden Preis herbeiführen. Erst die Beratung an sich wird zeigen, welche Möglichkeiten sich ergeben.

Eine der vielen Möglichkeiten ist auch, mit dem Vorstand des Vereins eine Mailingaktion auszuhandeln. Der Verein schreibt seine Mitglieder an und bietet ihnen eine kostenlose und unverbindliche Beratung zu einem bestimmten Thema an. Für jede Beratung, die Sie persönlich führen, spenden Sie eine Summe X für die Vereinskasse.

Sie können das „Wir-Gefühl" im Verein weiter stärken, indem Sie einen weiteren Betrag spenden. Dieser ist von einer bestimmten Anzahl geführter Beratungen abhängig. Wie oben geschrieben, spenden Sie für jede einzelne Beratung eine Summe X. Sobald Sie z. B. zehn Beratungen, zwanzig oder fünfzig geführt haben, zahlen Sie eine weitere Spende (so eine Art „Bonus") in die Vereinskasse.

Sponsoring in Sportvereinen

Der Deutsche Olympische Sportbund (DOSB) und seine fast 100 Mitgliedsorganisationen bringen über 27,7 Millionen Menschen regelmäßig in Sport und Bewegung. Damit ist der DOSB die größte Bürgerbewegung Deutschlands. Zudem erbringen rund 1,7 Millionen ehrenamtlich tätige MitarbeiterInnen eine jährliche Wertschöpfung von ca. 6,7 Milliarden Euro[89]. Somit bieten sich hier einzigartige Möglichkeiten, sich in Position zu bringen.

Sponsoring im Fußball

Mit rund 6,7 Millionen VereinskameradInnen ist der Deutsche Fußball-Bund der größte, gefolgt vom Turnverband mit 5,1 Millionen Mitgliedern. Wohingegen der Deutsche Tischtennisbund (nur) rund 600.000 Mitglieder zählt. Von solchen Zahlen dürfen Sie sich als lokaler Versicherungsberater nicht täuschen lassen. Masse ist nicht gleich Klasse. Wenn Sie eine Nische besetzen bzw. sich spezialisiert haben, kann ein Verein mit bundesweit 600.000 Mitgliedern interessanter sein als ein Verein mit über 6 Millionen Mitgliedern, der überhaupt nicht zu Ihrer Zielgruppe passt. Wie an anderer Stelle beschrieben, stellen Sie als lokaler Versicherungsberater die „Grundversorgung" Ihrer Mandanten sicher. Auch dann, wenn Sie sich auf ein Thema spezialisiert haben. Deshalb ist es meiner Meinung so wichtig, immer „Flagge zu zeigen". Mit anderen Worten: Sie können es sich nicht leisten, nicht in einem örtlichen Fußballverein engagiert zu sein. Auch wenn es Mangels Nachwuchs in einigen Bereichen Deutschlands zu Fusionen zwischen einigen Fußballvereinen kommt, so treffen Sie hier noch immer auf ein „breites Publikum". Nutzen Sie diese Chance, die es früher so im Fußball nicht gab. Die Anfänge des Sport-Sponsorings waren weniger spektakulär, nicht aber der Auftakt in die Bundesliga.

Es war eines der schnellsten Tore in der Bundesliga überhaupt. Nur 58 Sekunden brauchte Friedhelm „Timo" Konietzka von Borussia Dortmund, um den Ball ins gegnerische Tor von Werder Bremen zu schießen. An diesem „denkwürdigen" 24. August 1963 bekamen die Zuschauer einiges geboten. Nicht aber Werbung. Damals waren die Fußball-Stadien so gut wie werbefrei. Das änderte sich zum einen durch höchstrichterlichen Beschluss und den Mut eines vorausschauenden Unternehmers, Günter Mast. Der Braunschweiger Kräuterlikörhersteller wollte den finanziell klammen Bundesligisten Eintracht Braunschweig unter die Arme greifen. Allerdings durfte damals noch nicht in dem Maße geworben werden wie heute. Deshalb forderte Mast als Gegenleistung für seine umgerechnet rund 50.000 EUR Zahlung, sein Unternehmenslogo als neues Vereinssymbol zu verwenden. Bekanntlich kennt Not kein Gebot und so umging Eintracht Braunschweig die Regeln des Deutschen Fußballbundes. Die Eintracht übernahm 1973 das Firmenlogo von „Jägermeister" als Vereinswappen. Damit konnten die Torjäger mit „Jägermeister" und dem Hirschkopf im Logo legal auf ihren Sporttrikots werben. Andere Vereine folgten dem Beispiel. Seit 1979 tragen alle Fußballer der 18 Bundesligisten Trikots mit Werbebotschaften. Ich empfehle zur Nachahmung. Folgen Sie diesem Beispiel und sponsern Sie den örtlichen Fußballverein:

Trikot-Werbung:

Neben der Trikotwerbung sollten Sie auch die Möglichkeit der Bandenwerbung nutzen, wie im folgenden Beispiel:

In einem Interview[90] mit der Zeitung „Die Zeit" antwortete Dr. Christoph Breuer, Leiter des Instituts für Sportökonomie und Sportmanagement an der Deutschen Sporthochschule Köln, auf die Frage: „Gibt es einen Unterschied zwischen Banden- und Trikotwerbung?": „Trikotwerbung wird stärker wahrgenommen, weil sie direkter in das Spielgeschehen involviert ist. Die Bandenwerbung wird vor allem bei Großeinstellungen, also Eckbällen, wahrgenommen."

Im Idealfall nutzen Sie nicht nur Trikot- und Bandenwerbung, sondern auch die Möglichkeit, Trainingsanzüge und Sportlertaschen zu sponsern. Doch hüten Sie sich vor einer „Klumpenbildung", indem Sie Ihr Werbebudget nur in diesem Bereich investieren und andere dadurch komplett vernachlässigen. Auf ein gesundes Mix kommt es an.

Wie eingangs erwähnt, müssen Sie nicht in allen Vereinen aktives Mitglied sein. Passive Mitglieder werden genauso gern gesehen. Insbesondere dann, wenn sich das Vereinsleben ausschließlich über Mitgliedsbeiträge und Spenden finanziert. Darüber hinaus freut sich jeder Vorstand um Unterstützung, wenn es darum geht, die Ideen des Vereins einem breiten Publikum bekannt zu machen. Nutzen Sie diese Möglichkeit des Sponsorings durch Einsatz spezieller Werbeträger, wie im folgenden Beispiel (Sponsoring im Reitverein) dargestellt:

4.3.4 Anlässe und Events der eigenen Agentur

Das waren noch Zeiten, als im deutschen Einzelhandel alljährlich der Sommer- und der Winterschlussverkauf eingeläutet wurden. Diese festen Termine waren im Kalender der preisbewussten und klug rechnenden Hausfrau rot markiert. Was nicht überrascht. Schließlich waren Preisnachlässe von bis zu 70 Prozent möglich.

Weil der Gesetzgeber sich heute weitaus liberaler zeigt als noch vor 20 Jahren, gibt es diese Termine nicht mehr. Schlussverkäufe gehören somit der Vergangenheit an. Heute braucht es somit andere kreative Ideen, um die Menschen in die Geschäfte zu locken. Dabei kommt es mehr denn je darauf an, die Möglichkeiten der digitalen Vernetzung zu nutzen. War vor Jahren „App" noch ein Fremdwort, so haben diese kleinen Computerprogramme Einzug gehalten in alle Lebensbereiche. Theoretisch können wir bereits auf Bargeld verzichten. Bezahlt wird mit einer App. Es kommen schwere Zeiten auf Diebe und Gauner zu, die des Nachts in Wohnungen und Geschäftsräume einsteigen, um nach Bargeld zu suchen. Digitales Geld lässt sich nicht stehlen, somit steigt die Sicherheit. Also hat die Entwicklung durchaus auch etwas Positives. Aber nicht immer. So beklagt z. B. der stationäre Modefachhandel Umsatzeinbußen. Nach Angaben des Branchenverbandes BTE schrumpfe der Markt für Damenmoden deutlich. Einen der Gründe sieht der Verband im Internetboom, der die Chancen auf spontane Lustkäufe im Laden verringere[91]. Zudem zahlen Kunden, die den Einzelhandel aufsuchen, immer seltener den ausgezeichneten Preis. Sie feilschen wie auf einem orientalischen Basar.

Wer wollte es ihnen verübeln? Schließlich nutzen sie nur die Technik, die ihnen heute zur Verfügung steht. So vergleichen z. B. 42 Prozent der Besitzer von Smartphones oder Tablet-Computern die Preise für ein Produkt direkt im Geschäft (!), und 32 Prozent informieren sich vor Ort über die Eigenschaften eines Produktes, schreibt der Branchenverband Bitkom[92]. Dabei blieb die Frage unbeantwortet, ob die 32 Prozent ratsuchenden Konsumenten dort auch kaufen oder mit wertvollen Informationen nach Hause gehen, um Online zu bestellen.

So sind wir Menschen, die wir nicht aus unserer Haut können. Tief in unserem Reptiliengehirn sitzt noch immer der Jäger und Sammler. Letzterer pirscht nicht mehr durch Wald und Flur, um seinen Korb zu füllen, was, nebenbei erwähnt, auch für die Gesundheit wegen der Bewegung gut wäre. Der moderne Sammler und Jäger sitzt vor einem Rechner und jagt im Internet nach günstigen Angeboten. Seine körperliche Bewegung ist reduziert auf die Handbewegung, um Maus und Tastatur zu bedienen. Will der lokale Einzelhändler diesem „Treiben" ein Ende bereiten, dann muss er sich hinsetzen und überlegen, wie er die Kunden vom Bildschirm zu sich ins Geschäft lotst. Am Ende seiner Überlegungen stellt er fest, dass es nur einen Weg gibt, einen Online-Käufer zum Offline-Käufer umzupolen: Rabatte! Deshalb lesen wir täglich von Angeboten wie „Räumungsverkauf wegen Umbau"; „Abverkauf wegen Sortimentswechsel"; „Ausverkauf der Saisonware", „Abverkauf wegen bevorstehender Inventur". Diese Botschaften werden häufig mit extrem hohen Rabatten beworben, sodass der Kunde gar nicht lange überlegen muss, wie er den Tag verbringt. Er soll ihn im Kaufhaus des Werbenden verbringen. Und genau das geschieht. Ob der Kunde am Ende dann auch das Schnäppchen gemacht hat, steht dabei auf einem anderen Blatt.

Wie eine Redensart sagt, fängt man mit Speck Mäuse. Auch Sie als lokaler Versicherungsberater kommen nicht umhin, sich ähnlich zu verhalten wie die Einzelhändler. Ich schreibe: ähnlich – nicht gleich. Denn Sie sollen, wie an anderer Stelle erwähnt, weiterhin als Experte auf Ihrem Fachgebiet wahrgenommen werden und nicht der „billige Jakob" sein. Dennoch müssen Sie mitunter auf die sprichwörtliche Pauke hauen, damit Sie von potentiellen Kunden auch wahrgenommen werden. Ein „Tag der offenen Tür" ist so eine Art Paukenschlag. Laden Sie aber nicht ohne Grund ein. Nur weil Sie die Tür für alle öffnen, kommen längst nicht alle. Der Mensch ist ein Gewohnheitstier. Er liebt die Routine, wie Studien belegen. Demzufolge wurden 80 Prozent der Menschen der Wunsch nach Routine, Verlässlichkeit und Ritualen in die sprichwörtliche Wiege gelegt[93].

Nur eine Minderheit von 20 Prozent hat genetisch bedingt mehr Spaß am Neuen. Forscher nennen diese Personen „sensation seakers", weil sie Aufregung suchen und auf den Kick aus sind.

Dass die überwiegende Mehrheit so ist, wie sie ist, hat einen einfachen Grund. Neues zu verarbeiten ist für unser Gehirn ein anstrengendes und kräftezehrendes Unterfangen. Für diese Arbeit benötigt es unendlich viel Zucker und Sauerstoff. Sobald das Gehirn eine komplexere Aufgabe zu erledigen hat, versucht es, Energie zu sparen, indem es auf Routinehandlungen umschaltet. Denn im Vergleich zur Ressourcen fressenden Großhirnrinde brauchen die darunter liegenden Basalganglien, die über 90 Prozent unserer Handlungen steuern, extrem wenig Energie. Deshalb lieben wir Menschen die Routine, zumal wir damit sogar sehr glücklich sind. Unser Gehirn belohnt unser routiniertes Verhalten mit einer Ausschüttung der körpereigenen Opiate – mit anderen Worten: Wir sind auf Droge!

„Der Leidensdruck muss schon erheblich sein, um sich auf Fremdes einzulassen", sagt der Bremer Neurobiologe Prof. Dr. Gerhard Roth[94]. Das Gefühl von Wert- und Haltlosigkeit bei einschneidenden Veränderungen im Leben aktiviert im menschlichen Gehirn die gleichen Areale wie körperlicher Schmerz. In beiden Fällen wird ein Botenstoff ausgeschüttet, den Forscher auch „Substanz P" nennen. Der Buchstabe steht für das englische Wort *„pain"*. Zu Deutsch: Schmerz! Deshalb sind Veränderungen von der Routine so extrem schwierig und damit eine echte Herausforderung. Wer sich verändern möchte, kämpft an zwei Fronten und erleidet Schmerzen. Auf der einen Seite ist da die starke Bindung an die Routine. Auf der anderen Seite gibt es die Widerstände im Gehirn.

„Für unser Gehirn gibt es kaum etwas Schwierigeres, als Gewohnheiten abzulegen", sagt Prof. Dr. Roth[95]. Schwierig heißt für mich „nicht unmöglich". Sehen wir es, wie es einst Goethe schrieb: *„Das kleine Wort 'ich will' ist mächtig, spricht's einer still und leis. Die Sterne reißt's vom Himmel, das kleine Wort 'ich will'."* Tatsächlich sind wir unseren Gewohnheiten nicht hilflos ausgesetzt. Der US-amerikanische Wissenschaftsautor (u. a. „Die Macht der Gewohnheit") und preisgekrönte „New York

Times"-Journalist Charles Duhigg schreibt[96]: *„Wir müssen zuerst den Mechanismus verstehen, nach dem Gewohnheiten ablaufen. Erst dann können wir unsere Handlungen wieder steuern."* Dabei muss es nicht immer zum Äußersten kommen. Wir Menschen brechen am ehesten mit Gewohnheiten in sogenannten „teachable moments" (= lernbereite Situationen). Damit bezeichnen Psychologen extreme Entwicklungen im Leben eines Menschen, wie z. B. eine schwere Krankheit, eine Scheidung oder den Verlust eines Arbeitsplatzes. In diesen zugegebenermaßen alles andere als angenehmen Lebensabschnitten ist die Chance am größten, Veränderungen in Angriff zu nehmen.

Hier ist Ihre Chance als lokaler Versicherungsberater. Statt einfach nur einen „Tag der offenen Tür" mit Sektempfang und Bratwurst zu veranstalten, veranstalten Sie einen „Lösungstag" oder Thementage wie z. B. einen Gesundheitstag (wenn Sie im Krankenversicherungsbereich tätig sind) oder einen Tag zum Thema „Sicherheit rund ums Haus". Schauen Sie sich Ihre Zielgruppe an und finden Sie heraus, wo hier der sprichwörtliche Schuh drückt. Das können Sie, weil Sie hier der Experte sind, sonst wären Sie ja nicht in dieser Zielgruppe unterwegs. Bauen Sie auf diesem Problem Ihren „offenen Tag" auf, indem Sie die Lösung als Headline verwenden. Organisieren Sie hierzu Vorträge mit ausgewählten Referenten, die an diesem Tag zu diesem Thema sprechen werden.

Natürlich vergessen Sie dabei nicht, auch die „abzuholen", die dieses Problem nicht haben, dafür aber ein anderes. Gehen Sie davon aus, dass es so ist. Schließlich gibt es inzwischen rund 7,3 Milliarden Menschen auf diesem Planeten, von denen nur 81 Millionen in Deutschland leben. Aber diese 81 Millionen Menschen haben mindestens 81 Millionen „Baustellen". Diesen Begriff verwende ich, wenn ich nicht von Problemen sprechen möchte. Eine Herausforderung ist eine Aufgabe und kein Problem.

Hier nur einige Beispiele, über welche Themen Sie informieren können:

- Sicher durch die Finanzkrise (Kapitalanlage)
- Mit Sicherheit zum Ausbildungsplatz (Bausparen, VWL)
- Garantierte Altersrente (Riester, Lebensversicherung)
- Wohin mit Oma? (Pflegeversicherung)
- Wohneigentum, aber sicher (Gebäudeversicherung)
- Steuer, ein Wort zu 5/6 aus Teuer (Rürup)
- (K)eine Scheidung (Versicherungen für alle Lebenslagen)
- Vollmacht, Betreuungs- und Patientenverfügung (Allgemeines)

In diesem Kapitel habe ich bewusst sehr weit ausgeholt. Es geht mir darum, dass Sie mit Ihren Aktionen Erfolg haben. Nichts frustriert mehr, als wenn die Ergebnisse hinter den Erwartungen zurückbleiben. Die Konsumenten sind heute nicht mehr so leicht vom heimischen Küchentisch zu locken, damit sie sich auf den Weg in Ihre Versicherungsagentur machen. Es braucht heute deutlich mehr Impulse, um die Menschen zu erreichen. Deshalb mein Tipp, mit gezielten Vorträgen Ihre Zielgruppe anzusprechen. Dann haben Sie eine realistische Chance, die Besucherzahl zu erhöhen.

Belohnen Sie die Bereitschaft dieser Besucher durch kleine Geschenke. Keine Streumittel (wie in Kapitel 4.1.2 erwähnt, diese sind eher „zum breiten Streuen" geeignet), sondern höherwertige Zuwendungen. So können Sie für eine Teilnahme eine Spende an den lokalen Kindergarten oder der Jugendabteilung des Fußballvereins leisten. Wie bereits erwähnt, löst eine Belohnung beim Beschenkten Glücksgefühle aus. *Schuld* daran ist das körpereigene Rauschmittel Dopamin. Dieses wird u. a. dann freigesetzt, wenn der Mensch „überrascht" wird. Diese Substanz regt besonders die Zentren im Gehirn an, die das Verhalten, die Motivation und die Lernfähigkeit steuern.

Hier zeigt sich, wie wichtig eine Belohnung ist, die auf vielfältige Art stattfindet. So könnten Sie z. B. Ihren Besuchern ein Gutscheinheft im Wert von x EUR schenken. Oder einen Tankgutschein über 5 EUR, der bei einer örtlichen Tankstelle eingelöst werden kann. Auch eine Kooperation mit einem lokalen Reisebüro ist möglich, indem Sie Reisegutscheine verschenken.

Ich bin mir sicher, dass Sie damit viele Autofahrer erreichen werden. Allein die Tatsache, dass ihr Besuch an einer „Tanke" mit 5 EUR belohnt wird, reißt sie vom Sofa und lässt sie in Ihre Agentur laufen. Wer´s nicht glaubt, muss nur einen Blick auf die Autoschlange werfen, die sich vor einer Tankstelle bildet, wenn hier der Sprit 10 Cent günstiger ist als bei allen anderen Tankstellen im Ort. Fasst der Tank 80 Liter, dann sprechen wir hier über eine Ersparnis von 8 EUR. Dafür sind die Menschen bereit, nicht nur einen Umweg in Kauf zu nehmen, sondern auch noch 20 Minuten zu warten, bis sie endlich den Tankrüssel in den Tank ihres Fahrzeuges stecken dürfen. Genauso ticken wir Menschen. Mit Verlaub: Nutzen Sie es für Ihre Zwecke aus. Schließlich haben Sie im Gegenzug etwas zu bieten.

Meine Ausführungen in diesem Kapital beziehen sich auf den normalen Alltag einer Versicherungsagentur. Ausnahmen bestätigen bekanntlich die Regel. Wenn eine Geschäftsübergabe stattfindet oder eine Agentur neu eröffnet wird oder ein verkaufsoffener Sonntag in der Gemeinde stattfindet oder eine große Messe Tor und Tür öffnet, brauchen Sie keine Vorträge. Dann ist es gut, dass Sie Ihre Agenturtür öffnen und die Interessenten wie Kunden zu einem Gespräch einladen.

4.4 Neukundengewinnung

„Die Welt ist voll von habgierigen, selbstsüchtigen Menschen.
Deshalb haben die wenigen, die selbstlos versuchen,
anderen zu dienen, einen ungeheuren Vorteil:
Sie stehen praktisch konkurrenzlos da. "

Dale Carnegie (1888-1955)
Trainer und Unternehmensberater

Die Masse macht´s! Wer sonst?

Kennen Sie das so genannte „*Kleine-Welt-Phänomen*"? Diese Bezeichnung aus dem Jahre 1967 stammt vom amerikanischen Psychologen
Stanley Milgram. Es besagt, dass jeder Mensch jeden beliebigen anderen Menschen über durchschnittlich sechs Ecken kennt. Eine für
damalige Verhältnisse gewagte Feststellung, die inzwischen von den
Wissenschaftlern Jure Leskovec von der Carnegie Mellon University
und Eric Horvitz von Microsoft Research eindrucksvoll bestätigt
wurde. In ihrer Studie[97] griffen sie auf einen Datenbestand zurück,
wie ihn nur das weltumspannende Internet ermöglicht. Somit konnten sie mehr als 240 Millionen Instant-Messenger-Accounts analysie-
ren. 30 Milliarden Einzelverbindungen umfassten die Protokolle; es
ist das nach Aussagen der Forscher größte je analysierte soziale
Netzwerk. Das Ergebnis dieser langwierigen Untersuchung ist eindeutig:

Durchschnittlich 6,6 Personen lang ist die Kette, die zwei
Menschen verbindet. 48 Prozent aller Personen können so-
mit über sechs Stationen erreicht werden.

Hier zeigt sich die Wichtigkeit der Kontakte im positiven wie negativen Sinne. Unternehmer und Verkäufer bringen sich nicht nur um
Umsatz und Gewinn, sondern auch um Neukunden, wenn sie mit

ihren Kontakten grob fahrlässig umgehen. Das fand eine Studie[98] der Wharton School an der University of Pennsylvania heraus. Die Experten stellten fest, dass ein Kaufmann zwischen 32 und 36 Prozent seiner bestehenden Kunden verliert, wenn selbige mit seinem Unternehmen schlechte Erfahrungen gemacht haben. Eine Firma, die nicht auf Kundenzufriedenheit achtet, wird somit ein Drittel ihrer Kunden verlieren. Die Studie zeigt ferner, dass nur sechs Prozent der Käufer, die eine schlechte Erfahrung gemacht haben, dieses dem Anbieter auch mitgeteilt haben. Mehr als 30 Prozent aber haben über diese schlechte Erfahrung mit ihren Freunden, Familienmitgliedern und Kollegen gesprochen. Acht Prozent von ihnen haben einer Person davon erzählt, weitere acht Prozent zwei Personen, aber sechs Prozent haben mit sechs oder mehr Personen darüber gesprochen.

Diese und viele andere Studien zeigen, dass es um weit mehr geht als um den »einen« Kontakt. Es ist eben ein Trugschluss zu glauben, dass nur ein Kontakt verlorengeht, wenn dieser eine nicht genutzt oder im schlimmsten Fall sogar enttäuscht wird. Tatsächlich gehen Hunderte, wenn nicht gar Tausende Kontakte verloren. Es ist zwar nur der eine Mensch, mit dem wir sprechen, doch hinter diesem einen Menschen stehen weitere, mit denen er spricht.

So entwickeln sich Kontakte:

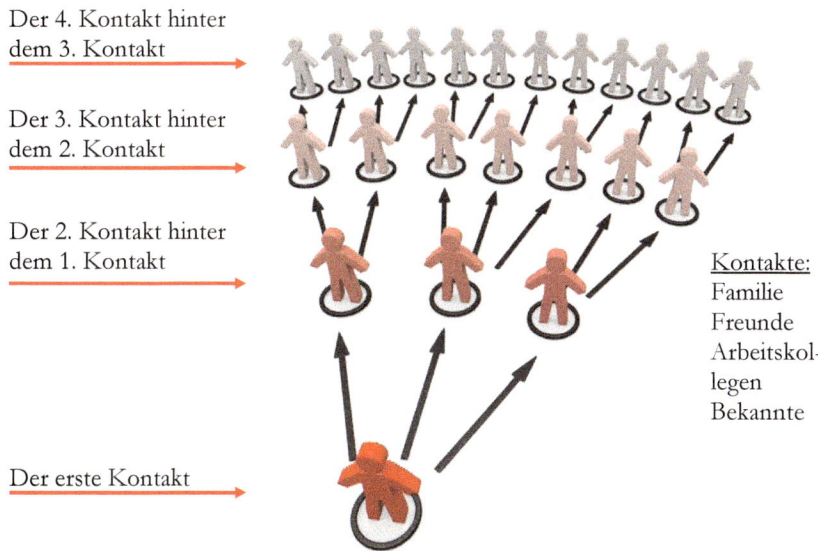

Der 4. Kontakt hinter dem 3. Kontakt

Der 3. Kontakt hinter dem 2. Kontakt

Der 2. Kontakt hinter dem 1. Kontakt

Der erste Kontakt

Kontakte:
Familie
Freunde
Arbeitskol-
legen
Bekannte

Machen Sie sich klar: Wenn Sie einen Kunden nicht angehen, verlieren Sie nie nur diesen einen Kontakt, sondern alle weiteren Kontakte, die hinter diesem Kontakt stehen. Hinter dieser Person stehen z. B. Ehepartner, Kinder, Schwager, Freunde, Bekannte, Sportskameraden, Arbeitskollegen usw.

Im besten Fall erreichen Sie das, was der „Positionsexperte" Peter Sawtschenko fordert:

> *„Laufen Sie niemals hinter Ihren Kunden her, sondern sorgen Sie dafür, dass Ihre Kunden auf Sie zukommen."*

4.4.1 Empfehlungsmarketing

„Wer andere überzeugen will, braucht einen Zeugen!" Das ist mein Credo. Gibt es diesen „Zeugen" nicht, wählt ein Unternehmen andere Wege, neue Kunden zu generieren. Es stellt Vertriebsmitarbeiter ein, unterschreibt Verträge mit Versicherungsmaklern und Handelsvertretern oder schaltet Anzeigen. Letzteres ist nicht ganz billig. So kostet z. B. eine ganzseitige Anzeige in der Frankfurter Allgemeine Zeitung (FAZ) rund 60.000 EUR. Das Stern-Magazin verlangt 56.000 EUR und das Focus-Magazin bis zu 50.000 EUR. Wohlgemerkt: für eine Seite, die auch nur einmal erscheint. Hier zeigt sich, dass das Werbebudget schnell aufgebraucht ist und niemand weiß, wie viele Menschen diese Anzeige überhaupt zur Kenntnis genommen haben. Darüber hinaus ist auch nicht klar, wie viele sich dann an das Unternehmen wenden. Dennoch sind diese Kampagnen wichtig, aber längst nicht für alle Branchen geeignet.

Im besten Fall passiert das, wovon der Positionsexperte Peter Sawtschenko überzeugt ist:

„Wer nicht automatisch neue Kunden gewinnt, ist falsch positioniert!"

Sie gewinnen Kunden automatisch, indem Sie sich als Marke zuvor erfolgreich in Position gebracht haben. Gleichwohl sollten Sie in Sachen Neukundengewinnung nichts dem Zufall überlassen. Nutzen Sie den „Zauber des Augenblicks", der sich bei guter Gesprächsführung einstellt. Fragen Sie Ihre Kunden nach Empfehlungen. Direkter und schneller kommen Sie nicht an neue Kontakte.

Noch nie haben Menschen so viel kommuniziert wie heute. Gleichzeitig ist genau das zu einem Problem geworden. Es wird immer schwieriger, wahrgenommen zu werden. Angesichts der Informationsflut, die auf uns alle alltäglich herunterprasselt, haben wir es uns angewöhnt, eine Art „Gehirn-Filter" einzusetzen. Sonst könnten wir den Tsunami an Informationen gar nicht mehr verarbeiten. Jeder Deutsche besitzt inzwischen mindestens einen Mobilfunkanschluss.

In 80 Prozent aller privaten Haushalte steht ein Computer. Von den Zehn- bis 54-Jährigen ist nahezu jeder online[99]:

> *„Eine Untersuchung von Computerwissenschaftlern der University of California in Irvine ergab, dass sich im Arbeitsalltag Arbeitnehmer durchschnittlich elf Minuten am Stück einer Aufgabe widmen können, bevor ein Telefonat, eine E-Mail, eine Nachricht im Instant Manager oder ein anklopfender Kollege stört."*

Der Medienpsychologe Gary Bente[100] sieht in der tagtäglichen Datenmenge neue Probleme, auf die wir reagieren müssen. Angesichts dieser Situation verschanzen sich immer mehr Konsumenten hinter einer Art „Firewall":

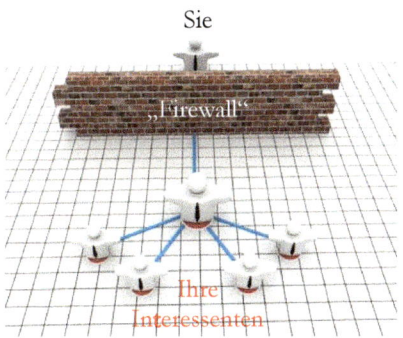

Interessenten wollen nur noch die Informationen „durchlassen", die für sie nützlich sind. Das Problem liegt darin, dass nicht jeder Verbraucher in der Lage ist, eigenständig zu erkennen, ob eine Information für ihn von Wert ist. Damit haben Sie als lokaler Versicherungsberater ein Problem: Sie müssen die Firewall potentieller Kunden überwinden, um sie mit Ihrer (wichtigen) Botschaft zu erreichen. Gelingt Ihnen diese Überwindung der Mauer, hat der angesprochene (aber noch kein) Kunde die Chance, den Wert Ihres Angebotes individuell zu prüfen.

Die Überwindung einer Firewall ist eine große Herausforderung. Sie beginnt nicht erst mit dem Aufeinandertreffen an einer solchen, sondern schon sehr viel früher.

„Service macht den Unterschied!"

Damit überwinden Sie (fast) jede Firewall. Haben Sie Ihre bestehenden Kunden bestmöglich betreut, dann sind diese bereit, für Ihre Dienstleistung als Zeugen aufzutreten. Im übertragenen Sinne können sie beZEUGEn, dass Sie einen guten Job machen und ein verlässlicher Partner sind. Dadurch steigt zum einen Ihre Chance, neue Kunden zu gewinnen. Zum anderen verdienen Sie mehr Geld, wenn Sie sich um Ihre Kunden fortwährend kümmern. Studien ergaben, dass jeder zweite Kunde bereit ist, für einen guten Service mehr zu zahlen. Das ist die gute Nachricht aus einer Studie des Global Customer Service Barometers:

„Es ist klug, sich um seine „treuen" Kunden zu kümmern. Die repräsentative Umfrage im Rahmen des Excellence Barometers 2009 stellt fest, dass 57 Prozent der Befragten ihren bevorzugten Anbieter weiterempfehlen, während dies bei einer sporadischen Kundenbeziehung nur 27 Prozent tun würden."

In unserer Branche gibt es eine Erfahrung:

Ein Endkunde fühlt sich gut betreut, wenn er zwei bis drei unabsichtliche Kontakte pro Jahr mit seinem Versicherungsberater hat.

Dass müssen nicht immer direkte Gespräche sein. Die in diesem Buch vorgestellten Marketingmaßnahmen wie z. B. Geburtstagskarte, ein Weihnachtsgruß und ein Kundenjournal reichen häufig schon aus. Je konsequenter Sie diese Mittel einsetzen, desto geringer fällt die Stornoquote aus. Natürlich spricht nichts dagegen, dass Sie spontan auch das persönliche Gespräch, Face to Face oder via Telefon, suchen.

Wie erwähnt leben wir in einer reizüberfluteten Welt, die es dem Entscheider immer schwieriger macht, zu entscheiden. Die Angst vor Fehlentscheidungen ist groß, nicht nur bei Privatkunden, sondern auch bei Geschäftskunden. Jede falsche Entscheidung kann für den Betroffenen zu einem teuren Fiasko werden. Ein guter Rat einer vertrauenswürdigen Person, die im besten Fall eigene Erfahrungen mit einem Produkt, einer Dienstleistung, einem Unternehmen, etc., gemacht hat, ist nicht nur bares Geld wert. Er spart auch Zeit und gibt im Besonderen Sicherheit.

„Zufriedene Kunden sind die besten Verkäufer in Ihrem Unternehmen, die häufig sogar noch umsonst arbeiten."

KUNDen sind geneigt, ihre Erfahrungen »KUND« zu tun. Im negativen Sinne wie im positiven. Letzteres können Sie bewusst steuern, wenn Sie die Erwartungen Ihrer ratsuchenden Kunden übererfüllen. Gehen Sie hierzu die sprichwörtliche Extrameile. Das ist kein neuzeitlicher Appell von Erfolgstrainern, sondern eine Aufforderung aus der Bibel und damit mehr als 2000 Jahre alt (Matt. 5,41). Jesus sagt:

„Wenn dich jemand nötigt, eine Meile weit zu gehen, so gehe mit ihm zwei."

Nach dem Gesetz konnte zu Zeiten Jesu ein römischer Offizier jeden jüdischen Zivilisten dazu zwingen, sein schweres Gepäck bis zu einer Meile weit für ihn zu tragen. Jesus fordert die Menschen auf, noch über dieses Gesetz hinaus zu handeln. Er ermutigt sie, zwei Meilen zu gehen.

Nun mag man sich fragen, warum ein Zivilist mehr arbeiten sollte als vom Gesetz verlangt. Zumal er zu dieser schweren Arbeit gezwungen wurde. Im übertragenen Sinne tragen wir mit der Extrameile des anderen Last. Dass es nun ausgerechnet ein verhasster römischer Legionär sein sollte, für den sich der Zivilist schinden musste, spielt keine Rolle. Entscheidend ist einzig die Bereitschaft, es tun zu wollen. Wer die „Extra-Meile" in seinem Herzen trägt, lebt und liebt, was er tut. Sein Handeln ist seine BERUFung! Zudem kostet die zweite Meile Zeit und Aufwand. Auf den ersten Blick ökonomisch irrational. Auf den zweiten aber extrem wertvoll. Wer zwei Meilen statt einer geht, kommt auch weiter voran. Vor allem in Sachen Kundenbeziehungen. Wenn es diese auch nicht sofort zu würdigen wissen, so werden sie sich in dem Moment daran erinnern, in dem es für Sie als lokaler Versicherungsberater wichtig wird. Kein Kunde muss jeden Tag an Sie denken. Es reicht, wenn er Ihre Hilfe braucht oder andere, die Ihren Kunden nach einem guten Versicherungsberater befragen.

Zufriedene Kunden sind keine Selbstverständlichkeit, sondern der „Extralohn" für gut erledigte Arbeit bzw. Dienstleistungen. Und damit mehr die Ausnahme denn die Regel. Auf die Frage nach den Erfahrungen, die Kunden in Deutschland mit dem Service eines Unternehmens gemacht haben, antworteten nur zwei Prozent, dass ihre Erwartungen übererfüllt wurden. Rund die Hälfte (55 Prozent) sah sie als erfüllt an, während 39 Prozent sie als nicht erfüllt ansahen! 39 Prozent sind eindeutig zu viel. Unternehmen oder Agenturen, in denen Service nicht GROSS geschrieben wird, bringen sich um Umsatz und Gewinn, wie die hier zitierte Befragung bestätigt:

> *„[…] Zum einen führte ein guter Service bei 59 Prozent der deutschen Kunden zum vermehrten Kauf. Zum anderen gaben die Kunden beim Kauf auch noch mehr Geld aus!"*

Sie als lokaler Versicherungsberater haben es somit selbst in der Hand, ob Ihre Dienstleistung zum Umsatzturbo wird, indem Sie Ihr Augenmerk auf die (Über)-Erfüllung der angebotenen Leistungen legen. Dadurch steuern Sie selbst, ob Ihr Kunde Sie weiterempfehlen wird oder aber ob Sie von ihm eine Weiterempfehlung erhalten, wenn Sie ihn danach fragen.

Besonders wichtig: Fragen Sie nach jedem Gespräch nach Empfehlungen! Das ist um ein Vielfaches leichter, als ein paar Tage später anzurufen, um dann die Empfehlungsfrage zu stellen. Jetzt, in diesem Augenblick, in dem Sie mit Ihrem Kunden zusammensitzen, sind die Rahmenbedingungen perfekt. Deshalb müssen Sie sie stellen, die Frage nach weiteren Empfehlungen.

Ihm diese Frage zu stellen ist aus mindestens zwei Gründen extrem wichtig:

1. Soziales Umfeld

Menschen umgeben sich bevorzugt mit ihresgleichen. Sie verbringen ihre Zeit häufig mit denen, die die gleichen Interessen, Visionen, Hobbys und Vorlieben haben. Sie umgeben sich gern mit denen, die darüber hinaus die gleichen Herausforderungen lieben oder die gleichen (religiösen oder politischen) Ansichten haben.

2. Vorverkauft

Empfehlungsgeschäft ist ein Geschäft auf Vertrauensbasis. Wer mit Ihren Leistungen unzufrieden ist, wird Sie niemals weiterempfehlen. Eine Weiterempfehlung, die sich später als „Pleite" herausstellt, bringt auch den Empfehlungsgeber in Schwierigkeiten. Dadurch können Freundschaften zerbrechen. Ein solches Risiko ist niemand bereit einzugehen. Deshalb müssen Sie immer einen sehr guten Job machen. Nur wenn Ihr Empfehlungsgeber von Ihnen zu 100 Prozent überzeugt ist und Ihnen vertraut, vertraut er Ihnen seine Kontakte an.

Durch eine Empfehlung sind Sie „vorverkauft":

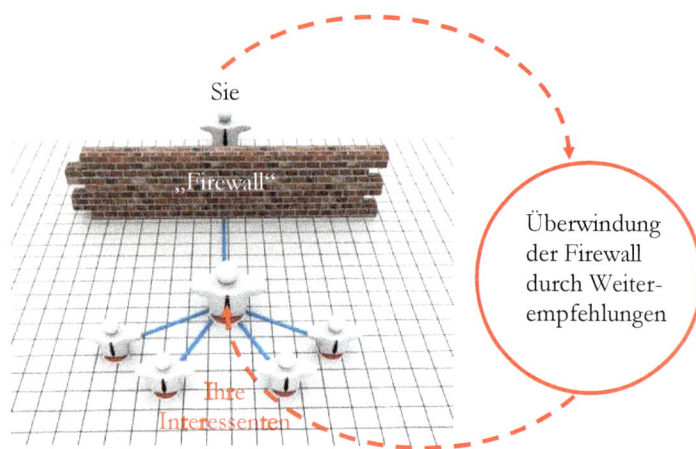

Wenn es darum geht, eine Kaufentscheidung zu treffen, hören Menschen gern auf andere Menschen. Laut einer Studie der Innofact AG gaben 45 Prozent der Befragten an, Freunde, Familie und Bekannte nach einer Empfehlung zu fragen, wenn sie z. B. einen „guten" Handwerker benötigen:

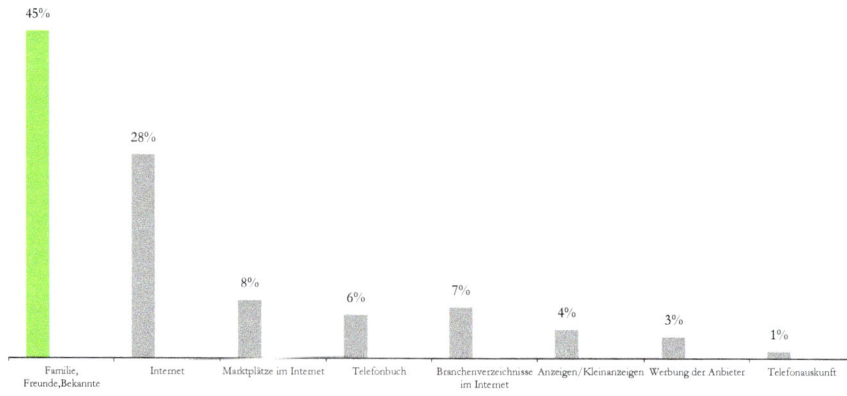

(Quelle: Studie der Innofact AG)

Es ist Ihr Kunde, der den Empfehlungsnehmer besser kennt als jeder andere. Von ihm kommen zu dieser Person wichtige Hinweise. Damit kommen Sie in den Genuss eines weiteren Vorteils: Sie verfügen bereits über wichtige Informationen über den Empfehlungsnehmer. Im Gespräch können Sie dadurch viel schneller auf den Punkt kommen. Was wichtig ist, denn bei jeder Art der Neukundengewinnung schaltet sich das menschliche Unterbewusstsein ein. Es flüstert und hämmert Botschaften ins Gedächtnis des Angesprochenen, damit dieser nicht Gefahr läuft, falsche Entscheidungen zu treffen. Sitzt einem Ratsuchenden ein ihm bis dato unbekannter Versicherungsberater (in anderen Branchen üblicherweise der Verkäufer) gegenüber, der gerade sein Angebot präsentiert, könnte im Kopf des so angesprochenen potentiellen Kunden folgender innerer Dialog ablaufen: *„Dieser Verkäufer lobt sein Produkt, sein Unternehmen, sein Angebot und seinen Preis über den grünen Klee. Das ist doch klar. Er will den Abschluss mit mir, um (fast) jeden Preis. Aber sagt er mir die Wahrheit?"*

Dieser innere Dialog, dem wir uns selten entziehen können, wenn es um unser Geld geht, verläuft vollkommen anders, wenn der Erstkontakt über eine Empfehlung kommt. Durch diesen Vertrauensbonus reagiert das Unbewusste des Angesprochenen durch eine positive Affirmation: *„Okay, wenn mein Freund, Max Mustermann (mein Arbeitskollege, mein Bekannter, mein Arzt, mein Steuerberater, mein Nachbar, etc.), diese Versicherung abgeschlossen hat, kann ich nichts verkehrt machen. Dann muss das Angebot gut sein. Dann will ich mich dafür entscheiden, weil die Chance, etwas falsch zu machen, gering ist."*

Durch die Empfehlung wird das eigennützige Denken, das der Kunde dem Verkäufer typischerweise (un)berechtigterweise unterstellt, geradezu aufgehoben. Dieser Vertrauensbonus ist ganz entscheidend für die höhere Effizienz gegenüber anderen Akquisemaßnahmen. Die Effizienz spiegelt sich in einem deutlich höheren Abschlussverhältnis wieder, sei es in Bezug auf die Anzahl der Präsentationen, Termine oder auf den Geschäftsabschluss im engeren Sinne.

Diese Effizienz finden Sie auch auf der Kostenseite wieder. Sponsoring kostet Geld. Eine Werbeanzeige in der lokalen Tageszeitung ebenfalls. Werden diese Investitionen zielgerichtet ausgegeben, führen sie zum gewünschten Ergebnis.

Diese Ausgaben finden Sie in Ihrer Unternehmensbilanz als Kosten wieder. Nicht aber die Kosten für Empfehlungsmarketing. Diese schlagen so gut wie nicht zu Buche (von Gutscheinen und kleineren Zuwendungen einmal abgesehen). Somit ist aus betriebswirtschaftlicher Sicht Empfehlungsmarketing die günstigste Methode zur Erschließung neuer Umsatzpotentiale. Wer seinen Kunden immer wieder gute Gründe liefert, bei ihm selbst (und dem dahinterstehenden Unternehmen) zu kaufen, schafft eine Vertrauensbasis, die Außenstehende nur schwer *zerstören* können. Diese Kundenloyalität macht aus „normalen" Kunden Unternehmensbotschafter, die leidenschaftlich und gern von ihren positiven Erfahrungen berichten.

Wenn ein potentieller Kunde nach einem Gespräch mit Ihnen die Entscheidung trifft, dass er Ihr Angebot nicht nutzen will, dann ist das sein gutes Recht. Ihr potentieller Kunde weiß aber auch, dass er von Ihren Informationen, die Sie in diesem Gespräch dargestellt haben, profitiert. Deshalb dürfen Sie auch die so genannte Empfehlungsfrage stellen. Schließlich haben Sie Zeit, Energie und ggf. Kosten in dieses erste Gespräch investiert. Mit einer qualifizierten Empfehlung seitens des Gesprächspartners reduzieren Sie „Ihren imaginären Schaden". „*Herr Kunde, vielen Dank für die Zeit, die Sie sich genommen haben. Ich habe Ihnen gern mein umfangreiches Angebot präsentiert. Ich habe verstanden, dass es dennoch für Sie kein Thema ist, weil... Darf ich Ihnen eine Frage stellen: Kennen Sie jemanden, für den dieses Angebot von Interesse sein könnte?"*

4.4.1.1 Empfehlungskarten

Der römische Staatsmann Marcus T. Cicero (106-43) war sich sicher: *„Einen sicheren Freund erkennt man in unsicherer Sache."* Diese Feststellung ist wertvoller denn je. Wir Menschen werden heute, mit Verlaub, mit Produkt- wie Dienstleistungsangeboten regelrecht zugeschüttet. Damit bestätigt sich immer öfter: *„Wer die Wahl hat, hat die Qual."* Wer sich weder quälen noch ein unkalkulierbares Risiko eingehen möchte, fragt einen Freund, einen Bekannten oder eine ihm vertraute Person um Rat. Diese Empfehlungen sind glaubwürdig, authentisch, kostenlos und sicher. Deshalb beeinflussen sie den Kaufentscheid eines Ratsuchenden positiv.

Ihre zufriedenen Kunden sind Ihr wertvollster (Daten-)Schatz, Ihr größtes Kapital, Ihre beste Rendite, Ihre beste Altersversorgung, Ihr zuverlässigster Arbeitgeber (Ihr Kunde zahlt Ihnen über die bestehenden Verträge Ihr Einkommen). Geben Sie diesen zufriedenen Kunden die Möglichkeit, Sie als lokalen Versicherungsberater weiterzuempfehlen. Machen Sie es ihnen so einfach wie möglich, ganz im Sinne von Angelo Giuseppe Roncalli (Papst Johannes XXIII): *„Vereinfache das Komplizierte und kompliziere nicht das Einfache."* Mit einer „einfachen Empfehlungskarte" überwinden Sie die komplizierte Neukundenakquise.

Händigen Sie Ihren Kunden eine nach Ihren Wünschen gestaltete Empfehlungskarte aus. Machen Sie deutlich, dass Sie die Portokosten übernehmen (und für Ihre Kunden keine Kosten entstehen):

Ganz wichtig: Gemäß einem Sprichwort *„Umsonst ist nicht einmal der Tod, der kostet das Leben"*, kostet Sie auch die Empfehlung ein kleines Entgelt. Belohnen Sie Ihren Kunden für seine Weiterempfehlung. Am besten mit einem kleinen Präsent (kein Streuartikel). Übersenden Sie ihm nach Eingang einer Empfehlung z. B. einen Wertgutschein. Dieser kann bei einem örtlichen Unternehmen eingereicht und mit einem Einkauf verrechnet werden. Der Unterschied zum Gutscheinheft liegt darin, dass der Wertgutschein über einen bestimmten Betrag (gesetzliche Anforderungen müssen beachtet werden) ausgestellt wird.

Es müssen aber nicht immer nur Ihre Kunden sein, die Sie weiterempfehlen. Möglicherweise haben Ihre Kunden selbst ein Fachgeschäft. Dann könnten Sie, wie sinnig, mit ihnen ins Geschäft kommen und hier Ihre „Empfehlungskarten" auslegen. Somit bieten Sie potentiellen Kunden buchstäblich im Vorbeigehen die Chance, sich später mit Ihnen in Verbindung zu setzen.

Mit einem verschlüsselten Code (ggf. handschriftlich und klein vermerkt) erkennen Sie, von welchem Ort Ihr potentieller Neukunde diese Karte mitgenommen hat. Was wichtig ist, denn wir Menschen lieben die Überraschung (Stichwort: Aktivierung des Belohnungssystems im Gehirn). Wie groß wird die Freude Ihres Stammkunden sein, wenn Sie eines Tages mit einem Blumenstrauß in der Tür stehen, um sich für den Kontakt via Empfehlungskarte zu bedanken. Sie fällt deshalb so überraschend aus, weil Ihr bestehender Kunde nicht um die Codierung wusste.

4.4.2 Zielgruppenmarketing

„Wer auf andere Leute wirken will, der muss erst einmal in ihrer Sprache mit ihnen reden", empfahl der deutsche Schriftsteller Kurt Tucholsky (1890-1935). Wie wahr! Nur wenn Sie als lokaler Versicherungsberater Ihre Zielgruppe kennen, kennen Sie auch ihre Sprache. Akademiker werden sich miteinander anders unterhalten als zwei Friseure oder zwei Bürokaufleute. Das sagt natürlich nichts über die Intelligenz aus. Ein Friseur, ein Dachdecker, ein Bäcker können studiert haben und dennoch aus reiner Freude in diesem Beruf arbeiten, der auch mit einem Hauptschulabschluss erlernt werden kann. In jedem Fall ist es für das Erreichen von Zielen extrem wichtig, richtig verstanden zu werden. Das ist allerdings nicht immer leicht. Dazu sagte der österreichische Verhaltensforscher Prof. Dr. Konrad Lorenz (1903-1989):

> *„Gedacht heißt nicht immer gesagt. Gesagt heißt nicht immer richtig gehört. Gehört heißt nicht immer richtig verstanden. Verstanden heißt nicht immer einverstanden. Einverstanden heißt nicht immer angewendet. Angewendet heißt noch lange nicht beibehalten."*

Je genauer Sie Ihre Zielgruppe kennen, desto sicherer werden Sie in der Ansprache sein. Einfach deshalb, weil Sie in der Lage sind, sich an den besonderen Bedürfnissen Ihrer Zielgruppe auszurichten. Allerdings wird der Erfolg nicht allein dadurch bestimmt, dass Sie nur die offensichtlichen Bedürfnisse der Ratsuchenden bedienen, sondern darüber hinausgehende, von denen möglicherweise die wenigsten eine Ahnung haben. Der Soziologe Zygmunt Bauman formulierte es so:

> *„Der Trick besteht darin, eine Sehnsucht zu wecken, die sich fortwährend nach neuen Sehnsüchten sehnt."*

Das liegt in der Natur des Menschen. Jeder Mensch hat Bedürfnisse, Empfindungen und Ziele, die der amerikanische Psychologe Abraham Maslow (1908-1970) in einer nach ihm benannten Bedürfnispyramide darstellt. Sie beschreibt menschliche Bedürfnisse und Motivationen (in einer hierarchischen Struktur), die wie folgt aufgebaut ist:

Die unteren drei Stufen (1-3) werden auch Defizitbedürfnisse genannt. Diese Bedürfnisse müssen befriedigt sein, damit der Mensch sich wohlfühlt und zufrieden ist. Wenn diese Bedürfnisse erfüllt wurden, folgt die nächste Stufe, die soziale Anerkennung (Wachstumsbedürfnisse). Jetzt strebt der Mensch als Individuum nach sozialer Anerkennung. Er möchte Wohlstand, Geld, Macht, Karriere, sportliche Siege, Auszeichnungen, Statussymbole und Rangerfolge. Wenn auch diese Stufe erfolgreich „abgeschlossen" wurde, strebt er die Selbstverwirklichung an, um sich „frei" entfalten zu können. Das Gesamtwerk der Maslowschen Bedürfnispyramide ist natürlich deutlich umfangreicher als meine Aufzählung an dieser Stelle. Doch diese vereinfachte Wiedergabe bringt zum Ausdruck, worum es geht:

Menschen ändern mit „zunehmender Reife"
ihre Ziele und damit ihr Leben.

Zu Beginn dieses Buches sprach ich davon, dass Sie als Versicherungsberater häufig erst dann zum Kunden gerufen werden, wenn dieser an einem weiteren Wendepunkt seines Lebens steht. Dazu kommt es öfter, wie die Aufzählung von Maslow nachweist. Das Gute an dieser Feststellung ist für Sie, dass Sie als lokaler Versicherungsberater nie arbeitslos werden. Ihre Kunden werden Sie mehr denn je benötigen, um sich für die jeweiligen Etappen ihres weiteren Lebensweges bestmöglich abzusichern. Dass die Menschen immer älter werden und damit ihre Wege länger, ist ein erfreulicher Umstand, der Ihren Beruf noch wichtiger machen wird, als er ohnehin schon ist. Allen negativen Klischees zum Trotz. Somit müssen Sie nur noch eine Frage beantworten: Welche Zielgruppe wollen Sie in erster Linie bedienen bzw. betreuen?

Hier einige Beispiele: Senioren, Autofahrer, Studenten, Gewerbetreibende, junge Familien, Fans, Singles, Akademiker, Landwirte, Künstler, Ärzte, Lehrer, Beamte, Steuerberater, Bauunternehmer, Architekten, Vereine, Vorstände, Führungskräfte, etc. Hierbei handelt es sich zunächst um eine grobe Einteilung. Sie legt im Wesentlichen die Richtung fest. Haben Sie sich für eine Zielgruppe (es können je nach Situation auch zwei oder drei sein) entschieden, klären Sie weitere Fragen, wie z. B.: Fragen nach Alter, Geschlecht, Bildung, Beruf, Einkommen, Karriere, Arbeitsplatz, Wünsche, Lebensstil, Stadt- oder Landmensch, Statussymbol, Preisvorstellungen, etc. Je mehr Informationen Sie über Ihre Zielgruppe haben, desto genauer können Sie Ihr Marketing darauf ausrichten.

4.4.3 Kooperationen

Mit einem Gutscheinheft, so wie in Kapitel 4.3.1.2 Sympathiegewinnung beschrieben, gehen Sie gewinnbringende Kooperationen ein. Sie treffen hier sogar im sprichwörtlichen Sinne mit einem Schlag zwei Fliegen. Zum einen kommen Ihre Kunden bei Vorlage eines Gutscheins in den Genuss von verschiedenen Gratis-Zuwendungen. Zum anderen profitieren die lokalen Unternehmen, mit denen Sie diese „Gutschein-Kooperationen" eingegangen sind. Somit sorgen Sie dafür, dass das Geld „im Dorf" bleibt. Getreu dem Motto *„Bleibe im Lande und nähre dich redlich"* stärken Sie die heimische Wirtschaft, während die überregionalen Online-Händler das Nachsehen haben. Ich bin mir sicher, dass die lokalen Unternehmen (Betriebe, Fachgeschäfte, Dienstleister, etc.) Ihr Engagement zu schätzen wissen und sogar Ihre Kunden werden.

Ihr Engagement ist an keine Branche gebunden. Ob Bäckerei, Gastronomie oder Tankstelle, mit guten Ideen bekommen Sie überall den sprichwörtlichen Fuß in die Tür. Nicht zuletzt auch deshalb, weil immer mehr Unternehmen sich spezialisiert haben. Da bleibt dann keine Zeit, Randthemen zu besetzen, auch dann nicht, wenn es der Kunde unter Umständen verlangt.

„Schuster bleib bei deinen Leisten", lehrt eine Redensart, die z. B. viele Autohäuser umsetzen. Im Alltagsgeschäft bleibt ihnen nicht immer die Zeit, neben Fahrzeugverkauf, Service und Finanzierung eine auf den Kunden zugeschnittene Kfz-Versicherung zu vermitteln. Angesichts der stärker werdenden Konkurrenz wird es nicht nur für diese Branche zunehmend wichtiger, den Kunden noch stärker ans Unternehmen und ggf. an eine Automarke zu binden. Durch „mehr Service" lässt sich diese Kundenbindung erzielen. Dennoch, eine autohauseigene Versicherungsagentur rechnet sich nur in den wenigsten Fällen. Darüber hinaus kann kein Autohändler quasi im Vorbeigehen eine geeignete Kfz-Versicherung ausarbeiten und verkaufen. Es gibt ihn eben nicht mehr, den Einheits-Standardtarif. So vielfältig wie die Fahrzeugmodelle inzwischen ausgestattet sind, so mannigfaltig sind die Möglichkeiten einer Versicherungsvertragsgestaltung.

Ein Autoverkäufer, der sich seiner Kernkompetenz stellt und Autos verkauft, wird kaum Zeit haben, sich in die komplexe Materie des Versicherungsgeschäftes einzuarbeiten. Mit Halbwissen aber läuft er Gefahr, später in Regress genommen zu werden, wenn beim Vertragsabschluss Fehler gemacht wurden. Lösen Sie sein Problem, indem Sie als lokaler Versicherungsberater „einspringen" und mit ihm kooperieren (vom lateinischen Begriff „cooperatio", was so viel heißt wie „Zusammenwirken" bzw. „Mitwirkung"). Seien Sie bzw. Ihre Agentur zur Stelle, wenn es darum geht, dem Autokäufer die Sicherheit an die Hand zu geben, die Sie mit einer Versicherungspolice leisten können.

Nicht nur vier Räder brauchen eine Versicherung, sondern auch Zweiräder, und das immer öfter. Mit an Sicherheit grenzender Wahrscheinlichkeit verkauft Ihr lokaler Fahrradhändler immer mehr E-Bikes. Einige dieser Räder benötigen ein Nummernschild. Der Fahrradbesitzer benötigt somit eine Fahrradversicherung.

Die Palette der Kooperationsmöglichkeiten ist so groß, dass ich sie an dieser Stelle nicht aufzählen kann. Am besten verschaffen Sie sich einen Überblick über alle lokalen Unternehmen und überlegen, mit wem Sie weitere Kooperationen eingehen können.

4.4.4 Risikothemen/Produktaktionen

In Kapitel 4.3.1.3 Leistungsportfolio finden Sie einige Anregungen, in welchen Bereichen Sie sich als lokaler Versicherungsberater spezialisieren können. Darüber hinaus gibt es natürlich immer wieder Themen, denen Sie sich temporär stellen können, vielleicht sogar müssen. Verfolgen Sie die Nachrichten. In Krisenzeit entwickeln Menschen ein besonderes Interesse für bestimmte Themen. In diesen Momenten sind sie offen für Anregungen, Hilfen und Empfehlungen. Sie als Experte sind dann gefragter denn je. Greifen Sie diese aktuellen Themen auf. Sie erleichtern Ihnen den Zugang zu Ihren Kunden bzw. zu neuen Kunden.

So hat z. B. das verheerende Jahrhunderthochwasser 2002 im Osten von Deutschland den Menschen vor Augen geführt, wie schnell sie Opfer von außergewöhnlichen Naturkatastrophen werden können. So hätte es doch niemand für möglich gehalten, im Hochsommer Opfer einer Überschwemmung zu werden. Es erschien bis dahin kaum vorstellbar, dass sich ein kleiner, nicht schiffbarer Nebenfluss der Elbe, die Mulde, zu einem nassen Inferno entwickeln würde, das alles mit sich riss, was sich ihm in den Weg stellte. Der kleine Fluss verwandelte in kürzester Zeit den Marktplatz in Eilenburg in einen See. Es entstand ein Sachschaden von rund 140 Millionen Euro.

Ähnlich überrascht zeigten sich die Einwohner Nordrhein-Westfalens zu Pfingsten 2014. Vorbei die Zeiten, in denen Stürme und Orkane fast immer nur im Herbst bis hinein in den Winter vorkamen. Inzwischen kommen Stürme buchstäblich aus dem Nichts, und das, so scheint es, immer öfter auch übers Jahr. So wie Sturmtief „Ela", das Anfang Juli 2014 über die Köpfe der Westfalen hinwegfegte. Drei Menschen verloren ihr Leben, umgestürzte Bäume begruben Fahrzeuge wie Wohnhäuser unter sich. Der öffentliche Nahverkehr kam tagelang zum Erliegen. Medienberichten zufolge entstand allein in Nordrhein-Westfalen ein Schaden von 100 Millionen Euro.

Als lokaler Versicherungsberater können Sie diese Themen nutzen, um sich bei Kunden in Erinnerung zu bringen. Treten Sie hier nicht als der sprichwörtliche Seuchenvogel auf, der sich als Untergangsprophet darstellt. Bleiben Sie sachlich und regen Sie an, bestehende Versicherungspolicen zu prüfen und sie den neuen Entwicklungen anzupassen. Vorsorge ist besser als Nachsorge.

Darüber hinaus ist vielen Menschen gar nicht bewusst, in welchem unsicheren Zuhause sie leben. Die untere Grafik, die sich aus Daten des Robert-Koch Instituts[101] zusammensetzt, zeigt beispielhaft, wo die meisten Unfälle mit Kindern passieren. Besonders die unter Zweijährigen sind extrem gefährdet. Werden sie älter, sinkt das Risiko zu Hause und zieht gleichauf mit Unfällen u. a. in Bildungseinrichtungen.

Hier passieren Kindern die meisten Unfälle:

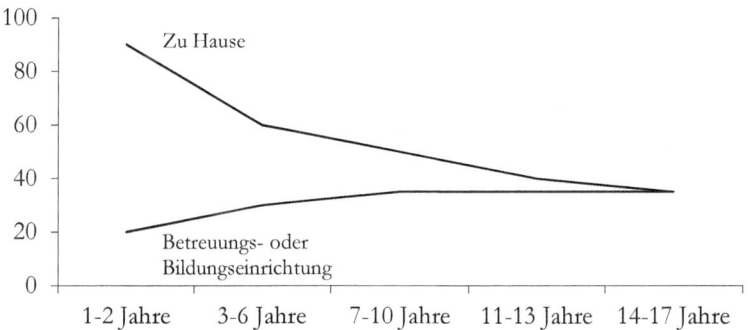

Umfassender Versicherungsschutz ist wichtiger denn je. Aber nicht nur für Kinder, sondern im Besonderen auch für ihre Eltern. Die meisten Unfälle (32 Prozent) passieren in der Küche und im Garten (24 Prozent). Darüber hinaus ist ihr Hab und Gut in großer Gefahr. Die Zahl der Wohnungseinbrüche in Deutschland steigt seit Jahren, teilweise rasant. Je nach Bundesland um bis zu 30 Prozent[102]. Die Behörden machen dafür Profi-Banden verantwortlich. Da mag mancher sein Haus noch so gut gesichert haben. Man macht es den Dieben schwerer, ins Haus zu kommen, aber eben nicht unmöglich. Insofern braucht es auch hier die richtigen Versicherungen, insbesondere eine Hausrat-Versicherung.

Die gefährlichsten und ungefährlichsten deutschen Städte
(Kriminalität in Städten ab 200.000 Einwohner; Fälle pro 100.000 Einwohner)

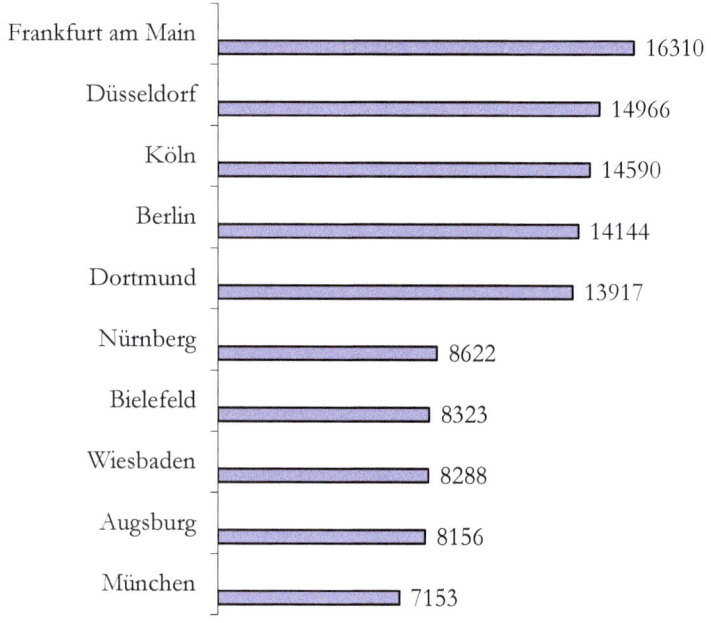

(Quelle: Polizeiliche Kriminalstatistik des Bundeskriminalamtes)

„Gelegenheit macht Diebe", lehrt eine Redensart, die sich in diesen Zeiten immer öfter bestätigt. Waren die Diebe früher mehr nachts als tags unterwegs, so macht der moderne Beutejäger heute keinen Unterschied mehr. Ergibt sich die Gelegenheit, ein Haus einzunehmen, dann greifen die Diebe auch am helllichten Tag zu. Wenn die Kinder in der Schule sind und ihre Eltern bei der Arbeit, dann haben diese Taugenichtse „freies Geleit". Apropos Arbeit. Wer dort „heil an-

kommt", kann sich glücklich schätzen. Besonders zu Wochenbeginn ereignen sich die meisten Unfälle auf dem Weg zur Arbeit.

Unfälle auf dem Weg zur Arbeit
(pro Jahr)

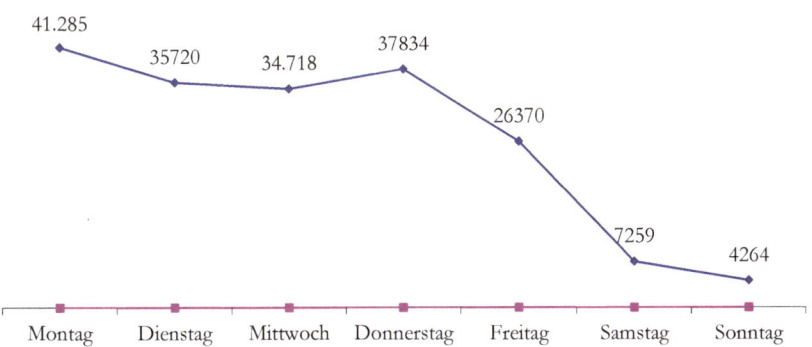

| Montag | Dienstag | Mittwoch | Donnerstag | Freitag | Samstag | Sonntag |

41.285 35720 34.718 37834 26370 7259 4264

(Quelle: Deutsche Gesetzliche Unfallversicherung)

Zu diesem Thema kann Ihre Werbung wie folgt gestaltet werden:

Diese Beispiele verdeutlichen, dass Sie unglaubliche Chancen auf gute Geschäfte haben. Sie alle in diesem Buch aufzuzählen, würde den Rahmen sprengen. Betrachten Sie meine Ausführungen in diesem Kapitel als Anregung, sich mehr mit Statistiken zu beschäftigen. Sie geben Auskunft darüber, wo die Menschen der sprichwörtliche Schuh drückt. Nutzen Sie die Möglichkeit, Ihren Kunden das richtige „Schuhwerk", um im Beispiel zu bleiben, zu verkaufen.

5.1 Diverses

*„Um der Konkurrenz voraus zu sein, müssen Sie den
Kunden nicht nur zufriedenstellen, sondern ihn
mit Ihrer Leistung begeistern. "*

Prof. Dr. Philip Kotler (1931-)
US-amerikanischer Wirtschaftswissenschaftler

5.1 Epilog

Schön, dass Sie sich die Zeit genommen haben, dieses Buch bis
hierher durchzulesen. Nun sollte folgen, wonach bereits Goethe ver-
langte:

*„Es ist nicht genug zu wissen, man muss auch anwenden.
Es ist nicht genug zu wollen, man muss auch tun. "*

Ich würde mich freuen, wenn Sie vieles aus diesem Ratgeber anwenden, also ins Tun zu kommen, um in Goethes Worten zu sprechen.
Dann haben Sie alle Chancen der Welt, sich als die lokale Marke zu
positionieren. Wie Sie gelernt haben, entscheidet neben dem Tun
auch Ihr Denken. Was immer Sie denken, Sie haben Recht. Dieses
möchte ich mit einer kleinen Anekdote[103] nochmals zum Ausdruck
bringen:

Ein alter Mann saß unter einem großen Baum und hielt einen Mit-
tagsschlaf. Plötzlich trat ein junger Mann an ihn heran und bat um
eine Auskunft. *„Guter Mann, kannst du mir sagen, wie weit es noch bis zur
nächsten Stadt? ist"*, fragte er den inzwischen aus dem Schlaf erwach-
ten alten Mann. *„Gut eine Stunde Fußmarsch von hier"*, sagte der Alte.
Der junge Mann bedankte sich. Er war bereits im Begriff zu gehen,
da drehte er sich noch einmal um und fragte: *„Kannst du mir auch sagen, auf was für Menschen ich dort treffen werde? Sind sie reich oder arm? Sind*

sie dumm oder schlau? Sind sie nett?" „*Nun",* fragte der alte Mann, „*welche Menschen leben in deiner Heimat?"* „*Betrüger, Gauner, Diebe, Gesindel und Verbrecher",* antwortete der junge Mann wütend. „*Genau diese Menschen leben auch in dieser Stadt",* belehrte ihn der Alte. Der junge Mann drehte sich um und lief laut fluchend in Richtung Stadt, wohl wissend, was ihn dort erwarten würde. Der alte Mann legte sich wieder hin und schlief weiter.

Es dauerte nicht lange, da hielt ein Bauer mit seinem Esel-Fuhrwerk und bat ebenfalls um Auskunft. Der alte Mann erklärte auch ihm, dass er etwa eine Stunde benötigen würde, um die große Stadt zu erreichen. Der Bauer kam von weit her und kannte diese Gegend nicht. Nun wollte er noch wissen, welche Menschen in dieser schönen Stadt leben. Der alte Mann fragte den Bauern: „*Welche Menschen leben in deiner Heimatstadt?".* Die Augen des Bauern leuchteten, als er von all den wunderbaren Menschen aus seiner Heimat berichtete. „*Dort leben lauter ehrbare nette Leute. Jeder achtet jeden. Wir haben viel Spaß miteinander."* Der alte Mann schaute in das Gesicht des Bauern und antwortete: „*Genau diese Menschen wirst du in dieser Stadt treffen. Ich wünsche dir viel Freude."* Der Bauer bedankte sich und trottete fröhlich pfeifend mit dem Esel in Richtung Stadt. Ein kleiner Junge, der in der Nähe des Baumes mit seinen Murmeln im Sand spielte, wurde unfreiwillig Zeuge dieser Gespräche. Ihn irritierten die Antworten des alten Mannes so sehr, dass er all seinen Mut nahm und auf den alten Mann zuging, obwohl seine Eltern ihm verboten hatten, Fremde anzusprechen. Mit schlotternden Knien stand er vor dem alten Mann unter dem großen Baum und fragte mit zittriger Stimme: „*Dir haben zwei Männer die gleiche Frage gestellt, aber du hast zweimal unterschiedlich geantwortet. Warum?"* „*Nun",* sagte der Mann, „*wir sehen immer nur das, was wir sehen wollen, und schaffen uns damit unsere eigene Welt. Wenn wir glauben, dass die Welt nur aus Betrügern besteht, dann werden wir betrogen. Wenn wir, so wie der Bauer, an das Gute im Menschen glauben, dann werden um uns herum nur nette Menschen sein. Du allein hast die Wahl."* Der Junge verstand und ging wieder spielen, weil der alte Mann noch dringend eine Portion Schlaf nachzuholen hatte."

Fazit: Sie ganz allein haben es in der Hand, welche Kunden sich in Ihrer Agentur einfinden.

Nun wünsche ich Ihnen viel Erfolg in der Umsetzung der in diesem Ratgeber vorgestellten Möglichkeiten, sich als „lokale Marke" zu positionieren. Doch üben Sie sich in Nachsicht und vor allen Dingen in Geduld. Alles braucht seine Zeit. Gehen Sie nicht mit der Hauruck-methode vor, indem Sie von gleich auf sofort alle hier vorgestellten Empfehlungen umsetzen. Beginnen Sie Schritt für Schritt mit der Umsetzung und Sie kommen schneller voran als jeder andere. Wie schon ein chinesisches Sprichwort lehrt: *„Fürchte dich nicht vor dem langsamen Vorwärtsgehen, fürchte dich nur vor dem Stehenbleiben."*

In diesem Sinne, schreiten Sie mutig voran, setzen Sie Schritt für Schritt die Anregungen um. Dann werden Sie Ihre Ziele sicher erreichen – mit Sicherheit.

Auf diesem Weg wünsche ich Ihnen viel Erfolg.

Herzlichst
Ihr
Thomas Ötinger

5.2 Über den Autor

Thomas Ötinger ist geschäftsführender Gesellschafter der seit über zehn Jahren auf lokales Marketing spezialisierten Agentur marcapo (Marken lokal führen). Das Unternehmen steht für prozessoptimierte lokale Markenführung mit einem crossmedialen Web-to-Publish-System von einzigartiger Leistungstiefe – für mehr Werbeerfolg vor Ort.

Auf dem Gebiet der lokalen Markenführung gilt die Agentur mit ihrem umfassenden Dienstleistungsportfolio aus den Bereichen Konzeption, Kreation, Technologie und Prozesse sowie Schulung und Support als deutschlandweit führender Anbieter.

Der diplomierte Wirtschaftsinformatiker berät und betreut seit Jahren Versicherungsunternehmen wie ERGO, DKV, WWK, Helvetia, HDI, BGV Badische Versicherungen, Itzehoer Versicherung, Rheinland Versicherungen, VPV, usw. sowie den Maklerpool BCA.

Des Weiteren betreut Herr Ötinger mit seiner Agentur werblich mehr als 18.000 Versicherungsberater in Deutschland in der täglichen „lokalen Markenbildung".

Darüber hinaus vermittelt der ausgebildete NLP-Master und Sales-Coach in seinen Trainings und Vorträgen das Wissen über lokale Positionierung, Vermarktung, Verkauf sowie "lokale Marke" für Versicherungsberater. Der Buchautor ist verheiratet und Vater von drei Kindern. Weitere Informationen finden Sie unter www.thomas-oetinger.de.

5.3 Literaturempfehlungen

Peter Sawtschenko:
Positionierung - das erfolgreichste Marketing auf unserem Planeten
ISBN-13: 978-3897495067

Al Ries und Jack Trout: Positioning:
Wie Marken und Unternehmen in übersättigten Märkten überleben
ISBN-13: 978-3800637904

Roger Rankel und Marcus Neisen:
So funktioniert Empfehlungsmarketing heute: Der einfachste Weg,
neue Kunden zu gewinnen.
ISBN-13: 978-3869364780

Kerstin Friedrich:
Empfehlungsmarketing: Neukunden gewinnen zum Nulltarif
ISBN-13: 978-3897494671

5.4 Quellenverzeichnis

[1] Studie „Was Versicherungskunden wirklich wollen", S. 5

[2] www.welt.de/wirtschaft/article6992549/Versicherungsberater-ist-der-unbeliebteste-Beruf.html

[3] de.wikipedia.org/wiki/Optische_T%C3%A4uschung#mediaviewer/File:Grid_illusion.svg

[4] www.fonds-professionell.de vom 12.5.2006

[5] www.spiegel.de/wirtschaft/soziales/vertrauensvolle-berufe-die-meisten-vertrauen-feuerwehrmaennern-a-954481.html

[6] www.spiegel.de/wirtschaft/soziales/vertrauensvolle-berufe-die-meisten-vertrauen-feuerwehrmaennern-a-954481.html

[7] Welt am Sonntag, Nr. 17; 27.4.2014

[8] www.karriere.de/karriere/ohne-belohnung-laeuft-gar-nichts-165501/

[9] https://www.uni-bamberg.de/fileadmin/uni/fakultaeten/ppp_lehrstuehle/psychologie_4/pressearchiv/Zeug_Katrin_Suechtig_nach_Anerkennung_Zeitwissen_2013.pdf

[10] www.faz.net/aktuell/finanzen/fonds-mehr/lebensversicherungen-auktion-statt-kuendigung-1511597.html

[11] www.focus.de/panorama/welt/best-of-playboy/menschen-und-storys/tid-20104/joe-girard-so-wurde-ich-zum-besten-verkaeufer-der-welt_aid_560394.html

[12] www.focus.de/panorama/welt/best-of-playboy/menschen-und-storys/tid-20104/joe-girard-so-wurde-ich-zum-besten-verkaeufer-der-welt_aid_560394.html

[13] „Kunden kaufen nur von Siegern"; Redline-Verlag; ISBN978-3636013712; S. 68

[14] „Kunden kaufen nur von Siegern"; Redline-Verlag; ISBN978-3636013712; S. 68 ff.

[15] Focus-Money; 20/2014; S. 73

[16] www.fondsprofessionell.de/news/vertrieb-praxis/nid/versicherungsstudie-zwei-drittel-der-deutschen-glauben-nicht-an-honorarberatung/gid/1016568/ref/1/

[17] Versicherungsmagazin 7/2010 (Seite 52)

[18] www.handelsblatt.com/finanzen/vorsorge-versicherung/nachrichten/europaweiter-vergleich-jeder-deutsche-zahlt-2219-euro-im-jahr-fuer-versicherungen/9506130.html

[19] www.umzugsvergleich.com/bund-der-versicherten-bdv-90-prozent-aller-haushalte-falsch-versichert/

[20] Spektrum der Wissenschaft; Gehirn & Geist; Nr. 1-2/2009; Kaufen mit Herz oder Hirn?; S. 56

[21] www.pg.com/de_DE/produkte/

[22] www.asscompact.de/nachrichten/sinkende-kundenbindung-der-assekuranz

[23] www.asscompact.de/nachrichten/sinkende-kundenbindung-der-assekuranz

[24] Swiss Life Deutschland 2014

[25] www.fondsprofessionell.de/news/news-products/nid/die-acht-lebensversicherer-mit-der-hoechsten-kundenorientierung/gid/1018118/ref/2/

[26] http://www.faz.net/aktuell/sport/fussball/bundesliga/rekordbilanz-bayern-muenchen-auf-dem-weg-zur-weltmarke-12046367.html

[27] Vgl.: Scharf, A./Schubert, B./Hehn, P.: 2009, S. 275

[28] www.handelsblatt.com/unternehmen/management/strategie/konsumenten-mehr-als-6-000-werbekontakte-pro-tag/2384706.html

[29] Vgl. Christian Scheier; Neuromarketing-Über den Mehrwert der Hirnforschung für das Marketing; S. 305-306

[30] www.welt.de/gesundheit/psychologie/article2416185/Bauchgefuehl-siegt-ueber-Berechnung.html

[31] www.spiegel.de/wissenschaft/mensch/intuition-die-weisheit-der-gefuehle-a-507122-2.html

[32] www.planet-wissen.de/kultur_medien/kommunikation/werbung/video_gehirn_entscheidet.jsp

[33] www.slm.uni-hamburg.de/ifg1/Personal/Presch/Namen_KZ-Nummern-ges.html#31

[34] www.fachzeitungen.de/diplome/diplomarbeiten/9514

[35] Verlag: Kohlhammer (2000), ISBN-13: 978-3170165601

[36] Kunden kaufen nur von Siegern"; Redline-Verlag; ISBN978-3636013712; S. 68

[37] http://www.presseportal.de/pm/38700/2757173/interbrands-deutsches-markenranking-feiert-historische-premiere-mercedes-benz-wertvollste-marke

[38] TV Hören und Sehen; Wie manipulieren Annahmen meine Wahrnehmung? Seite 25

[39] www.connectedmarketing.de/cm/2010/09/studie-negative-mundpropaganda-nicht-st%C3%A4rker-als-positive.html

[40] ppstudios.wordpress.com/2010/07/27/radiowerbung-nervt-nicht-horer-erreichen-mit-qualitativen-spots/

[41] Studie Media-Perspektiven 9/2014; Katrin Gattringer/Walter Klingler, S. 434 ff

[42] www.sueddeutsche.de/wirtschaft/hirnforscher-ernst-poeppel-wie-werbung-uns-marken-ins-hirn-brennt-1.649629

[43] Forschungsseminar Markenmanagement WS 2008-09; Technische Universität Ilmenau; (Regionalisierte Werbung am Fallbeispiel Versicherungen); S. 15

[44] dasgehirn.info/wahrnehmen/fuehlen-koerper/die-welt-begreifen-5523/

[45] www.n24.de/n24/Nachrichten/Netzwelt/d/4960536/so-oft-schauen-junge-leute-auf-ihr-handy.html
[46] http://www.bvdw.org/medien/online-nutzung-durch-mobile-endgeraete-deutlich-gestiegen?media=5728
[47] www.gww.de/studien/wa-monitor.html
[48] http://www.welt.de/politik/deutschland/article109739350/Deutschland-hat-zweitaelteste-Bevoelkerung-der-Welt.html
[49] http://www.faz.net/agenturmeldungen/dpa/studie-jede-fuenfte-stelle-wird-per-zeitungsanzeige-besetzt-13186349.html
[50] http://www.wiwo.de/erfolg/jobsuche/jobsuche-wie-man-online-stellenboersen-richtig-nutzt-seite-all/8888916-all.html
[51] Statistisches Taschenbuch der Versicherungswirtschaft 2014; GDV; Seite Vorwort
[52] www.blick.de/nachrichten/chemnitz/umfrage-sehnsucht-nach-gutem-betriebsklima-artikel8676388.php
[53] www.sueddeutsche.de/karriere/innere-kuendigung-statisten-am-schreibtisch-1.375928
[54] http://www.welt.de/wirtschaft/article13932521/Jeder-vierte-Arbeitnehmer-hat-innerlich-gekuendigt.html
[55] Wirtschafswoche 26/2008, Seite 156
[56] www.wido.de/meldungakt+M51961c11e76.html
[57] www.wido.de/fzr_2011.html
[58] http://de.wikipedia.org/wiki/Peter_Pag%C3%A9
[59] Imai Masaaki Kaizen: Der Schlüssel zum Erfolg im Wettbewerb; ISBN-13: 978-3548700199
[60] http://www.n-tv.de/wirtschaft/Mitarbeiter-sparen-VW-Millionen-article9999241.html
[61] Studie KW 50/51-2013, mafo.de, Hamburg, Auftraggeber PosterSelect GmbH. Online-Befragung
[62] www.faz.net/aktuell/finanzen/meine-finanzen/versichern-und-schuetzen/versicherung-lohnt-sich-ein-wechsel-der-kfz-versicherung-13235027.html
[63] www.cash-online.de (11.09.2009)
[64] www.bain.de/Images/121011_Studie_Insurance_ES.pdf
[65] Studie „Was Versicherungskunden wirklich wollen", S. 5
[66] Broschüre „Der Weg zum Erfolg"; 2013 AchieveGlobal; Seite 7
[67] www.heise.de/ix/meldung/Umfrage-Im-Durchschnitt-18-berufliche-E-Mails-pro-Tag-2256040.html
[68] www.merkur-online.de/reise/postkarten-ueberleben-trotz-internet-zr-3794120.html
[69] www.heise.de/resale/artikel/Lieber-Weihnachtskarten-statt-Wein-1385896.html
[70] www.heise.de/resale/artikel/Lieber-Weihnachtskarten-statt-Wein-1385896.html
[71] Journal of Personality and Social Psychology, Vol. 84, 2/2003
[72] de.wikipedia.org/wiki/Bonsai
[73] www.heise.de/resale/artikel/Lieber-Weihnachtskarten-statt-Wein-1385896.html
[74] https://www.test.de/Versicherungsvermittler-Gewusst-wer-4619680-0/#
[75] EchoLot; Marketingmagazin; Ausgabe 14/Juli 2014; S.22
[76] Bild; 11.12.2014, Gottschalks erster „Wetten, dass"-Vertrag
[77] Faz; 16.04.2009; Was uns anspornt. Vom Vorbild beflügelt; Jörg Oberwittler
[78] http://www.accenture.com/de-de/company/newsroom-germany/Pages/fraun-vorbilder.aspx
[79] Münchener Abendzeitung; 19.09.2008; Was finden wir schön?
[80] www.ndr1.de (Zugriff 2.2.08)
[81] http://www.gruener-markt-online.de/Studie-Uni-Jena-Nur-echte-Freundlichkeit-kommt-bei-Kunden-an,QUlEPTQzODAyNDkmTUlEPTExNTM.html
[82] http://www.aphorismen.de/suche?f_thema=Reklamation
[83] http://www.wiwo.de/erfolg/management/beschwerdemanagement-eine-schatztruhe-voller-infos/10149622-2.html
[84] http://wirtschaftslexikon.gabler.de/Definition/beschwerdemanagement.html
[85] Metropolneur, Ausgabe Januar 2013, Seite 44; Von Gießkannen und Brenngläsern
[86] http://www.die-zeitungen.de/leistung/10-argumente-fuer-die-zeitungen.html
[87] http://www.die-zeitungen.de/leistung/10-argumente-fuer-die-zeitungen.html
[88] OVK Studie 2013; Online-Vermarkterkreis (OVK) Seite 31; November 2013
[89] http://www.dosb.de/de/sportentwicklung/sport-der-aelteren/wissenswertes/zahlen-und-statistiken/
[90] http://www.zcit.de/sport/2013-03/trikotwerbung-wirkung-bandenwerbung-kommerz
[91] NWZ; 45/22.02.2013, Weniger Lustkäufe, Seite 21
[92] http://www.bitkom.org/de/markt_statistik/64038_74331.aspx
[93] http://www.stern.de/gesundheit/loslassen-lernen-warum-uns-veraenderungen-so-schwerfallen-1640050.html
[94] http://www.stern.de/gesundheit/loslassen-lernen-warum-uns-veraenderungen-so-schwerfallen-1640050.html
[95] http://www.focus.de/gesundheit/ratgeber/psychologie/tid-28974/kultur-und-leben-medien-so-besiegen-sie-schlechte-gewohnheiten-das-schwierigste-fuers-gehirn-gewohnheiten-ablegen_aid_897435.html
[96] www.focus.de/gesundheit/ratgeber/psychologie/tid-28974/kultur-und-leben-medien-so-besiegen-sie-schlechte-gewohnheiten-das-schwierigste-fuers-gehirn-gewohnheiten-ablegen_aid_897435.html
[97] www.spiegel.de; Über 6,6 Ecken von Holger Dambeck; Zugriff: 1.9.2009
[98] knowledge.wharton.upenn.edu/article.cfm?articleid=1422 (Published: March, 08, 2006)

[99] http://www.focus.de/schlagwoerter/themen/i/informationsflut/

[100] http://www.focus.de/schlagwoerter/themen/i/informationsflut/

[101] http://m.welt.de/finanzen/versicherungen/article135970909/So-raffiniert-lassen-Versicherer-ihre-Kunden-haengen.html

[102] http://www.spiegel.de/panorama/justiz/einbrueche-in-deutschland-zahl-der-einbrueche-steigt-bis-zu-30-prozent-a-969489.html

[103] Ich habe diese Geschichte an verschiedenen Stellen im Internet gelesen, aber keine Quellenangabe gefunden.

Hinweis: Alle Zugriffe auf diesen Internet-Seiten erfolgten zum Zeitpunkt des Schreibens der Buchseiten. Mit Übergabe des Buches an die Druckerei am 9. Januar 2015 wurden allen Seiten zu Kontrollzwecken noch einmal aufgerufen und damit bestätigt.

5.5 Bildnachweis

Bilder, soweit nicht anders erwähnt, wurden in Lizenz erworben über www.fotolia.com, und zwar wie folgt (Copyright der Fotografen; die Bezeichnungen zu den Fotos sind vom Autor zur besseren Zuordnung gemacht worden):

Cover: Eigene Gestaltung unter Verwendung eines Fotos von Trüffelpix (fotolia.com)
S. 106: Obstkorb: Barbara Pheby
S. 107: Bahncard: Panorama
S. 107: Betriebliche Altersvorsorge: Torte83
S. 107: Persönlichkeitsseminare: Pixelot
S. 108: Sporttasche: Grafikplusfoto
S. 153: Gepard: Maros_bauer
S. 181: Wollmilchsau: OrpheusXL
S. 217: Kontakte: Fotomek
S. 219: Wand: sheelamohanachandran
S. 224: Wand: sheelamohanachandran